信托法
理论与实务入门

[日] 田中和明　田村直史 / 著
丁相顺　赖宇慧　丁苏　段磊 / 译
李娜　林淑兰 / 校

中国人民大学出版社
· 北京 ·

作者简介

田中和明，一桥大学研究生院国际企业战略研究科博士（经营法），现担任三井住友信托控股株式会社法务部顾问，三井住友信托银行株式会社法务部顾问，公益财团法人信托未来论坛研究主任，一桥大学研究生院国际企业战略研究科兼职讲师，庆应大学研究生院法务研究科兼职讲师，（日本）东北大学法学院客座教授；2004 年 10 月至 2016 年 6 月曾担任法务省法制审议会临时委员（信托法小组会）。主要著作有《新信托法与信托实务》（清文社，2007）、《详解信托法务》（清文社，2010）等。

田村直史，现为三井住友信托银行株式会社个人企划部调查员，主要著作有《Q&A 信托业务手册》（第三版）（合著，中央三井信托集团信托业务研究会编，金融财政情况研究会，2008）等。

译者介绍

丁相顺，中国人民大学法学院教授、博士生导师。

赖宇慧，广东外语外贸大学文学学士学位（日语专业），中国人民大学法律硕士学位，日本上智大学留学生。

序 言

信托起源于英国衡平法确立的“USE”制度，伴随着近代资产阶级革命和土地制度变革而发展为现代意义上的信托。19世纪英美法系国家普遍引入信托制度。20世纪20年代起，许多大陆法系国家先后确立了具有自身特色的信托制度。

1898年，日本制定民法典时并没有“信托”的规定，1905年借鉴英美的经验制定《附担保公司债信托法》时才引入信托；1922年制定了信托法、信托业法，正式确立了日本的信托制度。信托法、信托业法和一系列以信托制度为核心的法律制度实施，在日本的社会变迁和经济恢复、发展中发挥了重要作用。经过长期实践，2004年、2006年，日本又先后修改了信托业法、信托法以及公益信托的法律，使日本的信托制度焕然一新。其中，对信托法作大幅修改，引入许多新内容，引起了理论界和实务界的广泛关注。

我国信托产业发端于1912年，是由日资在中国从事信托活动而引起的。历经一百多年的沧海桑田，中国信托制度建设与各类服务提供发生了太多的变化，并在不同的社会经济发展阶段扮演了重要角色。1979年，中国国际信托投资公司的成立标志着信托产业与服务在中国开始新的历程。2001年《中华人民共和国信托法》的颁布和金融信托实务的发展，推动我国信托法律制度研究与建设不断到达新的水平，信托产业也在改革开放、治国理政、民生关怀、普惠服务、公益慈善等各个领域发挥越来越重要的作用。

“良玉须切磋，瑶玛就其形”，要完善与发展我国信托制度，就需要对不同国家、地区的信托法律规范与具体应用的情况进行研究。比较研究有利于中国信托事业吸收和借鉴境外有关信托的优秀经验，对于健全我国信托制度、应对来自实践的各种挑战具有重要意义。

日本是大陆法系国家中较早引入信托制度的国家，经过近百年的发展，日本的信托建设已经取得许多成就。系统地学习和研究日本的信托制度，将为我国信托事业发展提供有益的参考和镜鉴。田中和明先生是日本从事信托理论研究与实务经营的专家。积多年研究成果，他写就了《信托法理论与实务入门》，对日本的信托制度进行了系统梳理和详尽论证。在该书“理论篇”，他详尽介绍了日本信托制度的沿革、信托财产理论、信托相关法律、公益信托制度、信托投资机构、信托与相关制度等内容，通过全面描绘信托法律、系统对比新旧信托法的内容，展现了日本信托制度的精妙之处。在该书“实务篇”，他从具体类型入手，对各类信托运作模式进行分析、探微和细致阐释，不仅展现了作者深厚扎实的信托法律功底和丰富的实践经验，也描绘出当代日本信托实务的多彩画卷。

此外，该书用笔通俗、翻译得当，可以帮助读者全面了解日本信托制度的百年历史变迁和日本信托制度的理论架构与实务经验，对中国的信托制度研究、信托服务规范具有很好的借鉴意义。

翻译本书的主持人是中国人民大学法学院丁相顺教授。他曾在日本、美国学习法律，在美国印第安纳大学法学院，日本明治大学法学院，名古屋大学法学院，瑞士日内瓦大学法学院等担任兼职教授。他精通日语、英语和比较信托制度，在中国人民大学法学院举办“信托法”工作坊，曾邀请美国、瑞士、法国、日本、韩国等国家的专家来华开展信托法律交流，增进了中国信托业界对域外法律信息的把握，促进了中国信托制度研究工作的国际化，培养了具有国际化视野的信托法律人才。本书的中文版，正是丁教授带领的学术团队的重要作品。

我衷心祝贺本书的翻译出版，向关心、研究中国信托事业的人们推荐本书，希望它能够对中国信托制度的进步与各类信托实务的规范发展发挥有益的作用。

遵相顺教授之命，铺陈以上，勉为序。

2018 年 4 月 20 日

前　言

“公益财团法人信托未来论坛”为了进一步普及和发展日本信托制度，开展了各式各样的活动。最近，虽然说书店有很多介绍民事信托的实用书，但仍然缺少以浅显易懂的方式，系统地介绍信托理论与实务两方面内容的信托入门书。

以此为契机，本书作为以学习信托理论和实务为目的的入门书，由本财团与三井住友信托银行的田中和明先生和田村直史先生一起筹划、出版。理论篇由田中和明先生负责，实务篇由田村直史先生撰稿。

理论篇在比较新旧信托法的基础上，在简洁地解说信托法的同时，增加了对信托的历史和规制法（信托业法、金融产品交易法等）的相关说明。

实务篇涵盖了活用信托的各种机制，包括最新的信托商品，同时也附加与信托相关的税务、会计方面的内容，力求在实务中为从事相关业务的人士提供帮助。

最后，借此机会，向对本书的出版给予了很大帮助的日本加除出版股份有限公司的野口健先生，撰写时给予各方面帮助的三井住友信托银行的各位同事，在校对方面给予协助的小出卓哉律师，三井住友信托银行法务部的佐久间亨先生等，表示衷心的感谢！

2016 年 1 月

“公益财团法人信托未来论坛”

理事长　高桥温

凡 例

1 法令

信托法	信托法（2006年12月15日法律第108号）
旧信托法	修改前的信托法（1922年4月21日法律第62号）
完善法	伴随信托法的实施完善相关法律等的法律（2006年12月15日法律第109号）
信托业法	在上述“完善法”的基础上修改的信托业法（2004年12月3日法律第154号，修改2008年法律第65号，最终修改2014年6月27日法律第91号。随着完善法的修改为2006年12月15日法律第109号）
兼营法	在上述“完善法”的基础上修改的《金融机构的信托业务的兼营等相关法律》（1943年3月11日法律第43号，修改2008年法律第65号，最终修改2014年6月27日法律第91号）
旧兼营法	上述“兼营法”修改前的《金融机关的信托业务的兼营等相关法律》（1943年3月11日法律第43号，修改2004年12月3日法律第154号）

金商法	金融产品交易法（1948 年 4 月 13 日法律第 25 号，最终修改 2015 年 9 月 4 日法律第 63 号）
金商法实施令	金融产品交易法实施令（1965 年 9 月 30 日政令第 321 号，最终修改 2015 年 5 月 15 日政令第 233 号）
金商业等府令	金融产品交易业等相关内阁府令（2007 年 8 月 6 日内阁府令第 52 号，最终修改 2015 年内阁府令第 52 号）
金商定义府令	关于金融产品交易法第 2 条规定的定义的内阁府令（1993 年 3 月 3 日大藏省令第 14 号，最终修改 2015 年 9 月 25 日内阁府令第 54 号）
企业内容公开府令	关于企业内容等公开的内阁府令（1973 年 1 月 30 日大藏省令第 5 号，最终修改 2015 年 9 月 25 日内阁府令第 54 条）
特定有价证券公开府令	关于特定有价证券内容等公开的内个府令（1993 年 3 月 3 日大藏省令第 22 号，最终修改 2015 年 9 月 25 日内阁府令第 54 条）
证交法	证券交易法（1948 年 4 月 13 日法律第 25 号）
投资信托法	关于投资信托以及投资法人的法律（1951 年 6 月 4 日法律第 198 号，最终修改 2014 年 6 月 27 日法律第 91 号）
投资顾问业法	关于有价证券投资顾问业的规制等法律（1986 年 5 月 27 日法律第 74 号，现在废止）

资产流动化法	关于资产流动化的法律（1998 年 6 月 15 日法律第 105 号，最终修改 2014 年 6 月 27 日法律第 91 号）
商品基金法	关于商品投资关联事业规制的法律（1991 年 5 月 2 日法律第 66 号，最终修改 2014 年 6 月 27 日法律第 91 号）
修改破产法	以上述“完善法”为基础修改的破产法（2004 年 6 月 2 日法律第 75 号，修改 2006 年 12 月 15 日法律第 109 号）部分
破产法	以上述“完善法”为基础未修改的破产法（2004 年 6 月 2 日法律第 72 号）部分
美国统一信托法典	Uniform Trust Code 2000，另外，条文的日语译文参考了大塚正民、樋口范雄的《现代美国信托法》(有信堂、高文社，2002)。

2　意见征求稿

（1）2004 年信托业法意见征求稿回复

随着信托业法的实施，政令、府省令的完善方案意见征求稿的结果（2004 年 12 月 27 日公布）

（2）2007 年信托业法意见征求稿回复

“完善与完善信托法及信托法实施相关的关联法律等法律的实施相关的金融厅相关政令的相关政令（案）”以及“修改部分信托业法实施规则等的内阁府令 2 等（案）”意见征求稿的结果（2007 年 7 月 13 日公布）

（3）金商法意见征求稿答复

“金融商品交易法相关的政令案、内阁府令案等”意见征求稿

的结果（2007 年 7 月 31 日公布）

（4）2008 年金商法等修改意见征求稿答复

2008 年金融商品交易法等的部分修改中，防火墙规定的修改以及利益冲突管理体制的构建等相关的政令案、内阁府令案等意见征求稿的结果（2009 年 1 月 20 日公布）

3 用语

（1）商事信托

指以“信托中受托人的权限超过财产的管理、保全或者处分时，或者与此相异时”［神田秀树《商事信托法理》（《信托法研究》，22 号，1998，50 页）］为前提，在以往的信托银行、信托公司所处理的信托中，除了民事信托以外所一直使用的信托。因此，与营业信托的概念不同。

（2）民事信托

指以“受托人的权限为财产的管理、保全或者处分时”［神田秀树《商事信托法理》（《信托法研究》，22 号，1998，50 页）］为前提，以家庭为中心，个人之间所使用的信托。但是也包括信托银行、信托公司成为受托人时的信托。因此，与非营业信托的概念不同。

（3）违约规则

在本文中是指可以通过约定信托行为，从而实现变更的任意规定，即指“法律规定的规则：若信托行为规定了规则从该规定，若无规定，则从该法律规定的规则”，也包括“作为基准的法规规范”。

（4）按比例偿还

针对同一个债务人存在多个债权人时，根据债权金额进行偿还。但在本书中为如下意思：不管是属于“固有财产”的债权还是属于“信托财产”的各债权，针对各个财产视为只有一个债权人，按照属于这些财产的债权的金额进行偿还。

4 金融机构兼营信托业务等相关法律

金融机构兼营信托业务等，大部分都适用信托业法，而在本书中，除（1）大宗信用供给规定（兼营法第 4 条、兼营法实施令第 12 条、兼营法实施规则第 33 条），（2）格式信托合同条款的变更等（兼营法第 5 条），（3）补足损失等信托合同的签订（兼营法第 6 条）这些与金融机构兼营信托业务的相关法与信托业法不同以外，仅就信托业法的规定加以说明。

目 录

理论篇

实 务 篇

理论篇

第一章

总 论

一、信托的结构

信托是以信托目的与信托财产为中心，包括委托人、受托人、受益人三者之间的法律关系。

即信托是委托人根据信托行为［信托合同、遗嘱、宣言信托（自己信托）］中的某一种方式，向受托人转移金钱、土地等财产，受托人根据信托目的为受益人管理、处分财产的制度。

也就是说，信托是由“财产的转移等其他处分”与“按照一定的目的”两个要件构成的。

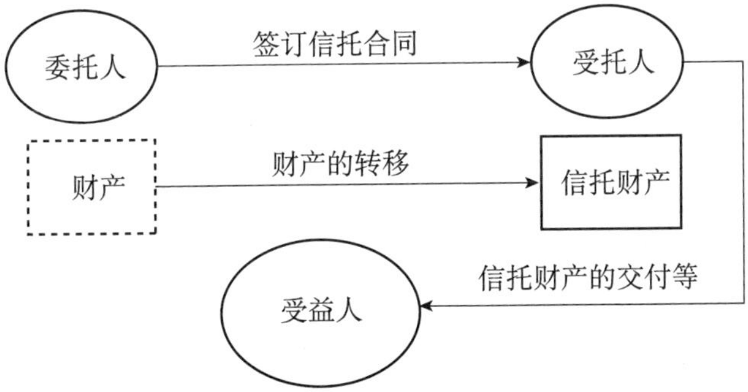

信托成立并发生效力后，受托人承担信托法规定的义务，同时，为了实现信托的目的，例如设立信托是以向作为受益人的委托人子女提供生活、治疗养护资金作为信托目的的话，那么受托

人就要管理、运用归属于自己的信托财产，向受益人支付资金。

二、信托的特色

已故四宫和夫教授将信托的特色归纳为以下六点：

（1）以特定财产为中心的法律关系；

（2）受托人成为财产权的名义所有人；

（3）受托人被赋予信托财产的管理、处分权限；

（4）受托人的管理、处分权限是排他性的；

（5）赋予受托人的权限不得为自己的利益，须为他人实现一定的目的来行使这项权限；

（6）信托是根据法律行为而设定的。

除了上述六点以外，信托一般也包括如下两点特色：

（1）作为信托财产的特定财产，与委托人、受托人、受益人中任何一方的破产相隔离；

（2）即使信托当事人死亡（法人解散），信托法律关系原则上仍然存在。

三、信托与其他类似财产管理制度的比较

在上述信托特色基础上，为了更好地理解信托法律制度，下面就日本其他与之相类似的财产管理制度进行比较。

1. 信托与委托代理的比较

在以财产管理为目的的情况下，尽管信托与委托代理在为他人管理财产这一点上是相同的，但也存在很多不同。

首先，信托是将财产权的名义转移给受托人，而与之相对，代理不转移财产的名义，财产仍然保留在本人的名下。还有，信托虽然需要根据委托人或者受益人的指示行事，但受托人对信托财产享有唯一的管理、处分权，而在代理的情况下，代理人与本人相竞合，共同管理处分财产。

其次，在信托中，因管理、处分信托财产而发生的法律效果及于信托财产，但由于信托财产不具有法律上的人格，基本上由作为财产所有人的受托人承担其法律效果。与之相对，在代理中，法律效果直接归属于本人。

最后，即使信托合同的当事人死亡以后，信托一般也继续存续。也就是说，即使委托人死亡，信托也不受影响，而是作为与受托人和受益人之间的关系而继续存续；即使受托人死亡，也可以通过选任新的受托人，使信托关系继续存在。而在代理中，本人或者代理人任何一方死亡的话，代理关系终止。

2. 信托与隐名合伙

近年来，日本出现了在资产流动化、并购（M&A），乃至在运作有价证券基金时使用的隐名合伙制度，这一制度与信托也非常相似。

隐名合伙由商法第 535 条加以规定，是当事人一方为对方的业务出资、对方约定将业务产生的利益加以分配的合同。换言之，这是一种从隐名合伙人向经营人“转移财产”，让经营人“为一定业务”的法律关系。

如前所述，信托以“财产的转移”与“按照一定的目的”为成立要件，在这个意义上，信托与隐名合伙是具有相同要件的制度。

但是，隐名合伙所转移的财产是完全归属于业务人的固有财产，而在信托中，信托财产即使归属于受托人，也会通过分别管理与受托人的固有财产相分离。其结果是在隐名合伙中，如业务人破产，被移转的财产也属于破产财产范围；但是，在信托中，由于信托财产从受托人的财产中隔离出来，即使受托人破产，其也不得被计入破产财产。这也被称为信托的破产隔离效果，也是与隐名合伙的不同之处。

四、信托的功能

信托是作为财产管理、继承的制度而产生、发展起来的。但是，现在除了财产管理、继承的功能以外，还具有转移功能，以及破产隔离的功能。下面就这三个功能加以说明。

1. 信托的财产管理、继承功能

首先是财产管理、继承的功能。例如，现在成为热门的教育资金赠与信托中，祖父母将金钱等信托给银行，作为赠与给孙辈的教育基金，当这些孙辈们需要的时候，就可以从信托中支付，并且在1 500万日元（可以支付给校外教育资金的金额为500万日元）范围以内，不作为赠与税的课税对象。受托人管理从祖父母处受托的财产，实现了由孙辈等继承财产的功能。

2. 信托的转移功能

已故四宫和夫教授曾经说过，信托具有不实质性地丧失财产权或者财产权人状态，却可以按照财产权人追求的各种目的来转换其形态的共通功能。[①] 信托的转移功能包括从财产权利人方面来

---

① 参见四宫和夫：《信托法》（新版），14页，东京，有斐阁，1989。

看的“权利人的转移”与从财产方面来看的“财产权的转移”。

权利人的转移是随着财产的所有权由委托人转移给受托人而产生的。这样的权利人转换，又存在着“权利人的属性转换”和“权利人数量转换”的情况。

“权利人的属性转换”用于转移财产权人的财产管理能力、经济信用能力、自然人属性等情况。例如，某老人为了有效利用其保有的某块土地，考虑建设高楼和对外出租。作为自然人的老人在筹集资金方面存在着难度，但如果将该块土地信托给信托银行，那么，就能够比较容易地筹集资金和开展出租业务。

此外，“权利人数量转换”就是在财产权所有人为多人的情况下，通过将这些权利主体单一化，产生出协调人，来利用财产。

另外，财产权的转移主要是将既有的财产权状态转换为其他状态，或者将财产权转换为包含债务在内的概括性财产的“财产权的性状转变”。例如，委托人通过将其保有的不动产和动产转换为信托受益权这样的债权性权利，使财产的让渡更加容易。特别是，通过信托法修改，建立了将受益权有价证券化的受益证券发行信托这样的新型信托。这种受益证券可以只通过让渡来转移所有权，也可以利用“转让制度”。

还有，可以使用“财产（权）运用单位转换”，将租赁债权这样的小额多数债权转换为一个信托受益权。相反，即使在需要使用大量资金收购不动产的时候，也可以利用信托将受益权加以分割，以转换成能够满足投资者不同需求的产品。进而，这些受益权也可以构建包括优先受益权和劣后受益权等在内的多层次架构。

信托的转换功能在当下的信托实务中发挥着重要的作用，适用于很多情况。

3. 信托的破产隔离功能

信托成立后，因为委托人向受托人转移了财产，因此，原则上该财产与委托人的财产隔离。此外，转移后归属于受托人的信托财产，通过信托的公示制度和履行分别管理义务，与受托人的财产相隔离，进而，在受益人破产的情况下，即使该受益权被充抵给受益人的债权人，信托财产本身也不能成为强制执行的对象，因与受益人的破产财产是相隔离的。

五、信托在法律构成上的观点

日本对于信托的法律构成存在各种学说，主要有债权说和实质性法律主体说两种。

（1）债权说认为："通过信托，受托人取得信托财产的完全所有权，同时，受益人取得要求受托人根据信托的目的对信托财产进行管理、处分的债权性请求权。"①

债权说通过旧信托法、信托法，成为主管机关法务省的基本观点，也是日本的通说。

2. 实质性的法律主体说是已故四宫和夫教授提出的有力观点。这一学说认为"从信托法规定的信托构造可以看出其具有'双重性质'的特色，即作为实质性法律主体而独立化的以信托财产为中心的超个人要素，与信任受托人被赋予其财产权名义的个人性要素构成"②。多年以来，信托银行等开展实务时依据的是这一学说。

---

① 寺本昌广：《逐条解说：新信托法》，25页，东京，商事法务，2007。

② 四宫和夫：《信托法》(新版)，79～80页，东京，有斐阁，1989。

六、商事信托的法理

以上介绍了信托法律构成的主要观点，除此以外，对现在信托实务产生重大影响的是“商事信托的法理”的观点，下面对此加以说明。

东京大学的神田秀树教授在《商事信托的法理》（信托法研究，第22号）一文中，将旧信托法的信托分为“商事信托”与“民事信托”。在此基础上，将占日本信托实务大多数的“商事信托”，从功能性的视角进行了分析和分类，以揭示“商事信托的法理”。根据神田教授的观点，“所谓商事信托，就是在信托中受托人发挥的作用超过对财产进行管理、保全以及处分，或者说不同于对财产进行管理、保全以及处分的情况。与之相对，当受托人发挥的作用只是对财产进行管理、保全以及处分的情况，则被称为民事信托”。民事信托的本质在于财产的存在与委托人的意思，但对于商事信托来说，其本质在于“第一，财产的存在对于商事信托不仅并非不可或缺，而且不加批判地将财产的存在作为前提的话，会出现误解商事信托本质的危险。对于商事信托来说，根本性的是具有某种商事性的安排，接受管理、实施该项任务的是受托人，而在这种管理安排中实际出资、享受相关利益的是受益人”。他进一步论述道：“第二，委托人的意思并不重要，或者应该说市场的意思非常重要。在根据市场意思建立的信托关系中，实际情况是，何人成为委托人是相对决定的。因此，商事信托中的信托目的，应该看作是实施和管理根据市场的意思或者满足市场需求所作的相关安排”。

第二章

信托的历史

一、信托的起源与英美信托发展的历史

1. 信托的起源

信托就是某人为了自己指定之人的利益，将财产托付给自己信任的其他人的制度。因此，信托是私有财产在某种程度上得到承认的情况下，人类历史的任何时期、任何角落中都可能发生的关系。信托的起源有各种各样的学说①，其中有力的有罗马法起源说、英国固有说、日耳曼共同起源说三种。② 其中，现在的信托制度是来自于13世纪作为习惯法建立起来的“USE”的英国固有说为一般通说。

2. 英国信托发端与发展的历史

（1）英国法制的二元性。

与德国、法国等以成文法为基础的大陆法系国家法律制度不

---

① 参见新井诚：《信托法》（第4版），5页，东京，有斐阁，2014。他论述道，“信托制度的基本架构以及构建这种架构的社会需求并不是指仅起源于特定的法文化中，固有的、独创的这种性质。而是可以认为在各种法文化圈中，符合各个社会需求，各种各样的、固有的信托制度（或者，至少机能上与信托制度相同的信托架构）成立了”。

② 参见新井诚：《信托法》（第4版），3～4页，东京，有斐阁，2014。

同，从中世纪的封建时期开始，英国的法律体系是通过国王法院颁布的司法判例形成了被称为“普通法”的判例法体系。

但是，在当时的封建制度阶级社会中，发生了很多通过普通法无法解决纠纷的情况。在这种情况下，允许当事人不依赖普通法院，而是直接向国王请愿，通过特别裁判来解决纠纷。其后，这种做法成为习惯，国王委任自己身边作为神职官员的大法官来处理这些请愿，大法官根据自己的良心和衡平的精神独自作出裁判，并累积了大量的司法裁判例，进而形成了被称之为衡平法的第二法体系。①

由此可见，衡平法院对信托制度的确立发挥了重要的作用。

（2）从 USE 到 TRUST。

在英国，从 11 世纪到 13 世纪，由于“十字军东征”（1096 年开始），战士们频繁地奔赴前线。在此期间，他们将自己的领地管理事务交给其信赖的第三人，要求其将土地的受益交付给自己的家属，从战场回来后将土地返还给自己。这些做法被称为 USE。

此外，据说在 13 世纪前半期，当弗朗西斯科教会的僧侣们来到英国的时候，也使用这种 USE 制度。弗朗西斯科教会信奉贫困的教义，也就是说教会和教会的成员都不得拥有财产。因此，即使想向教会和僧侣捐赠财产，也不能直接将土地捐赠给教会。于是，就有人采取将土地捐赠给教会附近的村庄，将土地的收益捐赠给教会和僧侣的做法。

在 14 世纪，使用 USE 的情况扩大开来，使用在 A. 逃避长子继承、B. 逃避继承人限定在男性、C. 继承时规避领主特权等规避法律的情况。②

---

① 参见田中实：《信托法》，12 页，东京，学阳书房，1993。

② 参见新井诚：《信托法》，4 版，8 页，东京，有斐阁，2014。

但是，在普通法上，USE 只是让财产让渡的接受者取得所有权，而为受益人管理、处分财产的部分，并不是保护的对象，因此，经常发生受托人侵占财产、受托人的债权人扣押财产的问题。

为此，15 世纪初叶，出现了对 USE 的受益人进行保护的需求。USE 开始接受衡平法院的救济，而这作为习惯得到确立，USE 制度开始得到了承认。“USE 的承认”使这一制度的适用范围更加广泛。据说，亨利五世的时候（1413—1422 年），英格兰的大部分土地都 USE 化了。

其后，受到蔷薇战争（1413—1422 年）等的影响，为了实现回避财产没收的目的，USE 制度得到了进一步的普及。

16 世纪～17 世纪初叶，由于 USE 过于扩大，甚至国王的财源也无法确保，于是，亨利八世在 1535 年制定了将衡平法上的受益人权利转换为普通法上权利的“USE 禁止法”。

不过，由于对 USE 的需求很强，有人试图使用双重设定 USE 的制度，用以规避“USE 禁止法”，但是，这种双重 USE 在 16 世纪被普通法院认定为无效。

在这以后，人们对 USE 的需求依然很强，作为 USE 制度使用人的市民阶层力量也逐渐强大起来，统治者不得不承认这种双重 USE。于是，1634 年，衡平法院承认了双重 USE。17 世纪中叶以后，单一 USE 也得到了重新承认。

其后，随着时代的发展，USE 发展成为能够反映出信任含义的信托（TRUST）制度。

（3）TRUST 的发展。

TRUST 与 USE 相比有三点不同：

第一，TRUST 不像 USE 那样，被用于逃避各种封建性负担这样的保全目的，而是被用来设定妻子的特有财产、排除丈夫的控制等特定目的；第二，信托设定的对象财产范围从土地以及其他不动产，扩大到金钱、有价证券；第三，与信托相伴，有偿观念也随之而生 。[①]

近年来，在英国，信托被用在将土地作为信托财产、以个人作为受托人这样的无偿信托，或年金信托和投资信托（UNIT TRUST）等以金钱为中心的营业信托中。

（4）信托法制。

在英国，自 19 世纪以来，作为判例法发展起来的信托法逐渐成文法化[②]，并通过 1925 年的《受托人法》（Trustee Act）而得到集大成，1958 年制定了《信托种类法》（Variation of Trusts Act），1961 制定了《年金与收益法》（Perpetuities and Accumulations Act）[③]，进而，1925 年的受托人法被大幅修改，制定了 2000 年《受托人法》。

3. 美国信托发端与发展的历史

（1）信托业务的发展。

美国是从英国殖民地中独立出来的国家，其继受了上述普通法系法律制度，接受了信托制度，但也出现了与英国不同的独特变化。其中的一个变化是，“信托目的财产从不动产扩大到动产特别是金钱”；而另外一个变化是，“出现了从事专业活动的信托受托人”，并且“与受托人专业化相伴，出现了法人受托人”[④]。

---

① 参见田中实：《信托法》，17、18 页，东京，学阳书房，1993。

② 1925 年《财产法》（Law of Property Act 1925）废止了“USE 禁止法”。新井诚：《信托法》，（第 4 版），14 页，东京，有斐阁，2014。

③ 参见太田达男：《信托业务读本》，13 页，东京，近代 Sales 社，1991。

④ 新井诚：《信托法》（第 4 版），15 页，东京，有斐阁，2014。

1822 年设立的“农业火灾保险与贷款公司”（Farmers’ Fire Insurance and Loan Company）是第一家被允许以公司形式接受信托的法人。其后，保险公司以兼营信托业务的形式陆续取得营业许可。其中，1830 年设立的“纽约寿险和信托公司”（the New York Life Insurance and Trust Company）首次将“TRUST”使用在公司名称中。

当初，信托公司主要从事以遗嘱的执行和财产管理为目的的相关活动，其主要业务是接受被称为信托存款的商品，即从一般个人手中接受资金，将这些资金集合起来运用到证券投资中，并分配收益。[①] 1864 年，联合信托公司（Union Trust Company）被允许从事法人信托业务，以 1861 年发生的南北战争为契机，受理公司发行的公司债券并贩卖这些公司债券成为信托公司的重要业务。

这样，信托公司开始发挥作为金融机构的作用。另外，1913 年，联邦储备委员会赋予国家银行信托业务许可权，银行开始从事信托业务。截止到 1928 年，全美国有四千家以上的法人受托人，其中国家银行约占 1 300 家。[②] 但是，1982 年以后，“为了运用快速增长的年金资金和投资信托，并解决稳定地雇用优秀基金经理的难题，不从事银行业务的信托公司重新开始被大量设立起来”[③]。

（2）信托法制。

与其他国家一样，从英国信托制度移植而来的美国信托法制

---

① 参见社团法人信托协会编：《信托实务讲座》，第 1 卷 • 总说，8 页，东京，有斐阁，1962。

② 参见社团法人信托协会编：《信托实务讲座》，第 1 卷 • 总说，9 页，东京，有斐阁，1962。

③ 佐藤勤：《信托法概论》，12～13 页，东京，经济法令研究会，2009。

度，也是分布在各州的判例法中，没有统一的立法。

于是，进入1900年以来，美国法学会编撰了《信托法重述》(Restatement of the Law of Trusts)。重述是对“美国法各领域中判例法的现状、判例法中分歧之处的合理性进行选择取舍，以条文的形式对应有的法律进行总结归纳”①，《信托法重述》也是如此。美国法学会分别于1935年、1957年、2011年通过和公布了第一次、第二次、第三次《信托法重述》。

此外，2000年，为了统一各州法律而制定的示范法《统一信托法典》(Uniform Trust Code of 2000) 也得到了很多州的采纳，信托法的统一化取得了进展。

二、日本信托制度发端与发展的历史

1. 日本信托制度与信托法制的发端

在日本，秋田感恩讲和织田信长为了修理和维护皇宫而向大的金银商人预先支付这种类似信托的制度自古就存在。但是，日本现在的信托制度肇始于前述诞生于英国的USE、在美国作为产业发展起来的TRUST制度。

1900年制定的日本兴业银行法在第9条4款中，作为营业种类的一种规定了“关于地方债券、公司债券以及股票的信托业务”。这是日本首次出现信托的文字形式，但实际的业务是支付本金利息、管理证书等代理事务，与现在的信托法概念似乎没有关系。②

① 佐藤勤：《信托法概论》，13页，东京，经济法令研究会，2009。

② 参见太田达男：《信托业务读本》，26页，东京，近代Sales社，1991。

实质性引入信托是 1905 年制定的《附担保公司债信托法》。

这一法律现在仍然有效。附担保公司债信托就是利用信托的法理，将担保权作为信托财产，公司债权人作为受益人的信托。该法的目的是在建立附担保公司债信托制度的同时，通过保护公司债券债权人，来促进国民经济的健康发展。

当时的日本，经历了中日甲午战争、日俄战争，正处于为战后的复兴，从轻工业向重工业转型的时期，为此需要大量的资金。特别是，从海外引入资金是紧迫的课题，需要通过担保来赋予公司债和借款以信用力。于是，和财团抵押制度一起，日本引入了附担保公司债信托制度。这一业务只允许银行承办，有实力的银行不断参与进来。

这样，在日本以公司为对象的信托制度最先建立起来，此外，专门从事管理、运用个人财产的信托公司也开始设立。1906 年设立的东京信托股份公司被认为是日本的第一家信托公司。

2. 旧信托法、信托业法的制定与信托公司的设立

其后，以 1914 年第一次世界大战为契机带来的经济向好为背景，日本设立了很多信托公司。至 1921 年年末，约有五百家公司林立，但其中大多数都以放高利贷为收益源，信托被看作是没有社会信用的行业。于是，制定一部明确信托的一般理念、确立信托关系本质的基本法，并取缔经营不健全的信托公司，整顿信托业务，保护、培育健康的信托业就成为当时的急迫课题。① 1922 年，日本同时制定了信托法和信托业法，并于次年实施。

由于信托业法的制定，信托业开始实施许可制，不从事信托

① 参见神田秀树、折原诚：《信托法讲义》，18 页，东京，弘文堂，2014。

业的公司不得使用“信托”商号，同时，许可的批准也采取了严格的方针，因此，1924 年年末，获得许可的信托公司仅仅有 27 家。

进而，作为现在信托银行母体的信托公司，先后于 1924 年设立了三井信托、1925 年设立了安田信托和住友信托、1927 年设立了三菱信托。

由于信托法和信托业法两部法律的制定和实施，日本建立了信托制度，信托制度获得了人们的信任，信托业开始真正走上发展的轨道。

3. 第二次世界大战前后的信托制度与信托银行的诞生

在第二次世界大战战时体制的经济统治下，金融机构的统合也取得了进展，其中也包括信托公司。

1943 年，为了扩大储蓄，日本制定了允许银行兼营信托业务的《普通银行等兼营储蓄银行业务或者信托业务的相关法律》（现在的《金融机构兼营信托业务的法律》，以下简称“兼营法”），这一法律进一步促进了银行和信托公司的合并。随着统合的进一步发展，第二次世界大战结束时，专业的信托公司只剩下 7 家。

第二次世界大战后，在急剧的通货膨胀形势下，出现了财阀解体、富裕层没落、国民储蓄意愿减弱等现象，给信托公司带来了严峻的局面。此外，受美国法影响日本制定了证券交易法，提出了银行业务与证券业务相分离的政策，信托公司不得再办理曾经作为其主业的证券承办业务。这进一步加剧了信托公司经营的困难。

在这种情况下，按照 GHQ（驻日盟军总司令）的方针，1948 年，所有的信托公司都按照新的银行法的规定转型为银行，根据兼营法来从事信托业务。

这样，就诞生了现在的“信托银行”，形成了稳定的经营体制。

4. 战后经济的快速发展与信托的发展

信托银行的银行业务发展顺利，但是相较于普通银行，其店铺少、吸收资金的能力存在局限性。1945 年到 1964 年期间，政府强化扶植专门金融机构，为了更加有效、顺利地供给资金，要求信托银行或者选择信托业务或者选择银行业务作为主业；同时，推进废止地方银行的信托业务，促进城市银行信托部门之间的分离和统合。

在这种状况下，为了促进战后经济复苏，需要以基础性产业为中心提供长期、稳定的资金供给，于是，日本在 1952 年制定了贷款信托法，以灵活运用信托，创设和流通安全、有利的长期稳定金融商品，来筹集大众的资金，并将这些资金用于向基础性产业长期提供贷款。由此，银行开始从事贷款信托业务。在日本，从战后复兴到经济高度成长这一期间，贷款信托作为向基础性产业提供长期、稳定的资金，以及作为向一般民众提供安全有利的长期储蓄的手段，在国民经济发展中发挥了重要作用。可以说，这也成为信托银行长期以来的核心产品。

此外，从 1900 年代以来，利用信托制度的新商品也不断被开发出来，这包括：1956 年，开始办理设备信托（动产信托）；1962 年，因法人税法修改而创设了适格退休年金制度；1966 年，诞生了厚生年金制度；1972 年，建立了财产形成信托；1973 年，开始办理住宅贷款债权信托；1975 年，开始办理特定赠与信托；1977 年，开始办理公益信托业务；1980 年，特定金钱信托与基金信托等证券信托随着国税厅发布的“簿价分离通知”而得以扩大；1984 年，开始办理土地信托；1991 年，出现了国民年金信托，2001 年，开展了确定缴费年金；2002 年，开始办理确定给付企业年金等。

此外，适格退休年金制度于 2012 年起被废止。

5. 金融自由化中的信托制度变革

昭和五十年代（1975—1986 年）期间，在对外经济不平衡的背景下，以美国为中心的各国强烈要求开放日本的资本市场。于是，1985 年，日本允许外国银行参与信托业，设立了外资系信托银行。

此外，在金融发展的自由化，金融服务的多样化，金融的国际化、证券化的大变革中，日本制定了《为完善金融制度及证券交易制度而对相关法律进行修改完善的法律》（金融制度改革法），允许其他行业的金融机构加入信托业（相互参与）。1993 年，银行、证券公司等以不同业态子公司的方式设立了信托银行子公司，同时引入信托代理店制度，各地的金融机构可以经营信托代理店业务。

信托子公司和地方金融机构可以经营的信托业务，在 1998 年以后有了阶段性的缓和。进而，随着 2001 年日本对兼营法施行令作了部分修改，城市银行、长期信用银行等主体可以参与信托业务。2002 年，除了部分信托业务以及合并业务以外，城市银行等主体可以从事所有的业务。至于信托代理店，也由于 2002 年兼营法施行规则的修改，扩大适用于城市银行。

此外，信托银行等为了对作为信托财产保有的有价证券进行一元化管理，设立了专门从事有价证券管理业务的信托银行。

6. 因信托业法的修改而带来的信托从业者范围扩大与信托财产规制的撤销

其后，不仅仅是那些根据兼营法获得许可的信托银行等，“包括一般性行业公司在内的多样主体利用其专业特长，作为信托业的从业者，提供多样化信托商品的”① 的需求日益高涨，因此，2004 年，信托业法作出了根本性修改。

2004 年信托业法大修改的特色在于：

（1）撤销了对信托财产的限制，使包括知识产权在内的财产权可以被作为一般财产受托；

（2）为了扩大信托业从业者范围，实质上允许金融机构以外的“信托公司”参与；

（3）为使用者扩大信托服务窗口，新创设了信托合同代理店制度和信托受益权贩卖商制度；

（4）与信托法密切相关，进一步完善了对受托人的善管注意义务、忠实义务等行为的规制。

7. 信托法的修改

在上述背景下，旧信托法虽然是私法，但很多条文具有浓厚的规制从业者的色彩，具有较多的强行性规定。受托人处理信托事务时应该遵守的忠实义务、分别管理义务、自己执行义务等规定过于严苛，产生了与实务的隔阂。

还有，因为旧信托法参考了以委托人、受托人以及受益人各

① 神田秀树主编：《新信托业法的全部》，4 页，东京，金融财政情况研究会，2005。

为一人或数量较少为前提的英国家族信托的法理，通说认为受益人的意思决定需要全体一致。因此，在受益人数量较多的情况下，意思决定极其困难，在发生重大情势变更的情况下，受益人不能恰当地行使权利。对于受托人一方来说，受益人无法决定其意思，就会出现妨碍顺利处理信托业务的可能。

进而，对信托的合并、分立，受益权的有价证券化，信托债务中责任财产的限定化等前所未有的需要有了很大的增加。

在实务中，对于这些外在的变化和需求，在法律解释以外，也做了各种各样的努力，例如通过制定特别法来应对上述变化和满足新的需求。但因经济、社会的需求进一步强烈而且涉及面更加广泛，还是出现了旧信托法无法适应的问题。

进一步而言，在民事信托的领域，需要福利型的信托和对高龄人士进行财产管理的信托，但由于没有明确的规定，出现了无法满足需要的困难状况。

在海外，如前所述，英国于 2000 年制定了新的《受托人法》，美国也于 2000 年制定了《统一信托法典》，现在正在推动各州采纳通过。

日本学术界、实务界把握这些动向，对信托法的立法作出探讨，2001 年提出了商事信托的立法建议，发表了对其后信托法修改影响巨大的《商事信托要纲》。

鉴于这种情况，法务大臣在法制审议会接受质询时表示，“对于现代社会广泛应用的信托，从准确地应对社会、经济形势变化的观点来说，要在适当的条件下放松受托人承担的忠实义务等，制定对应受益人为多人信托的意思决定规则，允许受益权有价证券化等，有必要实现信托法的现代化，这就需要相应的纲要”。于是在法制审议会中设立了“信托法分会”。信托法分会于同年 10

月开始进行修改审议工作，2006 年 1 月 20 日完成了《信托法修改要纲案》。该要纲案于 2 月 8 日的法制审议会大会上得以通过，并以《信托法修改要纲》的形式提交给法务大臣，在此基础上，制定了信托法修改法案。这一法案在 2006 年 12 月 8 日正式通过，并于当月 15 日公布。与信托法修改相伴，也制定了“完善与信托法施行相关法律”的法律，除了信托业法以外，对 63 部相关的法律作出修改。这样，这部信托法于 2007 年 9 月 30 日，与修改后的信托业法和金融产品交易法一起，正式施行。

第三章

信托的设立

一、信托的设立方法

1. 三种设立方法

信托的设立方法有以下三种：（1）委托人与受托人之间签订信托合同；（2）委托人订立遗嘱；（3）委托人将信托目的、确定信托财产所必要的事项以及其他法务省令规定的事项，记载或记录于公证文书或者其他书面、电子记录文件（被称为“自己信托”，因委托人即是受托人，所以曾被称为“宣言信托”）。

2. 通过合同设立

以合同来设立信托的，委托人与受托人之间应在合同中约定“进行财产、设定担保权以及其他财产处分”和“受托人应根据信托目的对信托财产进行管理、处分以及为达成该目的而实施必要的行为”这两项内容（信托法第 3 条第 1 项）。此外，以这种方法设立的信托，自信托合同签订之时起生效（信托法第 4 条第1 款）。

在旧信托法中，对于信托合同有“要物合同说”与“诺成合同说”两种不同的学说。“要物合同说”认为仅有设立信托的合意并不具有法律拘束力，还要将信托财产的财产权转移至受托人，信托方才成立；“诺成合同说”认为只要有委托人与受托人之间的合意，信托即可成立。依据要物合同说，委托人与受托人即便达成了合意，委托人也随时可以通过意思表示撤回合意，这实际上会背弃为履行信托事务进行相关准备行为的受托人的期待。

因此，信托法采用诺成合同说，一经签订信托合同，信托就成立且生效，以此来提高法律上的稳定性，保护信托关系人的信赖利益；同时，也较早地对受托人课以忠实义务，以此来保护受益人。所以，信托合同一经缔结，除非有特别约定，受托人负有请求转移财产的义务，同时，委托人负有转移交付财产的义务。①

此外，信托合同签订后，如果想控制信托效力的发生，可以附生效条件或者生效期限，在其条件成就时或者期限到来时方才生效（信托法第 4 条第 4 款）。过去，由于实务中多是以要物合同说为前提来设立信托，所以另行规定生效条件和生效期限的信托合同比较常见。

3. 遗嘱信托

遗嘱信托是指委托人对受托人以与信托合同同样内容的遗嘱所设立的信托（信托法第 3 条第 2 项）。遗嘱生效的，遗嘱信托成立且生效（该法第 4 条第 2 款）。因此，未指定受托人或者虽然指定了受托人但其并未承诺接受委托的，当委托人死亡时遗嘱信托也可发生效力。

在遗嘱信托中，信托在被接受前就发生效力，但此时受益人等的地位处于不稳定的状态。为了消解这一状态，法律作出了如

① 参见能见善久：《新信托法的理论课题》，9～10 页，Jurist 1335 号，2007。其持反对意见，“即一般信托合同中，委托人的财产转移义务并不包含在其内容里”。

下规定：遗嘱中有指定受托人的规定时，利害关系人可以设定一定的期间对其进行催告，要求其在该期间内对于是否接受信托进行答复（信托法第5条第1款）。若被指定人在该期间内未对委托人的继承人（不存在继承人的，为受益人或信托管理人）进行答复的，视为未接受信托（该法第5条第2款）。

此外，遗嘱中未指定受托人的，或者被指定人未接受或无法接受信托的，法院可以根据利害关系人的申请来选任受托人（该法第6条第1款）。

4. 自己信托

自己信托是在信托法修改时引进的设立方法。

自己信托就是委托人根据信托目的，对自己拥有的一定财产进行管理和处分，以及为达成该目的而应由自己实施必要的行为的意思表示，以公证文书或者其他书面、电子记录的方式，记录信托目的、与特定财产有关的必要事项以及其他法务省令（信托法施行规则第3条）规定的事项[①]，或者通过记录的内容来设立信托。这时委托人即是受托人。

此外，1）采用公证文书或者经过公证人认证的书面或电子记录的方式设立自己信托的，从该公证文书等作成之时起生效；2）采用公证文书等以外的书面或电子记录方式设立的，向被指定为受益人的第三人通知以规定了明确日期的证书形式设定了信托之时，信托生效（信托法第4条第3款）。

---

① 信托法实施规则第3条规定了如下事项：（1）信托目的；（2）确定信托财产的必要事项；（3）开展自己信托的人的姓名或者名称及住所；（4）受益人或者确定受益人的方法；（5）信托财产的管理或者处分的方法；（6）信托行为的条件或者期限；（7）信托行为规定的信托终止事由；（8）其他的信托条款。

5. 自己信托与双重信托的关系

在实务中有所谓“双重信托”，多用于年金信托。“双重信托”是指子基金（Baby Fund）的受托人为母基金（Mother Fund）的委托人，信托给与子基金受托人相同的受托人。换言之，双重信托在形式上与自己信托相同。但在旧信托法下，法务省民事局长在对大藏省银行局长的照会答复（1962 年 3 月 31 日民事甲第 943 号）中，曾对根据年金基金而设立的贷款信托等双重信托作出过解释，“即使委托人与受托人为同一家信托银行，但实质上不是同一法律主体。也就是说，在形式上，贷款信托（或者集合运用指定金钱信托）的委托人是信托银行，但实质上，可以认为年金信托的委托人企业才是贷款信托（或者集合运用指定金钱信托）的委托人。其次，实际上也不存在弊端。因为作为年金信托委托人的企业、受益人的职工，可以依据年金信托合同对受托人信托银行进行监督，不会侵害到他们的利益。此外，也不会危害到信托银行的债权人”，因此，与旧信托法第 1 条并不抵触，不属于自己信托。此外，双重信托是信托“信托财产”，而不是对信托法第 3 条第 3 项规定的对“自己拥有的一定财产”进行管理、处分，所以，可以解释为双重信托不适用该规定。因此，设立双重信托的情况，不需要公证文书等要式。

6. 与信托设立的相关判例

（1）2002 年 1 月 17 日最高法院判决。①

先介绍与信托成立有关的最高法院判例。

---

① 参见民事判例集，第 56 卷第 1 号，20 页。

事实为：建筑承包公司 A 为了从发包人地方公共团体 B 手中承包公共工程，依据保证事业法和预付款保证章程，与经营预付款保证事业并经建设大臣注册的 Y1 之间签订了保证合同，双方约定本承包合同因归责于 A 的事由被解除时，就 A 对 B 所承担的返还债务，由 Y1 向 B 提供保证。

该保证章程规定了如下内容：1）承包人受领预付款时，应当从保证公司事先签订业务委托合同的金融机构中选定一家银行，并将预付款作为普通存款存入其单独开设的账户中；2）承包人负有根据保证申请书记载的目的，合适、恰当地使用预付款的责任，并向保存预付款的金融机构提交表明恰当用途的资料，非经该金融机构确认，不得从普通存款账户中支取资金；3）保证公司为监督预付款的用途，可以调查承包合同有关的材料和承包人的事务所、工程现场等，并可以要求承包人及发包人进行报告、说明或者证明；4）预付款未能合适、正当地使用时，保证公司可以采取要求该金融机构中止兑付普通存款账户等措施。上述章程的内容已经由建设省建设经济局建设业课长通知了各都道府县主管部长。

A 从 Y1 事先签订业务委托合同的金融机构中选定了信用金库 Y2 作为预付款的保管金融机构，并将从 B 获得的预付款 16 968 000日元存入了在 Y2 开设的普通存款账户。

但是，由于 A 停止营业导致工程不能继续进行，B 解除了承包合同。并且，由于 A 未向 B 返还工程剩余款项，Y1 向 B 履行保证债务支付了剩余款项，取得了对 A 的求偿权。

其后，A 作了破产宣告，X 被选任为破产管理人。X 向保证公司 Y1 要求确认其为 Y2 中存款的债权人，并要求 Y2 向其支付存款的剩余款项和滞纳金。

简言之，最高法院作出了如下判决：

预付款的支付以保证事业法规定的预付款返还债务得到保证为前提，根据保证事业法，保证事业公司负有严格监督承包人是否合适、正当地使用预付款的义务，签订预付款返还债务的保证合同须依据预付款保证章程。该章程已经由建设省通知到各都道府县。

该保证章程规定了预付款的保管、支付的方法，保证公司对预付款用途进行的监督、使用不当时的中止措施等，应当说 A 和 B 是在就保证章程规定的事项达成一致协议的基础上支付、接受预付款的，因此，可以认为在预付款存入存款账户时，B 与 A 之间成立信托合同，该信托以 B 为委托人、以 A 为受托人，以预付款为信托财产，以支付该工程的必要经费为目的。

本案存款与 A 的一般财产分别管理，具有保管的特定性，即便对于第三人也可以以本存款属于信托财产来对抗，因此不能列入破产财产。

在本案中，若基于其他法律，该存款归属于承包人 A，承包人的破产管理人 X 取得支付，地方公共团体 B 则会蒙受损失；但基于信托法理，承认受托人的破产隔离效果，B 可以获得救济。而且值得注意的是，判决中地方公共团体与承包人之间成立的信托合同，任何一方当事人都没有明确签订信托合同的意图。

（2）2012 年 6 月 15 日东京地方法院判决。[①]

上述判例是特殊情况下的事例，略显牵强。但受到上述最高法院判例的影响，在我们的日常生活中也有适用信托法理的判例，下面对此进行介绍。

首先是事实情况。本案中有 X1～X4 这 4 位当事人，她们因

---

① 参见金融商事判例第 1406 号，47 页。

孩子的缘故成了朋友，也就是所谓的“妈妈之友”。这 4 人为了一起去海外旅行，决定开设银行存款账户用来存款。

X1 接受 X2～X4 的委托，去 Y2 银行的窗口以“A 会”的名义申请开设账户，Y2 银行的负责人询问了 A 会的目的等事项，提议以“A 会代表人 X1”的名义开设账户。X1 以该名义开设了普通存款账户，并由其保管账户的存折和银行卡。并且，每个月她们都向该账户直接进行了存款或者汇款，起初是每人 5 000 日元，之后是每人 10 000 日元。X1 在 A 会聚会时带着存折，让 X2～X4 确认了账户的存款情况。在旅行时，4 人一起去旅行社办理了申请手续，价款由 X1 从该账户中支付。

X1 对信用销售公司负有个人债务，由于未能及时还债，债权回收公司 Y1 基于对 X1 的债权扣押了该账户中的存款债权，并且 Y2 基于 Y1 的支付请求向其支付了全部金额。因此，当事人依据对 Y2 的存款返还请求权以及对 Y1 的不当得利返还请求权，起诉要求返还 X2～X4 的存款份额。

法院作出如下判决：

X2～X4 与 X1 之间以旅行资金的管理、使用为目的，签订了以 X2～X4 为委托人兼受益人、以 X1 为受托人的信托合同，因此，可以认为在 Y1 扣押之时本案账户剩余存款中 X2～X4 的应得份额部分为信托财产。由于该份额部分财产属于信托财产，Y1 是不能对其进行扣押的，但 Y1 对其进行了扣押并用于回收债权，构成了不当得利，应当返还于受托人 X1。

在该案中，就 A 会是“无权利能力社团”还是“合伙”也进行过讨论，但均被法院所否定。法院最后将 X2～X4 的份额部分认定为信托财产，以此对 X2～X4 进行了救济。

该判例表明：即使是在日常生活中，即便未签订合同，只要具备了信托成立的要件，且根据其他法律无法获得救济的，可以将其视为签订了信托合同、适用信托法的规定，当信托成立时，可以获得破产隔离效果。

二、信托目的

“信托目的”是指设立信托所欲达成的目标，它是“受托人的行动指南，确定了受托人的权限范围。此外，它也是判断信托终止与否的标准”[①]。

在信托法中虽没有明确地规定“信托目的”这样的字眼，但信托法第 2 条第 1 款规定了基于“一定的目的（仅为该当事人利益的目的除外）”对财产进行管理、处分以及其他为达成该目的而应实施的必要行为。

因此，信托目的对于信托而言是必要条件，没有信托目的的信托无效。此外应当注意的是，“信托目的”并不是指其作为信托行为的一个条款[②]而加以明确记载，而要从信托行为的整体进行解释。

另外，与信托目的类似的概念还有“信托的主旨”。信托的主旨是在考虑受托人履行、不履行义务时所使用的概念，它用来确定“信托行为背后委托人的合理意图”[③]。

---

① 能见善久：《现代信托法》，14 页，东京，有斐阁，2004。

② 信托业法第 26 条第 1 款第 3 项规定，签订信托合同时交付的书面材料应当记载“信托目的”。

③ 村松秀树、富泽贤一郎、铃木秀昭、三木原聪：《概说新信托法》，89 页，东京，金融财政情况研究会，2008。

三、信托财产

信托法上“信托财产”是指“归属于受托人所有，且根据信托而实施管理或处分的一切财产”[①]（信托法第 2 条第 3 款）。此外，信托财产必须是可以折算成金钱的财产，除专利权等知识产权外，还包括获得专利的权利、外国的财产权等，但不包括人格权。债务不被认为是信托财产。

四、受托人的资格

在信托法上，未成年人、成年被监护人、被保佐人不能成为受托人（信托法第 7 条）。

信托以委托人对受托人的信赖为基础，委托人将管理权的行使委托给受托人，因此，受托人必须是在职责上能回应委托人的信赖、能完成其作为管理人的任务的人。

未成年人、成年被监护人、被保佐人由于不能单独管理或者处分财产，无法托付其财产的管理或者处分，所以其被禁止成为受托人。

此外，在旧信托法下破产人不能成为受托人（旧信托法第 5 条），但现行信托法将破产人从不适格者中剔除掉了。不过，受托人破产构成受托人任务的终止事由（信托法第 56 条第 1 款第3 项）。

---

① 另外，“固有财产”是指“受托人所有的信托财产以外的一切财产”（信托法第 2 条第 8 款）。

五、禁止受托人享受利益

旧信托法下，受托人除作为共同受益人中的一人外，不得以任何人的名义享受信托的利益（旧信托法第 9 条）。通说认为，这是禁止受托人取得全部受益权并兼任受益人的规定。①

近年来，从资产证券化的实务角度出发有必要对该规定进行修改。比如，实务中受托人经常会从最初受益人兼委托人处购买全部受益权，再向投资人销售受益权。

因此，信托法规定："除作为受益人享有信托利益外，受托人不得以其他任何名义享有信托利益。"（该法第 8 条）这样，即使受托人持有全部受益权，信托也并非立即终止。但是，"受托人以固有财产的形式持有全部受益权状态持续一年时"，信托终止（该法第 163 条第 2 项）。

因此，在信托法下，委托人以自己信托的方法设立信托，可以持有受益权一年。换言之，委托人兼任受托人、受益人的状态，可以持续一年。但这种信托是以"仅为该当事人利益的目的除外"（信托法第 2 条）为前提的。所以，仅仅为了自己的利益是不能设立信托的。另外，比如，为了资产流动化的目的而事先买入以流动化为目的的财产，再将该财产转换成受益权进行销售的，应当认为有效。

另外，根据信托法第 4 条第 3 款第 2 项，采用公证文书等以外的书面或电子记录方式设立的自己信托，以记载确定日期的书面方式通知给应被指定为受益人的第三人为生效要件，所以不承

---

① 参见四宫和夫：《信托法》（新版），123 页，东京，有斐阁，1989。

认委托人兼受托人可以自己成为受益人。

六、禁止不法信托、诉讼信托、欺诈信托

1. 不法信托

信托法对信托的设立有不法信托、诉讼信托、欺诈信托三种禁止性规定。

禁止不法信托是指禁止利用形式权利人（受托人）与实际权利人（受益人）不同这一信托的特性来从事不法行为。

在信托法下，根据法律法规不得享有某项财产权的人，也不能作为受益人来享有与该财产权具有统一性的利益（信托法第9条）。

该规定是强制性规定，如有违反，行为基本上应为无效。但是否适用禁止规定，并不是一律从形式上进行判断，而是从法律法规的宗旨、信托目的、受益权的内容等方面综合考虑来加以确定。

特定的人违反法律法规从事了享有财产权的行为的，其行为在私法上的效力未被否定时，即使利用信托享有了与财产权相同的利益，该信托在私法上的效力并不被否定。

2. 诉讼信托

信托不得以从事诉讼行为为主要目的（信托法第10条）。

以受托人从事诉讼行为为主要目的的，有可能与该禁止性规定相抵触。但即使是以诉讼行为为主要目的的信托，就具有“正当理由”，可以从“主要目的”的解释、不法行为性、反公序良俗性来进行个别判断，排除该规定的适用。

3. 欺诈信托

（1）欺诈信托的撤销。

民法第 424 条第 1 款规定债权人可以撤销债务人的欺诈行为。

在信托中，委托人明知会损害其债权人的利益仍进行信托的，无论受托人是否知道有害于债权人，债权人都可以以受托人为被告向法院请求撤销欺诈行为（信托法第 11 条第 1 款主文）。但是，当知晓被指定为受益人时，或者在受让受益权之时，即使受益人中有一人不知道有害于债权人的，不得撤销（该款但书）。

（2）委托人对信托债权人的责任。

撤销判决确定的情形下，对信托财产责任负担债务有关的债权人（即信托债权人）在取得该债权之时，不知道会危害委托人的债权人的，委托人就信托财产责任负担债务对信托债权人负有清偿责任，该清偿责任的范围以受托人向委托人移交的财产额为限（信托法第 11 条第 2 款）。

（3）信托债权人和受托人的保护。

实行上述撤销时，除非责任财产没有限定于信托财产的情况，受托人不能免除对信托债权人承担的信托财产责任债务。但是，受托人以固有财产清偿该债务后，其清偿额视为金钱债权，可以请求从信托财产中偿还，还可以以受托人向委托人移转的财产额为限对委托人进行强制执行等（信托法第 11 条第 3 款）。

（4）委托人的债权人撤销受益人的欺诈行为和受益权转让请求。

委托人明知损害其债权人仍进行信托的，受益人已经从受托人处获得信托财产的给付时，委托人的债权人可以以受益人为被告，向法院请求撤销（民法第424条第1款）该欺诈行为（信托法第11条第4款本文）。但是，受益人在知悉被指定为受益人之时，或者受让受益权之时，不知道有害于债权人的，不得撤销（该款但书）。此外，虽然委托人的债权人可以起诉，请求受益人将受益权让渡给委托人，但是，受益人在知晓被指定为受益人之时或受让受益权之时，不知道危害债权人的，则不得请求（该条第5款）。

（5）对不当规避法律行为的应对。

指定受益人或者转让受益权之际，不得以不当规避上述规定为目的，无偿或表面上有偿但相当于无偿的方式，将不知会危害债权人的人指定为受益人，或者无偿地将受益权转让给不知晓会危害债权人的人（信托法第11条第7款）。

违反上述规定时，委托人的债权人可以撤销该信托行为以及基于信托行为对受益人的给付，或者可以请求向委托人转让受益权（该条第8款）。

（6）对欺诈信托的否定。

在破产人作为委托人设定的信托中，对于1）破产人明知会侵害破产债权人而为的行为，或者2）破产人停止支付或申请破产程序开始后所为的侵害破产债权人的行为，据此而接受利益的全部，除了上述行为发生时，据此而接受利益的全部或部分受益人在1）的情况下不知道危害破产债权人事实的，或者在2）的情况下不知道有停止支付等情况和侵害破产债权人事实的，可以在破产程序开始后，为破产财产的目的而否认上述欺诈信托。

破产人明知会损害破产债权人仍作为委托人进行信托的，破产管理人可以以受益人为被告向法院起诉，请求将受益权归还至破产财产。但是，受益人在知悉被指定为受益人之时或者在受让受益权之时，不知道有害于债权人的，不得请求返还（信托法第12条第2款）。

此外，民事再生程序、公司更生程序中也设置了与破产法相同主旨的规定。

七、信托会计

信托法对信托会计作出了如下规定：“信托的会计应当遵循一般认为公正妥当的会计惯例。”（信托法第13条）此外，对于依据信托法的规定委任的信托计算事项，信托法还制定规定了有关事项的信托计算规则。

该信托计算规则第3条规定：“本省令的用语解释以及规定的适用，应当斟酌考虑一般认为公正妥当的会计基准和其他会计惯例。”

信托法第13条的规定是为了与公司法等法律相配套而制定的条文[①]，但信托与公司不同，有多种多样的利用方法，并不限定于公司中的“企业会计的惯例”，故使用了更加广泛的“会计的惯例”这一概念。也就是说，信托行为中若有会计处理规定的，遵循其规定；信托行为中没有会计处理规定的，实务中若有已经存在的信托会计的惯例时，遵循其惯例。[②]

① 公司法第431条规定：“株式会社的会计应当遵循一般认为公正妥当的会计惯例”。

② 参见村松秀树、富泽贤一郎、铃木秀昭、三木原聪：《概说新信托法》，41页，东京，金融财政事项研究会，2008。

第四章
法院的监督

一、对法院一般监督的废除

在旧信托法中，除营业信托以外的信托，都在法院的一般监督范围以内（旧信托法第 41 条第 1 款）。信托法删除了这一规定，废除了法院的监督。

废除的理由有：（1）社会对信托制度的认知度在提高，情况发生了很大的变化；（2）缺乏法院监督的必要制度；（3）由法院对信托这一私人关系进行一般监督并不合适等。

此外，旧信托法下，法院还可以对信托事务的处理进行直接检查及其他必要的处分。信托法考虑到法院进行直接检查的困难性，废除了该制度。

二、检查官制度

另外，旧信托法第 41 条第 1 款规定的检查官制度在信托法中得以存续。具体而言，就受托人处理信托事务，有足够的理由怀疑其有不正当的行为，或者违反法律法规、信托行为约定的重大事实时，受益人可以向法院请求选任检查官，调查信托事务的处理情况和信托财产及以信托财产负担债务的情况（信托法第 46 条第 1 款)。

检查官为履行职务的需要，可以要求受托人报告信托事务的处理情况和信托财产等的情况，或者调查与该信托有关的账簿、文件及其他物品。换言之，调查人员拥有要求报告权和物品调查权（信托法第 47 条第 1 款)。

第五章

信托财产

一、信托财产的范围

信托法对信托财产的定义是“属于受托人所有，且根据信托行为而实施管理、处分的一切财产”（信托法第 2 条第 3 款）。此外，一般认为，信托财产必须是可以折算成金钱的财产，也必须是积极财产。因此，除专利权等知识产权外，还包括获得专利的权利、外国的财产权等，但不包括人格权。值得注意的是，债务并不能构成信托财产。

信托财产的范围，除信托行为中约定属于信托财产的财产外，还包括受托人因信托财产的管理、处分、灭失、损伤以及因其他事由而取得的财产以及根据信托法的规定而归属于信托财产的财产（信托法第 16 条）。即使改变其形态，信托财产也仍是信托财产，具有物上代位性。

尤其值得注意的是：除了出售信托财产而取得的买卖价款债权、以信托财产中的金钱所购买的财产等信托财产的代位物以外，以信托财产为担保所借入的金钱，以及因受托人违反法律法规或者信托行为的规定处分信托而取得的对方给付，均包含在信托财产中。

二、信托登记

1. 信托法中信托登记的意义

日本的登记制度中具有代表性的有不动产的登记制度，但不动产等的所有权登记、注册并非生效要件，而是对抗第三人的要件。信托的登记、注册也是如此，它并非信托的生效要件，而是对抗第三人的要件。

信托法第 14 条规定：“对于未经登记或者注册其权利的取得、丧失及变更不能对抗第三人的财产，不经过信托登记或者注册，不能以该财产属于信托财产来对抗第三人。”

需要具备这一对抗要件的具体情形有如下两种：

第一，主张信托财产的独立性（从受托人的破产中隔离的情况）。未经信托的登记、注册的话，作为固有财产对待，属于受托人债权债务的强制执行对象；在受托人破产时，列入破产财产。

第二，当构成撤销受托人越权行为的要件之一的情况时。受托人违反其权限对信托财产设定权利或者转移信托财产的，受益人为撤销该行为需要明确哪些财产属于信托财产，而信托的登记或者注册就是撤销的第一要件，第二要件是交易相对方对受托人的越权行为有恶意或者重大过失。

在信托法上，信托登记还有另一层意义，它是受托人的分别管理义务中进行分别管理的方法。也就是说，对于可以进行信托登记或者注册的财产，受托人有义务进行信托登记或者注册。

在旧信托法上曾经有有价证券信托的注册制度，要求根据敕令的规定进行信托表示。但从实务来看这是一个不太现实的制度，反而成了妥善处理信托事务的障碍，因此信托法将其废除了。

另外，对于信托法第 14 条规定的“未经登记或者注册其权利的取得、丧失及变更不能对抗第三人的财产”以外的动产、债权等财产，一般认为即便未经公示，也可以以信托财产来对抗第三人。

2. 不动产的信托登记

（1）不动产的登记制度。

信托的登记、注册制度并非为一般人所熟知的制度，因此，以信托财产为不动产时的信托登记为例来进行说明。

不动产的登记有表示登记与权利登记。表示登记在登记簿的标题部分记载，而权利登记在登记簿的权利部分记载。

表示登记的目的是明确不动产的物理现状；权利登记是为了公示不动产有关权利的保存、设立、转移、变更、处分的限制或者消灭，该登记是对抗第三人的要件。例如，当不动产有关权利的优先关系出现争议时，以是否登记、登记的先后为判断标准。

权利登记中的所有权登记记载于权利部分的甲区。所有权登记中又有新建等首次记载于甲区的所有权保存登记和接受所有权转移时的所有权转移登记等。

（2）信托登记。

在下面的登记例中，序号 2 所在的行是因为买卖而单纯转移所有权的登记，而序号 3 所在的行是因为信托而转移所有权时的转移登记。在 2 所在的行中，登记目的记载为“所有权转移”，登记原因及日期记载为“○○年○月○日买卖”，权利人栏记载新所有权人的住所和名称。

权利部分（甲区）（所有权的有关事项）				
序号	登记目的	受理年月日、受理号	原因	权利人及 其他事项
2	所有权 转移	〇〇年〇月〇日 受理第〇号	〇〇年〇月〇日 买卖	所有人 〇市〇町〇丁目 〇番〇号 〇 〇 〇 〇
3	所有权 转移	〇〇年〇月〇日 受理第〇号	〇〇年〇月〇日 信托	受托人 〇市〇町〇丁目 〇番〇号 〇〇信托银行 股份有限公司
	信托	空白	空白	信托目录第〇号

信托财产为不动产的信托，登记目的记载“所有权转移”和“信托”，登记原因及日期记载“〇〇年〇月〇日信托”，在表明受托人的同时，作为新所有权人记载受托人的住所和名称。信托财产的不动产登记簿中必须制作“信托目录”，在甲区中仅记载信托目录的号码。

（3）信托目录。

信托目录在记载委托人、受托人、受益人有关事项的同时，作为信托合同的概要，也要记载“信托条款”。“信托条款”记载信托目的、信托财产的管理方法、信托的终止事由及其他信托条款等。具体而言，登记信托的不动产时需大致表明，其属于哪个信托、该信托具有哪些内容、受托人拥有哪些权限。

一	二	三
委托人的有关事项	受托人的有关事项	受益人的有关事项
委托人的名称及住所 〇市〇町〇丁目〇番〇号 〇〇〇〇	受托人的名称及住所 〇市〇町〇丁目〇番〇号 〇〇信托银行股份有限 公司代表董事〇〇〇〇	受益人的名称及住所 〇市〇町〇丁目〇番〇号 〇〇〇〇

续前表

四
信托条款
一、信托目的 本信托的目的是根据本合同的规定，受托人为受益人管理、运用和处分信托财产。 二、信托财产的管理方法 除本信托合同另有规定以外，受托人根据本信托合同的规定以及受益人的指示，拥有对信托不动产及其他信托财产进行管理、运用、处分及其他为达成该目的所必要的行为权限。 三、信托的终止事由 有下列情形之一者本信托终止。 1 信托期间届满时 本合同至○○年○月○日为止。但是，受益人在信托终止日前六个月以内申请延长信托期间，且受托人同意的，信托期间延长。 2 信托不动产被出售时。 3 根据本合同的规定及其他规定解除本合同时。 四、其他信托条款 1 受益权不得进行分割。 2 未经受托人事先同意的，受益人不得转让或者质押受益权。 3 获得受益人同意时，受托人可以辞任。

三、信托财产的附合与信托财产的分割

1. 信托财产的附合等情形

信托财产与固有财产（包括其他信托的信托财产）之间发生附合、混同或者以这些财产为材料进行加工的，各信托的信托财产与属于固有财产的财产分别归属于各自的所有人，适用民法第242条至第248条的规定（信托法第17条）。

2. 信托财产与固有财产等无法识别时的规则

信托法第18条规定了信托财产与固有财产等相混淆无法识别

时的规则。

具体而言，第一，无法根据当时各个财产的价格比例来确定的，按各个财产的持有份额分别确定信托财产与固有财产（或者其他信托财产）。第二，无法识别之时无法确定价格比例的，其共有份额推定为等额。

举例而言，根据此规则，固有财产的牧场饲养 12 只羊，A 信托财产的牧场饲养 6 只羊，B 信托财产的牧场中也饲养 6 只羊。因台风导致各牧场的栅栏损毁，三个牧场的养相互混入，无法识别是哪个牧场的养，而且全部仅剩下 12 只羊。此时，这 12 只羊应该归属于哪个牧场？

如果台风来之前的账簿还存在的，归属于固有财产牧场、A 信托财产牧场与 B 信托财产牧场的饲养比例是 12 ∶ 6 ∶ 6，也就是以 2 ∶ 1 ∶ 1 的比例来共有。因此，假设所有羊都是等价的，则在台风之后，固有财产牧场有 6 只羊，A 信托财产牧场有 3 只羊，B 信托财产牧场也有 3 只羊。

如果账簿已经灭失的，则各自按 1 ∶ 1 ∶ 1 的比例共有。因此，台风过后，每个牧场各拥有 4 只羊。

根据此规则，虽然出现无法识别的情形，但如果保有账簿等来明确价格比例，则可以在受托人破产时对信托财产提供物权上的保护。这一点尤为值得注意。

3. 共有物的分割

关于受托人的特定财产，其共有份额分属于信托财产与固有财产的，可以按照下列方法对该财产进行分割：（1）信托行为中约定的方法；（2）受托人与受益人（包括信托管理人）协商的方法；（3）进行分割被认为是为达成信托目的所合理且必要并明显不会损害受益人的权利时，或者按照该方法分割从对信托财产的影响、该分割的目的和形态、受托人与受益人的实质利害关系状况以及其他事由来看存在正当理由时，依照受托人决定的方法（信托法第 19 条第 1 款）。

受托人单独进行分割是典型的利益冲突行为，信托法第 31 条第 2 款规定了限制利益冲突行为的例外情形，本规定允许在与第 31 条第 2 款相同的条件下进行分割。

另外，在（2）的情况下协商无法达成时或者以其他方法无法分割时，受托人与受益人（包括信托管理人）可以向法院请求分割该法第 19 条第 1 款规定的共有物（同条第 2 款）。

四、关于信托财产混同的特例

信托法上，根据利益冲突行为的例外规定，受托人有可能取得并拥有信托财产的相关权利。此外，混同不仅发生在物权上，在债权上也有可能发生。所以，在债权和债务上，分别归属于信托财产与固有财产或者其他信托财产的，也会出现同样的问题。

因此，信托法一方面维持了旧信托法的规定，另一方面也考虑到此种情况，规定，在信托财产与受托人的固有财产或者其他信托财产之间，不产生因广泛的混同而发生的权利消灭。也就是说，同一物的所有权和其他物权，或者所有权以外的物权和以此为目的的其他权利，分属于信托财产和固有财产或其他信托的信托财产时，尽管有民法第 179 条第 1 款的规定以及该条第 2 款前段的规定，但其他物权并不消灭（信托法第 20 条第 1～2 款）。

此外，信托法对债权也设置了同样的规定，尽管有民法第 520 条的规定，但其债权并不消灭（该法第 20 条第 3 款）。

五、委托人占有瑕疵的承继

根据民法第 187 条第 1 款，占有人的承继人就占有物主张一定期间的持续占有的，可以自由选择主张自己的独自占有，或者将前占有人的占有与自己的占有合并为一个占有而持续。

另外，在占有上有瑕疵的委托人，若将有瑕疵的财产信托给善意的受托人，而自己成为受益人的，因占有瑕疵在受托人名下得到消弭，委托人可以此获得不正当的利益。因此，为防止该情形，信托法规定，受托人占有信托财产，应继承委托人的占有瑕疵（信托法第 15 条）。

六、对信托财产强制执行等的限制

信托法规定，除基于信托财产责任负担债务的相关债权即信托债权外，不得对信托财产进行强制执行、临时扣押、临时处分、实现担保权、拍卖或者实施国税滞纳金处分（信托法第 23 条第 1 款）。

此外，对于违反该规定而进行强制执行、临时扣押、临时处分、实现担保权、拍卖或者实施国税滞纳金处分的，受托人或受益人可以提出异议（该法第 23 条第 5～6 款）。

七、信托财产与受托人破产等的关系

信托法第 25 条第 1 款规定，即便受托人接到破产程序开始的决定，信托财产也不列入破产财产；该条第 2 款规定，受益债权不属于破产债权，受托人仅以信托财产为限承担履行责任的信托债权，同样不属于破产债权。进而，受托人接到破产程序开始的决定时，不得依破产法第 252 条第 1 款的免责许可决定，在与信托财产的关系上，对信托债权（以信托财产为限的信托债权除外）相关债务的免责主张其效力。（信托法第 25 条第 3 款）。

此外，与破产一样，即便受托人接到再生程序开始的决定，信托财产也不列入再生债务人财产（同条第 4 款），受益债权不属于再生债权。受托人仅以信托财产为限承担责任的信托债权亦同（同条第 5 款）。受托人接到再生程序开始的决定时，依再生计划、再生计划批准决定或民事再生法第 235 条第 1 款的免责决定，对信托债权（以信托财产为限的信托债权除外）相关债务的免责或变更，不得就与信托财产的关系主张其效力（信托法第 25 条第 6 款）。进而，受托人接到更生程序开始的决定时，也准用上述规定（同条第 7 款）。

另外，还需注意受托人的破产管理人拥有的双方未履行的双务合同的解除权[①]与信托的关系。一般认为，不受破产影响的合同不适用破产法上双方未履行双务合同的解除权规定。如上所述，受托人开始破产程序的，信托财产不列入破产财产，所以，信托合同属于不受破产影响的合同，不适用双方未履行双务合同的解除权的有关规定。

八、委托人的破产管理人拥有的双方未履行双务合同的解除权

在委托人的破产管理人拥有的双方未履行双务合同的解除权与

---

① 破产法第 53 条第 1 款规定，破产人及其交易相对方在破产程序开始时有相互未履行的双务合同的，破产管理人可以选择解除合同，或者履行破产人的债务并请求交易相对方履行债务。

信托的关系上，也不适用双方未履行双务合同的解除权的相关规定。

换言之，委托人的债务有：（1）费用、报酬的支付债务（信托合同约定委托人支付费用和信托报酬的，其支付未完成时）；（2）追加信托义务（信托合同约定提供追加信托的）；（3）与交付信托财产有关的债务（信托合同签订后，仍有委托人未完成向受托人交付信托财产的）。而受托人的债务有：a. 执行信托事务的债务；b. 向作为法定归属权利人的委托人支付剩余财产的债务。

首先，一般而言，签订产生第一和第二种债务特别约定的情形不多见；而第三种情形下债务通常在信托合同签订以后就履行了，就此出现争议的情形比较罕见。

其次，就受托人的债务而言，b. 向作为法定归属权利人的委托人支付剩余财产的债务，原本就来自委托人提供的财产，实质上并不成为受托人的负担，很难说与委托人的债务（报酬支付义务等）之间具有对价性，不会产生争议。此外，至于 a. 执行信托事务的债务，因为通过信托行为的规定可以消除委托人的权利，所以可以消灭该债务。

从以上分析可以看出，在信托行为中，如果在（1）可以消除委托人的权利，（2）可以不加入委托人支付费用和信托报酬的约定，（3）也可以不约定提供追加信托财产，甚至（4）在指定归属权利人方面下功夫的话，在以资产流动化为目的的信托里，可以排除委托人的破产管理人拥有的双方未履行双务合同的解除权。

九、信托财产责任负担债务

信托财产责任负担债务是指受托人所负担的以信托财产承担履行责任的债务（信托债务）（信托法第 2 条第 9 款）。

信托法第 21 条第 1 款对信托财产责任负担债务有关的债权进行了限定列举：

（1）受益债权（第 1 项）；

（2）信托财产上因信托前的原因而产生的权利（第 2 项）；

（3）信托前产生的对于委托人的债权，且规定该债权的相关债务为信托财产责任负担债务（第 3 项）；

（4）受益权取得请求权（第 4 项）；

（5）为信托财产而实施的（具有将效果归属于信托财产的意图并实施的行为）、且属于受托人权限范围内的行为产生的权利（第 5 项）；

（6）为信托财产而实施的但不属于受托人权限范围内的行为中，因信托法第 27 条第 1 款或第 2 款规定的不可撤销的行为所产生的权利。该行为的相对方在该行为当时不知道该行为是为信托财产而实施的除外（但信托财产的权利设定或转让行为不在此限）（第 6 项甲）①；

（7）不属于受托人权限范围内、可以撤销但未被撤销的行为所产生的权利（第 6 项乙）；

（8）受托人的利益冲突行为中，不可撤销或者可以撤销但未被撤销的行为所产生的权利（第 7 项）；

（9）受托人处理信托事务时，因实施侵权行为所产生的权利（第 8 项）；

（10）因其他处理信托事务而产生的权利（第 9 项）。

信托财产责任负担债务中，a. 受益债权，b. 限定责任信

---

① 例如，受托人对属于信托财产的财产设定权利或者转移时，如将属于信托财产的工艺品出售给第三人等，即使交易相对方的第三人不知道该行为是为信托财产所实施，因为交易相对方相信受托人是该“财产”的权利人，是为该“财产”设定了权利或者转移了该“财产”，作为例外的例外，此时是要保护交易相对方。

托的信托债权，c. 其他信托法规定的、仅以信托财产承担履行责任的信托债权，d. 附有责任财产限定特别约定的信托债权相关的债务，受托人仅以信托财产承担履行责任（信托法第 21 条第 2 款）。

十、信托财产债权等的抵销限制

1. 信托财产与固有财产之间能否抵销

信托法对于信托债权与固有财产债权之间的抵销作出了如下规定：对于第三人，基于对信托财产进行强制执行等的限制而进行限制；另外，在受托人的抵销方面，基于对信托财产进行强制执行等以及受托人忠实义务中利益冲突行为的限制而加以限制。

由此来看，根据抵销权行使主体的不同，禁止抵销的理由也有所不同。因此，对于第三人的抵销与受托人的抵销，在抵销限制上分别进行了规定。

2. 第三人以信托财产的债权为被动债权进行抵销的限制

信托法上，受托人仅以固有财产或其他信托的信托财产（以下称“固有财产等”）承担履行责任的债务，其相关债权人不得将该债权与其对信托财产所负担的债务进行抵销（信托法第 22 条第 1 款）。因为如果承认该抵销，就违反了对信托财产进行强制执行等的限制，无法确保信托财产的独立性。

但是，在这些情形下如果一概不允许抵销，也会出现一些不合适的情况。例如，相较于持有对方的债权，因抵销而取得对受托人的固有财产等的求偿权反而对受益人有利。因此，如果属于受托人忠实义务中利益冲突行为限制的例外情形（该法第 31 条第

2 款各项）的，受托人同意进行抵销时，不适用上述抵销限制的规定（该法第 22 条第 2 款）。

进而，固有财产等责任负担债务的相关债权人，在取得该债权时或对承担与该信托财产债权有关的债务后的任一较晚时点时，(1) 不知道其所负的债务不属于固有财产等，且对此没有过失的；或者 (2) 不知道该固有财产责任负担债务不属于信托财产责任负担债务，且对此没有过失的，允许其作为例外进行抵销（信托法第 22 条第 1 款但书）。

这一规定可以说是保护交易相对方的例外规定。

3. 第三人以固有财产的债权为被动债权进行的抵销

仅以属于信托财产的财产承担履行责任的信托财产责任负担债务的相关债权人，不得将该债权与其对固有财产所负担的债务进行抵销（信托法第 22 条第 3 款正文）。这是因为这种做法违反了限制对受托人的固有财产进行执行这一宗旨。但是，受托人同意进行抵销的，不适用上述抵销限制的规定（同条第 4 款）。此外，即便这种情况，信托财产责任负担债务的相关债权人，在取得该债权之时或承担与该固有财产债权有关的债务后的任一较晚时点时，不知道属于固有财产的债权不属于信托财产，且对此没有过失的，允许其作为例外进行抵销（同条第 3 款但书）。这是保护交易相对方的例外规定。

4. 受托人以信托财产的债权为主动债权进行的抵销

受托人进行抵销的情形，在信托法上没有特别的规定，由忠实义务的一般规定来解决。

受托人将属于信托财产的债权与属于固有财产的债务相抵销

的，在形式上构成了利益冲突行为的间接交易（信托法第 31 条第 1 款第 4 项），所以信托法与旧信托法一样，也采用了限制抵销的思路。此外，作为抵销的效果，若第三人的债权人明知或者因重大过失不知道该抵销属于利益冲突行为，则受益人可以撤销受托人抵销的意思表示（同条第 7 款）。但是，若信托行为另有规定等，构成利益冲突行为限制的例外情形（同条第 2 款各项）的，允许其进行抵销。例如，信托银行在信托账户上拥有对某公司的贷款，同时又接受了该公司的存款，此时若该公司破产的，信托银行可以将贷款与存款相抵销，以此来回收已成为不良债权的贷款。因此，这一情形构成利益冲突行为限制的例外（同条第 2 款第 4 项），可以进行抵销。

5. 受托人以属于固有财产的债权为主动债权进行的抵销

受托人将属于固有财产的债权与信托财产责任负担债务相抵销的，一般不会对信托财产带来不利，因此在形式上并不违反忠实义务，信托法与旧信托法相同，均未限制这种抵销。

但是，假如在信托银行的信托账户与银行账户均向某公司进行了贷款，且接受了其存款的情形下，该公司破产时，这种情况属于银行账户的贷款与存款相抵销，还是属于信托账户的贷款与存款相抵销，便构成忠实义务中竞合行为的限制问题（信托法第 32 条）。

信托法第 32 条第 1 款规定："基于受托人所拥有的权限得以进行处理信托事务的行为，且不进行该行为违反受益人利益的，受托人不得为其固有财产或其利害关系人的利益进行该行为。"这里，对于是否"违反受益人利益"，一般认为要进行实质判断。[①]

---

① 参见寺本昌广：《逐条解说新信托法》，129 页，东京，商事法务，2007。

因此，只要该抵销符合一直以来实务中处理原则，即按照银行账户与信托账户各自的余额来清偿（所谓“按比例清偿”），就不构成竞合行为，可以进行抵销。

但是，在上述事例中，如果将银行账户的贷款与全部存款优先进行抵销的，在实质上构成“违反受益人利益”，属于竞合行为，这种抵销受到限制。

	属于信托财产的债权为抵销对象的情形	信托财产责任负担债务的相关债权为抵销对象的情形
第三人申请抵销的	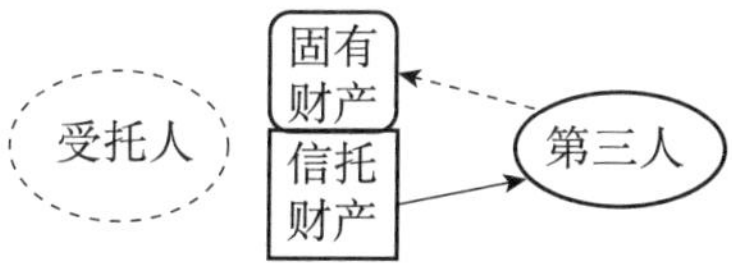	就信托财产责任负担债务，责任财产限定于信托财产的情况 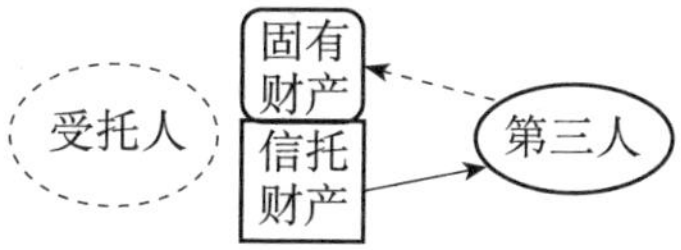
	原则：×（第 22 条第 1 款） 例外：○（第 22 条第 1 款但书） （第 22 条第 2 款）	原则：×（第 22 条第 3 款） 例外：○（第 22 条第 3 款但书） （第 22 条第 4 款）
受托人申请抵销的（原则）	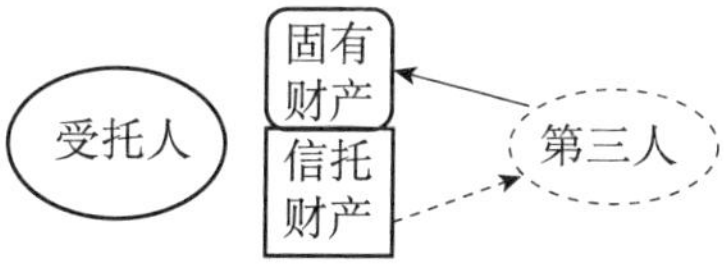	（原则） 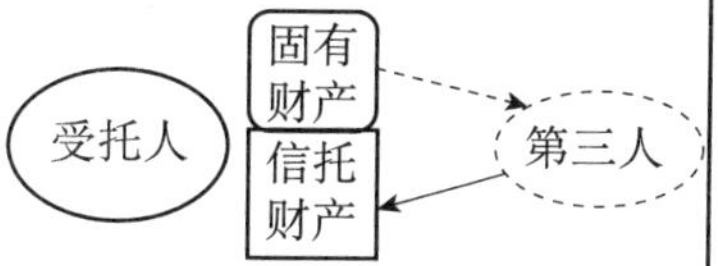 （例外） 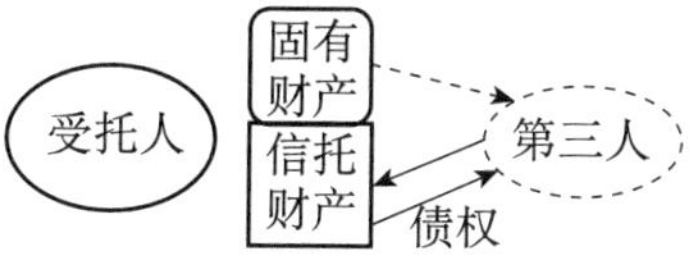
	原则：×（第 31 条第 1 款第 4 项） 例外：○（第 31 条第 2 款）	原则：○ 例外：△（第 32 条第 1 款） △（第 32 条第 2 款）

○＝ 抵销申请人 - - - - - - →＝主动债权 ————→＝ 被动债权

6. 受托人以受益权为被动债权进行的抵销

（1）旧信托法下的判例。

旧信托法下，信托银行以某企业的贷款债权为主动债权、以金钱信托受益权为被动债权是否能进行抵销的案例引发了争论。

一审（京都地方法院 2000 年 2 月 18 日判决①）依据实质法主体性说，不允许进行抵销。具体判决是："即便在金钱信托中，受托人接受信托而获得的金钱也是独立于受托人个人财产的独立存在。与此相对，受托人对受益人的贷款并非伴随金钱信托而当然产生的，贷款债权是受托人个人的固有债权。因此，受托人对受益人的贷款债权与受益债权是两个不同法律主体间的债权债务，由此可以认为，允许两个债权的抵销违反信托法第 17 条宗旨。"

然而，二审（大阪高等法院 2000 年 11 月 29 日判决②）作出了不同的判决。"受益人的受益金返还请求权与信托受托人（信托银行）对受益人的贷款请求权之间的抵销不属于信托法第 17 条的范围，因此不能说本抵销无效。但是，根据民法第 505 条第 1 款规定的债权目的的种类不一致，信托法第 36 条、第 37 条的宗旨以及反对解释等，因为贷款债权属于这两条规定的费用、损害、报酬等以外的债权，所以不得以贷款来进行抵销。不过，在信托终止后，对于作为受益人的存款而汇款至其他存款账户的信托金、受益分红的返还请求权，当事人之间存在如同本案中的抵销合意的，可以进行抵销。而且，本案中银行交易协定第 7 条就属于该抵销合意（抵销的预先约定）。"据此，二审法院从结果上承认了抵销。

---

① 参见金融法务情况，第 1592 号，50～52 页。

② 参见金融法务情况，第 1592 号，44～50 页。

但是，该判决一方面否定了法定抵销，在信托存续期间不能适用银行交易协定；另一方面对于“在信托终止后”，就具有银行业务属性的汇款至“其他存款账户”的信托金、收益分红的返还请求权，仅承认其属于银行交易协定第 7 条的约定抵销，而约定抵销的范围却不甚明确。①

（2）信托法中受托人以受益债权为被动债权能否进行抵销。

如上所述，信托法第 22 条第 3 款规定，仅以属于信托财产的财产承担履行责任的信托财产责任负担债务的相关债权人，不得将该债权与固有财产债权的相关债务进行抵销。因为受托人对受益人的给付债务也是仅以信托财产负担履行责任的，即便被动债权是信托的受益债权，同样应当适用该规定。

然而，受托人以信托受益债权为被动债权进行抵销的，却没有限制的规定。《要纲建议补充说明》对此进行了解释：“即使承认这一抵销也不会损害受托人的利益；且即便无法实现对受益人的现实给付，但也消灭了其债务，承认抵销不会损害受益人的利益。而且，因为是受益债权，一般也不会认为有现实给付的利益。”

最近的学说中也对此多持有肯定的看法。例如，东京大学的道垣内弘人教授认为：“作为信托的目的，有必要让受益人获得现实受益。如果受托人自己进行妨碍受益的抵销，应当说违反了受托人的义务。因此，即使原则上允许进行抵销，在那些向没有自我生活能力的受益人给付一定生活费为目的等他益信托中，应当说受托人负有现实给付义务（但是这并不妨碍当事人之间达成抵

① 参见能见善久编：《信托的理论与实务》，206 页，东京，有斐阁，2009。

销合意）。”[1] 因此，受托人可以以一般性自益信托的受益债权为被动债权进行抵销。

此外，东京大学的藤田友敬教授也有同样的见解：“除对该受益人信托财产与固有财产之间存在竞合贷款状态这一例外情形外，受托人以其固有财产债权与受益债权进行抵销的，一般不会对信托造成损害，故原则上是可能的。不过，如果说作为忠实义务的内容要包含受托人一定要向受益人履行受益债权，就会存在能否与受益债权进行抵销这一固有问题。但是，通常不会认为忠实义务要包含上述内容 。”[2] 可见，他原则上肯定了可以与受益债权进行抵销。

---

① 米仓明编：《信托法的新发展》，164～165 页，东京，商事法务，2008。
② 能见善久编：《信托的理论与实务》，206 页，东京，有斐阁，2009。

第六章

受托人的权限

一、受托人的权限

根据信托法第 26 条的规定，受托人有管理、处分信托财产，以及其他为达成信托目的采取必要行为的权限。也就是说即使信托行为没有约定，综合考虑信托目的，在需要紧急筹集资金时，也允许受托人借款或者抵押信托财产。

但是，信托法还规定了可以通过信托行为对该权限加以限制（该条但书）。例如，在通过运用信托财产而使之增值的信托中，可以在信托行为中约定不可将信托财产运用于金融衍生品等具有较高风险的金融商品中。

二、受托人违反权限的行为

关于受托人实施违反受托人权限之行为的效果，信托法区分了可以进行信托登记、注册的财产和不可以进行信托登记、注册的财产两种情形，并分别加以规定。

（1）信托财产是不可以进行信托登记、注册的财产。

原则上，受托人为信托财产而实施的行为，在不属于其权限范围内时，该行为相对人在行为时 1）明知该行为是“为了信托财产而实施的行为”，且 2）明知该行为“不属于受托人的权限”之时，或者对于不知道存在重大过失时，受益人有权撤销该行为（信托法第 27 条第 1 款）。

（2）信托财产是根据信托法第 14 条的规定可以进行登记或者注册的财产。

受托人设定或转移权利的行为不属于受托人权限范围，在作出该行为时，1）该信托财产已根据信托法第 14 条进行了信托登记或者注册，而且 2）行为相对人明知该行为不属于受托人权限或者对于不知道存在重大过失时，受益人有权撤销该行为（信托法第 27 条第 2 款）。

受益人撤销权利设定或者转移的行为时，为了确认该财产属于哪项信托财产，信托的登记或者注册被视为第一要件；与其他财产一样，为了确认受托人实施了权限之外的行为，交易相对人的恶意或者重大过失被视为第二要件。

上述（1）（2）两项撤销权，如果在受益人（包括信托管理人）得知撤销事由后经过三个月不行使，或者自受托人实施该行为起已经超过 1 年的，该权利消灭（该条第 4 款）。

另外，在受托人违反权限的行为中，受益人可以行使撤销权却没有行使的，法律并不禁止对基于不行使权利而产生的信托财产的强制执行（该法第 21 条第 1 款第 6 项乙目）。

第七章

受托人的义务

一、信托法规定的受托人义务

信托一旦被设定，受托人就当然承担着信托法所规定的完成信托业务的义务，善良管理人的注意义务、忠实义务、公平义务、分别管理义务、在委托处理信托业务时的选任和监督第三人的义务、关于信托业务处理状况的报告义务，制作、报告以及保存账簿义务等。

二、完成信托业务义务

信托法第 29 条第 1 款规定："受托人必须根据信托的本旨，处理信托业务。"这就对受托人课以了完成信托业务的义务。受托人为了达成信托目的，仅仅遵循信托行为的约定是不够的，还应该遵从信托行为背后委托人合理的意图，即适合"信托的本旨"处理信托业务。[①] 这是该规定的主要立法宗旨。

关于此处提到的"信托的本旨"，是指在受托人获得的权限范

① 参见村松秀树、富泽贤一郎、铃木秀昭、三木原聪：《概说新信托法》，89 页，东京，金融财政情况研究会，2008。

围内所追求的具有合理性的内容，而且通常是指并非完全按照委托人的意图进行行动。信托有各种类型和种类，特别在商事信托中，有必要特别留意、重视对每一个信托的相应安排和调整。

三、善良管理人的注意义务

信托法第 29 条第 2 款规定："当受托人处理信托业务时，必须尽到善意管理人的注意义务。但是信托行为有其他约定时，应当秉承其约定的注意义务，去履行信托业务。"这课以了受托人善良管理人的注意义务。

也就是说受托人获得委托人和受益人的信任，在处理信托业务时，负有与对自己财产一样的注意是不够的，需要负有更高的注意义务。

这种情形下的"善良管理人的注意"可以理解为"基于其职业或者地位通常要求的注意"，当受托人是某类专家时，就必须根据其作为专家通常被要求的注意程度，去处理信托业务。

善良管理人的注意义务通常被理解为任意性规则，但从"有其他约定规定注意义务时，从其约定"的文义来看，即使信托行为有所约定，也不能完全免除善良管理人的注意义务。

四、忠实义务

1. 一般规定

忠实义务是指受托人应当专门只为信托财产（受益人）的利益而实施行为的义务。信托法规定了"受托人必须为受益人的利益，忠实地处理信托业务或实施其他行为"（该法第 30 条）。这是忠实义务的一般规定。

公司法规定的董事忠实义务通过判例扩大到善良管理人的注意义务，在公司法中二者可以理解为是同一性质的义务。① 而在信托法中，忠实义务可以说与善良管理人注意义务的性质是完全不同的。

在信托法中，关于违反第 30 条的效果，除了第 40 条第 3 款的例外规定外，尽管没有直接的规定，但若存在利用信托财产获取不当利益之类的行为时，受益人可以以违反信托法第 30 条为由，申请解任受托人。

2. 利益冲突行为的限制

信托法第 31 条第 1 款第 1 项限制受托人将属于信托财产的财产（也包括该财产相关的权利）归属为固有财产，或者将属于固有财产的财产（也包括该财产相关的权利）归属为信托财产。比如，实务中，将属于信托财产的股票作为固有财产加以购入的行为就是典型的情况。

第 2 项限制将属于信托财产的财产归属于其他信托的信托财产。这是考虑到在实务中，通过其他信托的信托财产取得某个信托财产持有的股份，会使其他信托的信托财产取得该对价。

第 3 项限制了与第三人之间为信托财产而实施的行为，且受托人自己成为该第三人的代理人的情形。例如不动产管理处分信托的受托人出售属于信托财产的不动产时，该受托人也是买方代理人的情况。

第 4 项限制在属于信托财产的财产上，将仅用固有资产来承担

① 参见最高院判例 1970 年 6 月 24 日，民集 24 卷 6 号，625 页。

履行责任的债权改变为作为被担保债权的担保权等与第三人之间为了信托财产而为的行为，且这一行为会导致受托人或其利害关系人与受益人利益冲突。这是考虑到将交易效果限制归属于信托财产。

而且，受托人在为上述利益冲突行为时，应当将该行为的重要事实通知受益人，这可以作为任意性规则另行约定（信托法第31条第3款）。

再者，受托人在与受益人之间进行与受益权相关的交易时，受托人与受益人之间也存在着利益冲突的可能性。在这种情形下受托人并不是站在处理信托业务的受托人的这一立场上，而是站在个人立场上与受益人进行交易，并且受益人自己可以决定是否进行交易，因此这不涉及利益冲突行为的问题。[①]

3. 竞合行为的限制

信托法规定了限制受托人行为的“竞合行为”类型，并规定“受托人基于受托人的权限可以处理信托事务，但却没有处理，而违反受益人利益的，不按照固有财产或受托人的利害关系人的情况加以判断。”（信托法第32条第1款）。

所谓竞合行为，简单来说，是指侵夺了信托业务的机会、损害受益人利益的行为。例如，如果购入明确的高收益性和安全性的财产确实有利可图，尽管已受托以运用为目的的信托，但受托人可以购入时没有用信托财产购入，而是用受托人自己的财产购入的行为。竞合行为的限制的目的正是限制这种行为。

可以通过任意规范规定受托人即使作出了竞合行为，也必须将该行为的重要事实通知受益人（信托法第32条第3款）。

① 参见寺本昌宏：《逐条解说新信托法》，125页，东京，商事法务，2007。

4. 利益冲突行为、竞合行为限制的例外

（1）利益冲突行为限制的例外。

通说认为，禁止利益冲突行为的旧信托法第 22 条是强制性规定，除了由法院许可或者由继承等带来的概括继受以外，不承认该禁止行为的例外。然而，现行信托法认可利益冲突行为限制的几种例外（信托法第 31 条第 2 款）。

这些例外共有四项：1）在信托行为中约定允许这种行为时；2）受托人公开了该行为的“重要事实”，并取得受益人同意时（但是在信托行为中约定不允许该行为的除外）；3）因继承或其他概括继受而导致属于信托财产的相关权利归属于固有财产时；4）为了达成信托目的受托人实施利益冲突行为，且该行为是合理且必需的，而且明确不会损害受益人利益，或者比照利益冲突行为对信托财产的影响、该行为的目的与状态、受托人与受益人实质的利害关系或其他情形认为其有正当理由时。

另外，受托人在处理信托业务时负有善良管理人的注意义务，因此需要留意，从限制利益冲突行为的观点出发，即使该条第 2 款各项的例外规定允许第 31 条第 1 款规定的各项行为，但该类行为仍有可能构成违反善良管理人的注意义务。

（2）竞合行为限制的例外。

竞合行为限制的例外规定在信托法第 32 条第 2 款中，且其内容与利益冲突行为限制的例外中的第一点和第二点相同。

信托银行在实务中处理信托和银行两大业务，因银行业务是处理属于他人资金的存款这种固有财产，故信托银行经常实施在形式上属于竞合行为的行为。例如，信托银行同时使用信托财产和固有财产对一家企业进行贷款的这一“竞合借贷”就是典型的例子。

信托银行存在同时使用银行固有财产与使用信托财产进行信贷业务的情形，同一家企业也存在同时从银行的固有财产和信贷财产中借款的情形。

这种情形在形式上恐怕已经属于竞合行为了。因此，如果对该条文的表述进行严格解释的话，在实务中过于苛刻。有人认为，应对该规定中的“是否与‘受益人的利益冲突’进行实质性判断，信托银行目前所进行的‘竞合借贷’是信托银行基于信托账目和银行账目而进行的常规贷款，是在委托人周知的前提下缔结的信托合同，因此，如不存在特别的事由，并不满足与‘受益人的利益冲突’的要件，不属于竞合行为”①。

还有，尽管实施竞合借贷后，借贷对象破产时的清偿方法问题成为更加尖锐的竞合问题，但在实务中原则上采取了“按比例清偿”的方法，即根据固有财产和信托财产各自的借贷余额进行清偿，是一种对于固有财产和信托财产来讲都公平的清偿方法。在条文的解释上，这不符合与“受益人的利益冲突”的要件，因此应理解为不是竞合行为。②

5. 违反忠实义务的效果

（1）违反利益冲突行为限制情况带来的效果。

关于违反利益冲突行为限制情况带来的效果，第一，因为自己交易以及与信托财产间的直接交易属于同一人格间的交易，应判定无效（信托法第 31 条第 4 款）。另外，受益人可以有选择地

① 村松秀树、富泽贤一郎、铃木秀昭、三木原聪：《概说新信托法》，99 页，东京，金融财政情况研究会，2008。

② 2004 年 11 月 9 日第 4 回法制审议会信托法部会。

追认该交易行为有效，溯及作出该行为的时点使其生效（该条第 5 款）。例如，信托财产与受托人固有财产之间，用信托财产以明显高于普通交易的价格购入某些股票时，该交易原则上无效。如果这些股票在其后与预期相反的价格大幅上涨，为了使继续持有该股票的所有者获益，也可以追认该交易有效。

第二，在上述交易之后，如存在与第三人的交易，由于第三人的介入，有必要考虑保护第三人。因此，关于最初的利益冲突行为，如果第三人明知相关交易违反该利益冲突行为的限制，或者因重大过失而不知情的，受益人便可以撤销该交易（该条第 6 款）。此时，2 人以上受益人中的 1 人行使撤销权时，对其他受益人也产生效力。在上述情形下，受益人即使不行使撤销权，仍可以请求补足损失。

而且，在受托人与第三人为信托财产而实施的行为中，受托人自己也是该第三人的代理人时，或者在属于信托财产的财产上，设定将固有财产的债权作为被担保债权的担保权等与第三人间为信托财产所为的行为，并且受托人或者其利害相关人、受益人的利益相冲突时，第三人明知或者因重大过失而不知情时，受益人有权撤销该行为。

此时，与受托人违反权限的行为一样，受益人（包括信托管理人）在得知撤销事由后 3 个月内，或者自交易时起经过 1 年后不行使撤销权，该权利因时效经过而消灭。

（2）违反竞合行为限制情况所带来的效果。

违反竞合行为的限制规定时，虽然交易本身是有效的，但只要不损害第三人的利益，就可以视该竞合行为系为信托财产而实施的行为（信托法第 32 条第 4 款）。

这种权利与旧商法第 264 条第 3 款中所规定的介入权有着相

同的效果，而且受益人也可以接受物权上的救济，对受益人而言可以说是一种很好的保护规范。

同时，该种介入权性质的权利自交易时起经过一年后，因时效经过而消灭（信托法第 32 条第 5 款）。

（3）违反忠实义务效果的特殊规则。

受托人作出违反忠实义务的行为时，作为特殊规则，推定信托财产产生了与受托人及其利害相关人获得的利益等额的损失。（信托法第 40 条第 3 款）。

<table>
<tr><td rowspan="2">行为类型</td><td colspan="2">利益冲突行为
（信托法第 31 条第 4～7 款）</td><td rowspan="2">竞合行为（信托法第 32 条第 4、5 款）</td></tr>
<tr><td>“信托财产与固有财产”“信托财产”之间的直接交易</td><td>与第三人之间的间接交易</td></tr>
<tr><td>行为的有效性与救济手段</td><td>因为是受托人之间可以解决的问题，因此无效</td><td>仅限于第三人有恶意、重大过失时，受益人才可以撤销（知道时起 3 个月，行为时起 1 年后消灭）</td><td>该行为有效。
除损害第三人的情形外，可以视该行为系为了信托财产而进行的行为（这与公司法制定前的商法第 264 条第 3 款规定的对董事竞业禁止行为的公司介入权类似，从该行为之日起 1 年后消灭）</td></tr>
<tr><td rowspan="2">其他的救济手段</td><td>受益人可追认或者请求补足损失（信托法第 40 条第 1 款）</td><td>受益人可以不撤销而请求补足损失（信托法第 40 条第 1 款）</td><td>受益人可以在现有状态下追认该行为或请求补足损失（信托法第 40 条第 1 款）</td></tr>
<tr><td colspan="3">违反忠实义务效果的特殊规则（信托法第 40 条第 3 款）
受托人作出违反忠实义务的行为时，作为特殊规则，推定信托财产产生了与受托人及其利害相关人获得的利益等额的损失</td></tr>
</table>

6. 利益取得行为

美国统一信托法典第 802 条 a 款中规定，“受托人必须专门只为受益人的利益，管理运用信托”。该规定可以被理解为不仅受托人不能为了受益人以外主体的利益而损害信托财产，而且受托人不得取得不当利益。

日本法制审议会信托法部门会议讨论认为，在采纳美国、英国的限制“利益取得行为”的同时，作为违反该限制的效果，也可以并用“吐出利益责任”。

所谓“利益取得行为”是指即使信托财产没有受到损害，受托人利用信托财产、处理信托业务时，也受到限制，不得获取不当利益。所谓“吐出利益责任”是指应当拿出由此获得的利益，返还到信托财产中。

作为讨论的结果，即使认为受托人在行为当时没有取得“不当利益”，但当法院认定为取得“不当利益”的行为时，受托人必须将该利益返还于“信托财产”。这样就有可能使受托人在接受信托时犹豫，进而妨碍信托的利用。因此为了防止信托萎缩，信托法没有规定受托人必须将得到的利益返还于信托财产。

五、公平义务

1. 公平义务的意义

受托人公平义务的意义是“一个信托中存在数个受益人时，应当公平地对待受益人”①。

① 能见善久：《现代信托法》，88 页，东京，有斐阁，2004。

为了明确公平义务的内容和效果，信托法规定，信托的受益人为两人以上时，受托人应当为了受益人的利益公平地执行职务（该法第 33 条）。

公平义务不只像忠实义务限制类型利益冲突那样，在形式上认定违反（该义务），并采取了例外情况的方式；公平义务是一种实质性的概念，从信托行为整体宗旨来决定何为公平，信托法并没有规定作为违反公平义务的例外。通常认为，在实质概念上把握公平义务，不能在信托行为中将其完全免除。

2. 针对受托人与公平义务有关的行为的停止请求权

受托人作出违反公平义务的行为，或者有可能为上述行为，而该行为有可能给一部分受益人带来显著的损害时，有可能受到损害的受益人得以请求受托人停止该行为（信托法 44 条第 2 款）。

通常，在违反公平义务时，整体来看信托财产并不发生损害。因此，为了保护因违反公平义务有可能受到损害的“一部分受益人”，承认在“有可能给一部分受益人带来严重损害的情形”下的停止请求权。对于停止请求权，有两个以上的受托人时，亦可由其他受托人行使（该法第 85 条第 4 款）。根据信托行为的约定，也可以由委托人行使（该法第 145 条第 2 款第 9 项）。

六、分别管理义务

1. 分别管理义务的意义

信托法第 34 条第 1 款主文规定了分别管理义务，即“必须按照规定区分财产，并按每个财产的规定方法，分别管理信托财产、固有财产和其他信托财产”。

为了使信托关系成立，必须确定信托财产的范围。而为了确定信托财产的范围，需要分别管理。为了确保信托财产从受托人的破产中隔离出来，需要具备“信托财产的确定性”即“信托财产的独立性”。另外，可以说分别管理义务具有防止违反忠实义务、违反善良管理人注意义务行为发生的机能。

2. 分别管理的方法

（1）可以进行信托登记、注册的财产（第 1 项）。

需要进行信托的登记、注册。

（2）动产（第 2 项甲目）。

虽然信托法规定了按照外形上可以区别的状态进行保管，但其主要意义是指物理上的分别管理，例如分成几个金库进行保管。

（3）金钱和动产以外的财产（第 2 项乙目）。

信托法规定采取使会计计算明确的方法进行管理。具体而言，这意味着用账簿分别管理。

（4）法务省令所规定的财产（第 3 项）。

例如电子化的转让股权等就属于此类财产。尽管这些财产由不同的法律规定，但没有公示该财产属于哪类信托财产，未进行信托法第 14 条所规定的登记或者注册。为此，对这类财产应当根据法务省令的规定，采取进行表示属于信托财产的记载、记录以及使其会计计算明确的方法。

3. 通过信托行为分别管理的特殊约定

以上信托财产分别管理的方法有可能妨害实务的灵活性，有可能不能有效地管理和处分信托财产，因此信托法 34 条第 1 款但书中规定了任意规范。

但是在信托法中，账簿制作和保管义务本来是为了在物权上保护信托财产而设定的最低义务，而且规定该义务的条文与规定分别管理义务的条文不同，是强制性规范，不能通过信托行为的约定来免除。

另外，可以登记和注册信托的财产只要不进行信托的登记和注册，就无法产生从受托人的破产中隔离的效果，因此，该条第2款规定了信托的公示制度作为分别管理义务中的分别管理方法，且通过强制性规范设定了义务。

4. 实务中的应对

实务中，在属于信托财产的附担保债权上所设立的抵押权，虽然是可以进行信托登记或者注册的财产，但几乎不进行信托登记。这种情形下的抵押权即使没有信托登记，但因其附随于属于信托财产的债权，只要通过账簿等明确该债权隶属于信托财产这一事实，则抵押权也很明确地隶属于该信托财产，可以对抗第三人。

关于这点，在相关法律起草人的著作中有论述，“直到需要行使抵押权之前，以不进行附带抵押权转移的登记和信托登记为宗旨的信托行为约定都是有效的”①。

另外，信托财产中也可能存在数个月内将会变卖掉的财产或者丧失经济价值的建筑物等。对于这样的事物，课以信托登记义务从成本方面考虑是不合理的，进行信托登记或者信托注册也有可能存在不符合受益人利益的情形。

关于这点，相关法律起草人解释如下：“只要信托行为的宗旨

---

① 村松秀树、富泽贤一郎、铃木秀昭、三木原聪：《概说新信托法》，112页，东京，金融财政情况研究会，2008。

不是完全免除信托登记等的义务（例如承认受托人在经济上处于窘急时有义务及时进行信托登记，这种情况就很难说完全免除该义务），即使在信托行为的约定中没有规定受托人获得该财产后须立刻进行信托登记等，也是可以的"①。

在实务中，以上述理由为依据，信托行为仍会保留信托的登记或者注册的约定。

七、委托第三人处理信托业务

1. 从自己执行信托业务到可以委托他人处理的权限转换

因为信托是以委托人对受托人的信任关系为基础而建立起的财产管理制度，为了保护该份信任，旧信托法第 26 条第 1 款禁止受托人委托他人处理信托业务。如果"信托行为另有特别约定"，以及存在"不得已的事由"时，才可进行委托。也就是说，受托人原则上负有"自己执行业务"的义务。但是从现状来看，社会经济的诸项制度高度复杂化，同时分业化与专业化也在发展，实务上完全由受托人自己处理全部信托业务是不现实的，需要减轻受托人自己执行的义务。

因此，在信托法中，不再像旧信托法那样，将信托事务委托给第三人作为受托人的自己执行义务，而是将其修改为可以委托给他人的权限。

2. 将处理信托业务委托给第三人的规制

根据信托法第 28 条的规定，虽然基本上还是以受托人自己处

① 村松秀树、富泽贤一郎、铃木秀昭、三木原聪：《概说新信托法》，113 页，东京，金融财政情况研究会，2008。

理信托业务为前提，但是在“信托行为中有约定的情形”或者“依照信托目的被认为是妥当的情况”下，允许委托给他人。而且即使信托行为中禁止将信托业务委托给他人，但“根据信托目的存在不得已的事由时”，也允许委托给他人。

该条中关于“按照信托目的认为是妥当的情形”，是指委托给他人的行为是恰当的。例如，聘用比委托人更具有能力的专家，或者对于那些能力要求不高的业务、将该业务委托给他人在费用和时间上更加合理，就属于上述情形。

另外，接受委托的全部事项属于“信托业务”时，除了接受委托的公司职工等狭义的履行辅助者以外，原则上都是第三人。

3. 将信托业务委托给第三人时受托人的责任

信托法第 35 条第 1 款、第 2 款规定，将信托业务委托给第三人时，受托人有责任按照信托目的选任第三人，以及为了达成信托目的进行必要且适当的监督。该条第 3 款规定了受托人责任的例外情形，即（1）信托行为指定了委托对象时；或者（2）信托行为约定根据委托人或者受益人的指示进行委托，并据此委托时。以上两种情况下受托人不承担责任。但即使是上述情况，受托人明知委托对象不能胜任、不诚实，或者明知委托对象不适合处理业务时，必须采取必要的措施。

根据旧信托法第 26 条第 3 款，接受处理信托业务委托的人负有与受托人一样的责任。但在实务中，接受信托业务委托的第三人很多都没有意识到处理的是信托业务，或者没有意识到和受托人承担一样的责任。对于接受委托的人来说，很有可能要承担与一般合同不同的、预想外的额外责任。基于这种考虑，信托法删除了旧信托法第 26 条第 3 款的规定。

八、信托业务报告与账簿等的制作义务

1. 关于处理信托业务情况的报告义务

委托人或者受益人可以请求受托人对信托业务的处理情况以及信托财产和信托财产所负担的债务情况进行报告（信托法第 36 条）。本规定是强制性规范。

2. 账簿等的制作、报告以及保管义务

信托法第 37 条规定，受托人必须每年一次在一定的时期向受益人提出以下报告：(1) 为了明确信托业务的计算、信托财产和信托财产责任负担债务的情况，必须制作"与信托财产相关的账簿或者其他文件或者电子记录"。(2)"资产负债表、损益表等其他法务省令所规定的文件或者电子记录"（简称这些资料为"财产公开资料"）。

虽然制作账簿是强制性规范，但因另外通过强制性规范规定了关于信托业务处理情况的报告义务，所以，向受益人进行报告为任意规范。

除此以外，有义务保存 (1) 与 (2) 的文件以及"与信托财产处分相关的合同文本或者与其他处理相关业务有关的文件或者电子记录"的期限为 10 年。

九、阅览信托账簿等的请求

受益人向受托人说明理由，可以请求阅览或者誊写信托账簿（信托法第 38 条第 1 款）。

另外也存在不适宜公开的情形，因此规定了受托人可以拒绝公开的情形（该条第 2 款）：

（1）请求人因确保、行使其权利以外的调查目的而请求的。

（2）请求人在不适当的时候提出请求的。

（3）请求人妨碍信托的处理，或者基于损害受益人共同利益的目的而请求的。

（4）请求人经营与该信托相关业务有实质性竞争关系的项目，或者在该项目中从事相关事务的。

（5）请求人出于为获得利益将通过前项规定的阅览和誊写而得知的事实通报给第三人的目的而请求的。

（6）请求人曾在两年以内，有为获得利益将通过前项规定的阅览和誊写而得知的事实通告给第三人的情形的。

上述（3）～（6）的拒绝事由，不能适用于在信托的受益人是两人以上时全体受益人提出请求，或者当受益人只有一人时提出请求。

十、公开其他受益人姓名等信息的请求

在信托法中，信托的受益人为两人以上时，受益人可以向受托人说明理由，请求公开其他受益人的姓名或者名称、地址或其他受益人的受益权内容。另外，信托法通过任意规范规定了受托人可以拒绝公开的情形（信托法第 39 条第 2 款）。

（1）请求人因确保或行使其权利以外的调查目的而请求的。

（2）请求人在不适当的时候请求的。

（3）请求人妨碍信托的处理，或者基于损害受益人共同利益的目的而请求的。

(4) 请求人出于为获得利益将通过公开得知的事实通报给第三人而请求的。

(5) 请求人曾在两年以内，有为获得利益将通过公开得知的事实通告给第三人的情形的。

受益人为复数的情况下，权利行使时的意思决定，除信托法第 92 条各项规定的权利以外，必须以全体受益人一致决定为原则（信托行为中另有约定的，从其约定）。因为需要先与该信托的其他受益人协议，因此信托法规定了可以请求公开其他受益人的姓名或者名称、地址和其他受益人所有的受益权的内容。

第八章

受托人的责任

一、受托人的责任

信托法第 40 条第 1 款规定，受托人因怠于履行职务，造成信托财产“损失”时，受益人可以要求受托人补足损失；当信托财产发生“变更”时，受益人可以请求受托人“恢复原状”。即可分别情形提出不同的请求。

除此以外，该款但书规定，在“明显难以恢复原状，或恢复原状费用过大，或存在其他特别事由受托人不适合恢复原状”①时，可以请求补足损失而不是恢复原状。此时受益人不能请求恢复原状。

二、法人受托人负责人的责任

信托法第 41 条中规定，法人受托人的理事、董事或者执行董

---

① 关于“特别事由”是否存在，村松秀树、富泽贤一郎、铃木秀昭、三木原聪著《概说新信托法》（金融财政情况研究会，2008 年）第 135 页中说明：“需要以‘受托人为了恢复原状所需要成本的社会妥当性’‘恢复原状而增加的信托财产价值和恢复原状所需费用的比较’‘按照信托目的恢复原状必要性的程度’等要素，进行个别性的判断。”

事以及相当于以上职位的人，在该法人负有损失补足责任时，如对于该法人违反法令规定或者信托行为的约定，存在恶意或者重大过失的，应当与该法人一起承担对受益人的损失补足或者恢复原状的连带责任。

这是保护信托财产的规定。

三、关于受托人违反义务时承担责任的三个特别规则

1. 关于违反委托第三人处理信托业务相关规定的特别规则

受托人违反信托法第 28 条关于委托的规定，将信托业务委托给第三人，信托财产出现损失或者变更时，如果受托人不能证明即使不委托给第三人也会产生信托财产的损失或变更的，则受托人不能免除补足损失的责任（信托法第 40 条第 2 款）。

2. 关于违反忠实义务的特别规则

受托人违反信托法第 30 条关于忠实义务的一般规定，第 31 条第 1 款、第 2 款关于利益冲突行为的限制规定或者第 32 条第 1 款、第 2 款关于竞合行为的限制规定，当信托财产产生损失时，推定该行为使信托财产产生了与受托人及其利害关系人获得的利益等额的损失（信托法第 40 条第 3 款）。

因受益人难以证明信托财产的损失，所以举证责任倒置。

3. 关于违反分别管理义务的特别规定

受托人管理属于信托财产的财产违反信托法第 34 条规定的分别管理义务，信托财产产生损失或变更时，如果受托人不能证明即使分别管理了信托财产也会产生损失和变更的，就不能免除其

损失补足等责任（信托法第 40 条第 4 款）。

四、损失补足等责任的免除

信托法第 42 条规定，受益人可以事后免除下列责任，即：(1) 受托人因怠于履行职务而承担的针对信托财产的损失补足或者恢复原状的责任（信托法第 40 条）；(2) 法人受托人负责人的连带责任（该法第 41 条）。受托人等的损失补足等责任是保护受益人的制度，在作为当事人的受益人作出可以免除受托人等的责任的意思表示时，受托人等的责任消灭。

在免除受托人等的责任时，在受益人是两人以上的情况下，虽然以受益人的一致同意为原则，但是在受托人责任（信托法第 40 条）中，如果受托人执行受托任务是善意且没有重大过失，可以仅通过信托法第四章第三节第 2 款（受益人大会）所规定的多数决规则决定免除受托人部分责任（该法第 105 条第 3 款）。

另外，在受托人执行信托任务时存有恶意或者重大过失的情况下，免除其部分责任或者全部责任，或者免除法人受托人负责人的连带责任（该法第 41 条）时，应遵循必须全体受益人一致决定的原则（该法第 105 条第 4 款）。

五、与损失补足责任等相关债权期间的限制

1. 受托人的损失补足责任等的消灭时效

通常认为受托人损失补足责任，具有信托特有的、相当于债务不履行责任的法律性质。因此，信托法规定了受托人基于违反信托任务行为所产生的损失补足等责任的债权消灭时效，依据由

不履行债务所产生的责任相关债权消灭时效的有关规则（信托法第 43 条第 1 款）。

因而，就一般的信托，准用民法上债务不履行所导致的损害赔偿请求权的相关规定，损失补足责任相关的债权消灭时效适用民法第 167 条第 1 款的规定，为期 10 年。在营业信托等情况下，由于是商业行为，该消灭时效准用商业行为所产生的债务不履行的情况，即适用商法第 522 条规定的 5 年期间。

但是，也存在被指定的受益人不知道自己拥有受益权的情形，从保护受益人的视角来看，此时消灭时效的起算是存在问题的。因此，在受益人得知自己被指定为受益人之前（在受益人尚不存在时，在选任信托管理人之前），受益人的债权消灭时效不起算（信托法第 43 条第 3 款）。

此外，在受益人得知自己被指定为受益人之前消灭时效无论到何时都不起算的话，有可能损害权利关系的稳定性，因此，信托法设置了除斥期间，并规定，从由于受托人怠于履行职务，信托财产发生损失和变更之日起经过 20 年权利消灭（该条第 4 款）。

2. 法人受托人的负责人连带责任相关的债权消灭时效

有关法人受托人负责人的连带责任（信托法第 41 条）相关的债权消灭时效，无论是否是营业信托，一律适用 10 年期间的规定（该法第 43 条第 2 款）。与上述的责任相同，在受益人得知自己被指定为受益人之前（受益人不存在时，在信托管理人被选任出来之前），债权时效不起算（该条第 3 款），也适用该条第 4 款。

第九章

受托人的费用等偿还请求权

一、受托人对信托财产的费用等偿还请求权

信托法通过任意规范规定受托人为了处理信托业务用固有财产支付了必要的费用，也就是用固有财产垫付时，可以用信托财产偿还这笔费用（也包括预付款）和垫付之日起的利息（信托法第 48 条第 1 款）。关于这种垫付款等费用的偿还方法，受托人用信托财产偿还垫付款或者预付费用时，在费用的数额内，可以将属于本信托财产的金钱等财产划归为固有财产（该法第 49 条第 1 款）。

虽然在必要情况下，受托人可以处分信托财产（该条第 2 款），但如果处分该财产不能达成信托目的的话，不能处分该财产（该款但书）。我们可以将其称为待机义务。需注意，这个规定也是任意规范。

二、受托人费用等偿还请求权与其他信托债权人的关系

旧信托法规定，用信托财产补偿费用等权利，无论因何种事由、内容，受托人通常可以优先于其他债权人行使权利（旧信托法第 36 条第 1 款）。但这规定在合理性方面存在问题。因

此，信托法规定，用信托财产偿还的权利，应当在一定的合理范围内对受托人的优先权加以限制，即为了信托债权人共同的利益而为的信托财产的保存、清算以及分配等相关费用，按照与民法第 307 条第 1 款的先取特权一样的顺序，优先于其他债权（信托法第 49 条第 6 款）。

还有，为保管信托财产所支出的费用，或其他为维持该信托财产的价值而支出的必要费用，应当优先偿还；此外，为改良信托财产所支出的费用，或其他有益于增加该财产价值的，该费用金额以及现存增加额中数额较低的费用，应当优先受偿（该条第 7 款）。

除此以外的受托人费用，与其他债权人的权利为同一顺序。

三、由信托财产责任负担债务的清偿而形成的受托人代位权

受托人在以固有财产清偿了信托财产责任负担债务，从而享有对信托财产的请求权时，该清偿在实质上可以被视为与民法第 500 条所规定的清偿一样，属于具有正当利益的清偿，并且受托人代位成为该信托财产责任负担债务的债权人，而且在该代位关系中，受托人所享有的权利被视为金钱债权（信托法第 50 条第 1 款）。

代位清偿后，针对在清偿的债权上设置的抵押权等担保权应属于受托人自己的固有财产。在这种场合下，担保权人与担保权设立人成为同一人，但根据由信托而形成的混同例外规定，该担保权并不消灭。

信托法规定，当受托人代位债权人时，受托人应当及时通知债权人其债权是信托财产责任负担债务，并已经由受托人的固有

财产进行了清偿（该条第 2 款）。

四、受托人对受益人的费用等偿还请求权

旧信托法规定，受托人不仅对信托财产有偿还请求权，也可以请求受益人支付处理信托业务的费用，甚至对于损失，还可以请求受益人补偿或者提供相应的担保（旧信托法第 36 条第 2 款）。但是现行信托法删除了该条规定。

信托业务是由受托人根据自己的判断开展的，可以由受托人管理信托的风险，所以没有必要让不是信托行为当事人的受益人承担补偿责任。但考虑到存在受益人应当负担上述责任的信托类型，所以信托法规定，基于受益人与受托人的合意，受托人可以让受益人偿还和预付费用等（信托法第 48 条第 5 款）。

自己信托可以在信托合同上通过书面形式约定上述与受益人的合意。除此以外，受托人与委托人也可以通过信托合同约定委托人补偿信托费用等。

五、信托财产不足以偿还费用等时的措施

根据信托法，由于受托人对受益人不享有费用等的偿还请求权，所以无法通过信托财产获得偿还时，受托人不再负有继续完成信托业务的义务。这对应于信托财产长期资不抵债的情形。

因此，除了受托人被课以等待时机义务以外，在信托财产不足以偿还费用，或者不足以预付费用时，受托人（1）因信托财产不足，费用无法得到清偿或无法取得预付款；以及（2）在受托人所定的适当期间内，仍没有从委托人或受益人处获得费用等的清

偿或预付时，受托人将通知委托人以及受益人终止信托的意思。在经过该适当期间后，仍无法从委托人或受益人处获得费用等的清偿或预付的，受托人可以终止信托（信托法第 52 条第 1 款）。

六、对信托财产的损害赔偿请求权

信托法通过任意规范规定，受托人处理信托财产时自己没有过错但遭受了损失；或者受托人为处理信托业务因第三人故意或者过失而受到损失，可以就其损失数额向第三人请求赔偿，相关数额可以从信托财产中支付（信托法第 53 条第 1 款）。

另外，对信托财产的损害赔偿请求可以适用信托法第 48 条第 4 款、第 5 款，第49 条（除第 6 款、第 7 款外）、第 51 条、第 52 条有关对信托财产的费用等偿还请求的规定（信托法第 53 条第 2 款）。通过信托财产获得损害赔偿比起其他债权不具有优先性。

七、信托报酬

对于受托人的信托报酬原则上，日本认为委任是无报酬的（民法第 648 条）。在信托法中，受托人虽以无报酬为原则，但是除了适用商法第 512 条以外，只要信托行为约定受托人可以从信托财产中获得信托报酬，则受托人就可以获得信托报酬。信托报酬在广义上也是关于信托财产的费用，而且为了信托关系人的方便，将信托报酬作为信托财产（信托法第 54 条第 1 款）。

关于信托报酬的数额，如果信托行为有约定信托报酬的数额或者计算方法时从其约定，如果没有相关约定，信托报酬为适当的数额（该条第 2 款）。当没有约定时，受托人恐怕会以对自己更有利的金额作为“适当的数额”，从而花完信托财产。为防止这种现象的发生，受托人有义务通知受益人信托报酬的金额以及计算根据（该条第 3 款）。

就信托报酬请求权的行使方法，以及受托人不能获得信托报酬时信托的终止方法，准用费用等的补偿请求权的相关规定［信托法第 54 条第 4 款规定，准用信托法第 48 条第 4 款、第 5 款，第 49 条（第 6、7 款除外）、第 51 条、第 52 条］，但不具有相对其他债权的优先权。

最后，信托报酬的支付时间等的相关规定与民法中的委任相同，信托报酬是在履行信托业务后（根据期间确定报酬的，在其期间经过以后）才可以提出请求（适用民法第 648 条第 2 款）。因不能归责于受托人的事由导致履行终止时，受托人可以根据已经履行的比例请求支付报酬（信托法第 54 条第 4 款）。

第十章

受托人的变更

一、受托人任务的终止

信托是以信托财产为中心的法律制度，受托人只不过是进行管理和处分的机构，因此，受托人死亡等事由并不会使信托终止。

而关于受托人的任务，除了已经完成信托清算的情形外，信托法规定，发生下列事由时信托任务终止：(1) 作为受托人的个人死亡的；(2) 作为受托人的个人开始接受取得监护或保佐审判的；(3) 受托人除因开始破产程序的决定而解散的以外，被决定开始破产程序的；(4) 法人受托人除合并以外的理由解散的；(5) 受托人辞任的；(6) 受托人被解任的；(7) 信托行为约定的事由（信托法第 56 条第 1 款各项）。

如上所述，信托法通过任意规范规定，法人受托人的合并被排除在解散事由外，合并后存续的法人或者因合并而新设立的法人继承受托人的任务；另外，法人受托人分立以后，由因分立而继承受托人权利、义务的法人继受受托人的任务（该条第 2 款、第 3 款）。

二、受托人的解任、辞任

1. 受托人的解任

信托法通过任意规范规定委托人以及受益人随时都可以根据

合意解任受托人（信托法第 58 条第 1 款），除不得已的事由外，委托人以及受益人必须赔偿受托人的损失（该法第 58 条第 2 款、第 3 款）。

另外，考虑到尽管受托人明显作出了违反信托目的的行为，但由于与受益人同谋，受益人不解任受托人的情形，信托法规定，受托人违反任务，存在对信托财产造成显著损失等其他重大事由时，法院可以根据委托人或者受益人的申请解任受托人（该条第 4 款）。

再者，没有实际委托人时，无法根据委托人和受益人的合意进行解任（该条第 8 款）。

2. 受托人的辞任

信托法规定，受托人得到受益人以及委托人的同意后可以辞任（信托法第 57 条第 1 款正文）。但是信托行为有其他约定时，必须适用该约定（该款但书）。此外，因发生不得已的事由，获得法院的许可（该条第 2 款）时，允许受托人的辞任。

最后，没有实际委托人时，受托人无法经委托人和受益人的同意而辞任（该条第 6 款）。

三、受托人变更中的权利和义务关系

1. 前受托人的通知和保管等义务

（1）受托人的辞任、解任，法人受托人解散以及信托行为约定的事由。

由于受托人的辞任、解任，法人受托人解散以及信托行为约定的事由而终止受托人的任务时，需要迅速地为受益人和其他受托人选任新受托人，并适当地管理、处分信托财产，因此，前受托人有义务将这一主旨通知受益人。但是，为了提前应对受托人任务的终止，也可以在信托行为中事先约定将成为受托人的主体。因此，这项通知义务系任意规范（信托法第 59 条第 1 款、第 86 条第 1 款）。

除此之外，当前受托人的任务终止时，直至新受托人（包括信托财产管理人）可以处理信托业务之前，前受托人应当继续保管信托财产，以及实施为交接信托业务所必要的行为。信托行为有其他约定时，可以加重该义务（该法第 59 条第 3 款、第 86 条第 1 款）。

（2）基于委托人或受益人的同意、信托行为另外约定的受托人辞任。

经委托人或者受益人同意，或者信托行为的另行约定，导致受托人任务终止时，缺乏终止受托人关于信托财产保管的权利、义务的紧急必要性，因此，前受托人在新受托人能够处理信托业务以前，继续作为受托人享有权利、承担义务。考虑到当事人可能并不希望该权利、义务关系存续，此规定为任意规范（信托法第 59 条第 4 款、第 86 条第 1 款）。

而且，在新受托人可以处理信托业务之前，若前受托人打算处分信托财产，受益人可以请求前受托人停止处分该财产（信托法第 59 条第 5 款）。

2. 前受托人的继承人等的通知以及保管等义务

（1）作为受托人的个人死亡，以及接受取得监护或者保佐审判开始之时。

信托法通过任意规范规定，在前受托人的继承人、监护人、保佐人（以下称为“前受托人的继承人等”）知道作为受托人的个人死亡、监护或者保佐开始时，有义务通知其已知的受益人和其他受托人（信托法第 60 条第 1 款、第 86 条第 2 款）。

再者，受托人的任务终止时，在新受托人等或者信托财产法人管理人可以处理信托业务之前，前受托人的继承人等应负有保管信托财产及实施为交接信托业务所必要之行为的义务（该法第 60 条第 2 款、第 86 条第 2 款）。

此外，在新受托人以及信托财产法人管理人可以处理信托业务之前，前受托人的继承人以及破产管理人打算处分信托财产时，受益人可以请求其停止处分该财产（该法第 60 条第 3 款）。

（2）受托人被决定开始破产程序时。

信托法通过任意规范规定，由于受托人进入破产程序的决定而终止受托人任务时，前受托人也有义务通知受益人或者其他受托人（信托法第 59 条第 1 款、第 86 条第 1 款）。同时，为了不让破产管理人错误地出售信托财产，前受托人有义务通知破产管理人信托财产的内容、位置，信托财产责任负担债务的内容或其他法务省令（信托法实施规则第 5 条）规定的事项，且该义务由强制性规范规定（信托法第 59 条第 2 款）。

进而，在受托人任务终止、新受托人可以处理信托业务之前，破产管理人应当继续保管信托财产，以及实施为交接信托业务所必要的行为（信托法第 60 条第 4 款、第 86 条第 2 款）。

再者，在新受托人可以处理信托业务之前，破产管理人打算处分信托财产时，受益人可以请求破产管理人停止处分该财产（信托法第 60 条第 5 款）。

四、新受托人的选任

受托人任务终止时，可以根据信托行为的约定，选任新受托人。信托行为对新受托人没有作出约定时，或者根据信托行为的约定被指定为新受托人的主体不接受以及不能接受时，可以根据委托人和受益人的合意选任新受托人（信托法第 62 条第 1 款）。

五、信托财产管理人等

1. 信托财产管理人

基于委托人和受益人的合意解任受托人的，在新受托人被选任出来以前，受托人存在问题、不适合由该受托人保管信托财产或者由于受托人死亡等原因受托人的任务终止时，有必要选任信托财产管理人。

因此，信托法规定，受托人任务终止时，无论出于何种事由终止，尚未选任新受托人且认为有必要时，法院可以在选出新受托人前，根据利害关系人的申请，作出命令信托财产管理人进行管理的处分（信托财产管理命令）（信托法第 63 条）。

按民法第 103 条的规定，信托财产管理人的权限被限定为：（1）信托财产的保管行为；（2）在不改变信托财产性质的范围内，进行以利用和改良为目的的行为。信托财产管理人从事超过以上范围的行为，必须得到法院的许可（信托法第 66 条第 4 款）。除此之外，信托财产管理人享有诉讼当事人资格（信托法第 68 条）。在履行财产管理职务时，信托财产管理人负有与受托人相同的义务和责任（信托法第 69 条）。

2. 信托财产法人管理人

因受托人死亡而终止信托任务时，参考民法上“若不能确定其继承人是否存在时，将继承财产拟制为法人”（民法第 951 条）的规定，在受托人死亡时，将信托财产拟制为法人。也就是说，在作为个人的受托人死亡，信托任务终止时，信托财产将成为法人（信托法第 74 条第 1 款）。法院认为有必要时，可以根据利害关系人的申请，作出命令由信托财产法人管理人进行管理的处分（该条第 2 款）。

六、受托人信托任务终止时相关信托权利、义务的继承等问题

在受托人信托任务终止的情况下，新受托人就任时，视为新受托人在前受托人任务终止时，已继承了前受托人当时存在的权利、义务（信托法第 75 条第 1 款）。

另外，基于委托人和受益人的同意或者信托行为的另行约定，受托人辞任而导致受托人的任务终止（该法第 56 条第 1 款第 5 项、第 57 条第 1 款）时，如果信托行为没有另行约定，则如上所述前受托人继续作为受托人享有相关权利、履行相关义务，因此视新受托人就任时继承前受托人当时存在的相关信托权利、义务（信托法第 75 条第 2 款）。

无论如何，在新受托人就任并可以处理信托业务之前，前受托人、信托财产管理人以及信托财产法人管理人必须为信托财产保管等其他行为，因此，不妨碍这些在其权限内所为行为的效力（信托法第 75 条第 3 款，权限外行为时为第 4 款）。即使由于新受托人上任，信托有关的权利、义务溯及前受托人任务终止之时，

新受托人继承信托的权利、义务，前受托人、信托财产管理人以及信托财产法人管理人的行为也不会失去效力。

而且，作为例外，在信托受托人为两人以上时，其中一人终止任务的，其任务终止时的信托权利、义务由其他受托人当然继承并执行任务，若信托行为中另有约定，从其约定（信托法第 86 条第 4 款）。

在两个以上的受托人中一部分人终止任务时，将其他受托人作为受托人使信托得以存续方便、适当，所以其权利、义务当然归属于其他受托人。

七、与债务继承相关的前受托人和新受托人的责任

在前受托人的任务终止、新受托人上任的情况下，即使前受托人任务终止时新受托人继承了前受托人的信托债务，前受托人也应当以自己的固有财产就该被继承的债务承担履行责任（信托法第 76 条第 1 款）。但债务限定为以属于信托财产的财产履行责任时，前受托人不负有履行上述责任。

此外，新受托人是从前受托人处继承信托债务，并非以其自身成为权利、义务的主体来处理信托业务，因此新受托人仅在信托财产的限度内负有履行责任（信托法第 76 条第 2 款）。

八、向新受托人的业务交接等

新受托人等就任时，前受托人应当立刻进行与信托业务相关的会计计算，获得全体受益人（包括信托管理人）的承认，并进行必要的信托业务交接，使新信托人可以处理信托业务（信托法

第 77 条第 1 款）。受益人（包括信托管理人）承认信托业务的会计计算后，除非前受托人在业务执行中有不正当行为，视受益人免除前受托人向受益人进行信托业务交接的相关责任（该条第 2 款）。从顺利运行信托业务的角度看，这参考了公司法第 667 条第 2 款关于持分公司[①]清算的规定，从前受托人请求承认信托会计计算时起，如果受益人在 1 个月内未提出异议，视受益人承认该信托会计计算（信托法第 77 条第 3 款）。

因受托人个人死亡、接受监护以及保佐审判的开始而终止受托人任务时，前受托人实际上不能再进行交接，因此信托法规定了前受托人的继承人等的交接义务，同样规定了在受托人被决定进入破产程序而终止信托任务时破产管理人的交接义务（信托法第 78 条）。

受托人变更时的权利、义务关系

任务终止的事由	权利、义务的主体	前受托人的权利、义务	权利、义务的继承时间
受托人个人死亡	前受托人的继承人	信托财产的保管和交接信托业务所需的行为	前受托人任务终止时
受托人个人接受监护、开始保佐的审理	前受托人的监护人和保佐人	信托财产的保管和交接信托业务所需的行为	前受托人任务终止时
受托人破产程序开始的决定	前受托人的破产财产管理人	信托财产的保管和交接信托业务所需的行为	前受托人任务终止时
法人受托人的解散（合并除外）	前受托人	信托财产的保管和交接信托业务所需的行为	前受托人任务终止时
法院许可的辞职	前受托人	信托财产的保管和交接信托业务所需的行为	前受托人任务终止时

① 日本合名公司、合资公司、合同公司的总称。

续前表

任务终止的事由	权利、义务的主体	前受托人的权利、义务	权利、义务的继承时间
因委托人以及受益人合意或者信托行为特别约定的解任	前受托人	信托财产的保管和交接信托业务所需的行为	前受托人任务终止时
由法院所进行的解任	前受托人	信托财产的保管和交接信托业务所需的行为	前受托人任务终止时
因委托人以及受益人合意或者信托行为特别约定的辞任	前受托人	作为受托人的权利、义务	新受托人就任时

第十一章

受托人为多名的信托

一、多名受托人信托的信托财产所有状态

信托法以强制性规范确定，受托人为多名的信托财产所有状态为合有（信托法第 79 条）。另外，登记名义也是合有。

旧信托法第 24 条中也规定，受托人为多名时，将其设定为共同受托，信托财产为合有。这一规定被明确地理解为以下四点[①]：(1) 共同受托人不能请求分割合有的信托财产；(2) 共同受托人不能转让所持有的信托财产中的份额；(3) 在信托终止时，各受托人没有分配请求权；(4) 在缺少一名共同受托人时，信托财产归属剩下的受托人。如上所述，新信托法维持了 (1) 到 (4) 的解释。

二、信托业务处理的决定与执行方法

信托法通过任意规范规定，信托业务的决定原则上采取多数决，信托业务的执行则是单独执行（保管行为是单独决定、单独执行）（信托法第 80 条第 1 款、第 2 款）。

---

① 参见能见善久：《现代信托法》，160 页，东京，有斐阁，2004。

另外，信托法规定了作为信托的特别形态即职务分别掌管型信托的相关规则。也就是说，如果信托行为约定受托人职务分别执掌时，受托人可以在分配的职务范围内单独决定和执行（该条第 4 款）。在这种情形下，各受托人就其各自执掌的职务，具有当事人资格（该法第 81 条）。

基于信托业务的决定而为信托财产所为的行为，各受托人有代理其他受托人的权限（该法第 80 条第 5 款）。

另外，各受托人除了“信托行为的另外约定”或者“发生不得已的事情”的情形，不能将信托业务的决定委任给其他受托人（该法第 82 条）。

就信托业务的处理，对受托人所作的意思表示分为受益人对受托人的意思表示及受益人以外的第三人对受托人的意思表示两种情况。多名受托人被选任时，考虑到通常情况下上述受托人之间会相互联络，信托法通过强制性规范规定，第三人对受托人中的任一人作出意思表示，则对全部受托人有效（该法第 80 条第 7 款）。

另外，就受益人而言，考虑到没有必要禁止信托行为约定特定受托人作为意思表示领受人，信托法通过任意规范规定，受益人对受托人中的一人作出意思表示时即可（该款但书）。

三、受托人为多名时受托人的责任

1. 受托人为多名时对受益人的责任

（1）受托人有关受益债权的给付责任与损失补足责任。

在对受益人的责任中，通常会考虑受托人的受益债权的给付责任与损失补足责任。

首先，受托人的受益债权给付责任为所谓的物的有限责任。因为受托人以信托财产为限负有给付责任，所以信托法并没有设置特别的规定。

其次，由于损失补足责任是基于受托人违反信托任务的故意或者过失而承担的，让没有违反信托任务的受托人承担连带责任是不正当的，因此信托法规定作出意思决定和从事了对外执行行为的各受托人承担连带责任，而未规定未违反信托任务的受托人责任（信托法第 85 条第 1 款）。

此时，在决定如何处理信托业务时，受托人已表明自己的反对意见的，只要没有其他事由，就可以认定为该受托人没有故意或者过失，不承担损失补足责任。

还有，在职务分别掌管型信托中，各受托人在被分配的职务限度内独立地执行职务，接受职务分配的受托人在从事违反信托任务的行为时，因没有接受职务分掌的受托人对该信托业务没有作出意思决定和执行、不负相互监督的义务，所以可以认为其没有故意或者过失。只要没有特别的事由，其就不会承担任何责任。

（2）受托人为多名时其他受托人的损失补足请求等。

在受托人为两人以上时，因受托人其中一人进行了违反信托任务的行为对信托财产造成损失时，信托法规定了两种救济权利，即：1）受益人的损失补足请求权（信托法第 40 条第 1 款），以及 2）在法人受托人负有损失补足责任时，法人负责人对该法人违反法律和信托行为约定的行为，存在恶意或者重大的过失的，受益人享有损失补足请求权（该法第 41 条）。对于这两种权利，其他受托人可以与受益人同样行使（该法第 85 条第 2 款）。

另外，关于受托人其中一人从事违反法律的行为时受益人的停止请求权（该法第 44 条），其他受托人也可以与受益人同样行使（该法第 85 条第 4 款）。

2. 受托人为多名时对第三人的责任

关于受托人为多名时对第三人的责任，应考虑以信托财产承担担保责任和以固有财产承担担保责任共两种情形。

首先，以信托财产承担担保责任。信托财产是由两个以上的受托人合有时，因处理信托业务所导致的受托人对第三人所负担的债务，无论是否有职务分掌的约定，各受托人至少要以信托财产为限承担责任。

其次，以固有财产承担担保责任，应考虑没有受托人职务分掌约定的情况和有受托人职务分掌约定的情况。

其一，在没有受托人职务分掌约定时，两个以上的受托人共同决定信托业务，基于这一决定，执行信托业务产生对第三人的债务时，应采取代理其他受托人的形式共同进行。因此，无论是否执行业务，各受托人都被视为连带债务人（信托法第 83 条第 1 款）。而且代理其他受托人时，适用关于商行为代理的规定（商法第 504 条），无须显名。

其二，在有受托人职务分掌约定的情况下，接受职务分掌的人根据该约定处理信托业务并对第三人负有债务时，各受托人在被分配的职务范围内独立处理业务，其他受托人仅以信托财产为限承担履行的责任（信托法第 83 条第 2 款）。

为此，有必要考虑保护交易第三方。然而在有职务分掌约定的信托中，各受托人在被分配的职务范围内独立决定如何处理信托业务，也单独执行与第三人的交易。并且，通常情况下，各受托人与第三人进行交易时不会指出其他受托人的名字。因此，多数情况下，第三人不知道其他受托人的存在，第三人不能期待进行交易的受托人以外的其他受托人以其固有财产为担保来履行债务。

因此，仅在交易第三人符合以下条件时，才有必要保护该第三人，即（1）在为造成该债务的行为当时，知悉该行为是处理信托业务，（2）知悉受托人是多名，但不知道信托行为中存在关于受托人职务分掌的约定，且该不知情没有过失（该款但书）。满足以上条件时，没有接受职务分掌的其他受托人在其固有财产范围内承担履行责任。

第十二章

受益人与受益权

一、受益人权利的取得

信托法第 88 条第 1 款通过任意规范规定，以信托行为指定的受益人当然取得受益权。因此，被指定为受益人的人即使不作出受益的意思表示，也当然取得受益权。此外，从受益人取得受益权的时点起，不能仅由委托人和受托人来改变受益权的内容，此外，也产生了受托人负有作为信托受托人的义务等的效果。

该受益权在信托法中被规定为：(1) 是基于信托行为，由受托人对受益人所负的债务中，转移信托财产等，与给付信托财产相关的债权（受益债权）；(2) 为确保以上权利，对受托人等其他人请求一定行为的权利（信托法第 2 条第 7 款）。

二、受益人的指定权与变更权

受益人指定权是指信托行为并不将特定的人指定为受益人，而是事后根据特定人的意思表示指定受益人。受益人变更权是指事后根据一定主体的意思表示变更信托行为指定的受益人。①

① 参见村松秀树、富泽贤一郎、铃木秀昭、三木原聪：《概说新信托法》，210 页，东京，金融财政情况研究会，2008。

信托法第89条规定，信托通过信托行为约定特定人有权指定或者变更受益人时，该特定人可以通过对受托人的意思表示而行使权利（该条第1款）；除此之外，还可以通过委托人的遗嘱行使权利（该条第2款）。

通过遗嘱行使受益人指定权的效果是，在指定权之权利人死亡、作出遗嘱后，从遗嘱人死亡到受托人得知受益人指定权被行使之前，会发生时间延迟，在此期间受托人有可能对变更前的受益人进行信托的给付。为此，信托法规定，在受托人不知道上述权利行使情形时，新受益人不能对抗受托人（该条第3款）。

信托法通过任意规范规定，由于行使受益人变更权而失去受益人地位的主体，仍然可以期待将来取得作为受益人的收益，并且存在遭受意想不到的损害的风险，因此通过行使受益人变更权而使原受益人失去受益权时，受托人应当及时通知原受益人（该条第4款）。

信托法通过任意规范规定，受益人指定权等权利不能通过继承来继受（该条第5款）。

另外，拥有受益人指定权的主体是受托人时其可以通过向应成为受益人的主体作出意思表示来行使其指定权。

三、受益人的权利行使方法

1. 旧信托法中的受益人权利行使方法

在旧信托法中，原则上由受益人全体一致来行使权利。因为当时预见受益人为单独个体或者为少数人，所以才作出了需要全体一致这一僵硬的规定。然而，至于对受托人的监视和监督权，虽然考虑到很多情况下都是单独行使，但由于不存在特定的规定，必须全体一致同意还是各受益人可以单独行使，并不明确。

2. 受益人为多名时意思表示的方法

信托法规定，受益人为两人以上时意思表示的方法以“受益人全体的合意”为原则，除了受托人责任免除以外，允许在信托行为中进行特殊的约定（信托法第105条第1款）。

也就是说，由于信托行为的约定，可以引入“多数决原则”，在决议方法方面可以选择受益人大会、书面方式等。此外，也可以运用在实务中需求强烈的书面“视为赞成制度”。而且，根据信托行为的约定，甚至可以委托第三人（包含受托人）进行意思决定。

受益人为多名时需要意思表示的事项

条文	需要意思表示的事项
第19条第1款第2项	关于信托财产和固有财产分割的协议
第19条第3款第2项	关于该信托财产与其他信托财产分割的协议
第31条第2款第2项	关于受托人利益冲突行为的承认
第31条第5款	关于受托人利益冲突行为的追认
第32条第2款第2项	关于受益人竞合行为的承认
第32条第4款	关于受托人竞合行为，行使被视为信托财产的权利
第42条	受托人以及法人受托人负责人损失补足责任的免除
第57条第1款	受托人辞任的同意
第58条第1款	受托人解任的合意
第62条第1款	新受托人选任的合意
第77条	由前受托人向新受托人交接信托业务时关于信托业务的会计计算的承认
第78条	由前受托人的继承人或者财产管理人向新受托人交接信托业务时关于信托业务的会计计算的承认
第134条第2款	信托监督人辞任的同意与解任的合意
第135条第1款	新信托监督人选任的合意
第136条第1款第1项	信托监督人业务终止的合意

续前表

条文	需要意思表示的事项
第 141 条第 2 款	受益人代理人辞任的同意、解任的合意
第 142 条第 1 款	受益人代理人选任的合意
第 143 条第 1 款第 1 项	受益人代理人业务终止的合意
第 149 条第 1 款，第 2 款 1 项，第 3 款	有关于信托变更的合意或者意思表示
151 条第 1 款、第 2 款第 1 项	关于信托合并的合意
第 155 条第 1 款、第 2 款第 1 项	关于吸收信托分立的合意
第 159 条第 1 款、第 2 款第 1 项	关于新设信托分立的合意

3. 受益人大会

如上文所述，尽管多名受益人的意思决定方法适用任意规范信托法规定，若信托行为约定通过受益人大会多数决时，就要特别地遵循受益人大会的规定（信托法第 105 条第 2 款），而且，信托法第 106 条～第 122 条规定，受益人大会，包括受益人大会的召开、受益人大会召开的通知、交付受益人大会的参考文件和行使表决权的书面文件、受益人表决权的行使、表决权的数量和受益人大会的表决、受益人大会表决的效力以及为受益人大会所需费用的承担等，通过任意规范确定。

4. 受益权取得请求权

信托法规定，受益人的意思决定，根据信托行为的约定，既可以采取多数决的方式，也可以委托给第三人，因此，由于受益人的不同，就会出现违反自己的意思却要受意思决定拘束的情形，这就出现了保护这部分受益人的必要性。因此，在信托法第 103 条中，作为保护这部分少数受益人的对策，引入了作为强制性规定的“受益权取得请求权”。

受益权取得请求权制度的作用在于：(1) 变更信托目的；(2) 限制受益权转让；(3) 免除受托人全部或者部分义务（信托行为中对减免范围和意思决定的方法另有约定的除外）；(4) 变更受益债权内容（信托行为对变更的范围和意思决定的方法另有约定的除外）；(5) 信托行为约定的事项，根据上述事项进行信托变更（重要的信托变更）；以及 (6) 在信托合并或分立时，有可能受到损害的受益人可以向受托人请求以公正的价格取得自己的受益权。

但是 (1) 和 (2) 的情况，以及在 (6) 情形下伴随 (1) 和 (2) 时，不以有可能受到损失为必要。

受益人参与重要的信托变更等意思决定，且表示赞同时，不能行使受益权取得请求权（信托法第 103 条第 3 款）。因此，为行使受益权取得请求权，未必一定要作出反对的意思表示。

5. 无法通过信托行为的约定进行限制的受益人权利

信托法规定受益人为多名时的意思决定方法，尊重通过信托行为的私人自治，甚至允许通过多数决进行决定或者委托给专家等第三人。但单纯地委以意思自治的话，因受托人享有信托财产的所有权，与其他类似财产管理制度相比，受托人拥有更强的权限，其更有可能滥用权限，需要采取相应的防止权限滥用的方法。作为防止对策，在强化受益人的监视和监督权的同时，信托法通过强制性规范规定，可以由各受益人单独行使这些权利，不得在信托行为中加以限制（信托法第 92 条）。

信托法第 92 条规定的受益人的权利，不能通过信托行为的约定加以限制［下述 (1) 为通常可以单独行使的权利］。

但是，在受益证券发行信托中，信托行为可以约定，仅限定于持有相当于总受益人表决权3%（在信托行为中约定了低于此的比例时，从其约定的）以上的受益权的受益人，或者持有相当于实际存在受益权总数的3%（信托行为约定了低于此比例的，从其约定）以上的受益权的受益人才能行使下述（2）的权利（信托法第213条第1款）。

同样，仅限定于持有相当于总受益人表决权的10%（信托行为约定了低于此的比例时，从其约定）以上的受益权的受益人，或者持有相当于实际存在的受益权总数的10%（信托行为约定了低于此比例时，从其约定）以上的受益权的受益人才能行使下述（3）的权利（该条第2款）。

但信托行为约定限制公开其他受益人姓名等请求权时，各受益人之间无法联络，因此，信托法禁止对单独行使的权利加以限制（该条第3款）。

还有，信托行为可以约定，仅限于在6个月（信托行为约定低于此期间的，从其约定）之前开始持续享有受益权的受益人才能行使对受托人不法行为的停止请求权（信托法第44条、第213条第4款）。

（1）通常可以单独行使的受益人权利。

条文	权利的内容
	向法院的申请权［除（2）（3）规定的权利外］
第5条第1款	在遗嘱信托中接受信托的催告权
第23条第5款、第6款	对信托财产进行强制执行时主张异议的权利
第24条第1款	受益人在提起对信托财产进行强制执行时所提出的异议相关诉讼、并在胜诉的情况下费用和报酬的支付请求权
第36条	请求就信托财产处理状况提出报告的权利

续前表

条文	权利的内容
第 40 条	对受托人提出损失补足等的请求权
第 41 条	对法人受托人的负责人提出损失补足等的请求权
第 44 条	对受托人违反法律行为的停止请求权
第 45 条第 1 款	针对受托人或者法人受托人负责人的损失补足等提出请求或者对受托人违反法律的行为提出停止请求有关诉讼，受益人胜诉时费用或者报酬的支付请求权
第 59 条第 5 款	对于前受托人处分信托财产行为的停止请求权
第 60 条第 3 款、第 5 款	对于前受托人的继承人或者破产权利人处分信托财产行为的停止请求权
第 61 条第 1 款	就前受托人、前受托人的继承人或者破产权利人处分信托财产行为提起停止侵害诉讼，受益人胜诉时费用或者报酬的支付请求权
第 62 条第 2 款	对应成为新受托人的受托催告权
第 99 条第 1 款	放弃受益权的权利
第 103 条第 1 款、第 2 款	受益权取得请求权
第 131 条第 2 款	对应成为信托监护人的就任催告权
第 138 条第 2 款	对应成为受益人代理人的就任催告权
第 187 条第 1 款	交付或者提供记载有受益权原簿记载事项的文件的请求权
第 190 条第 2 款	受益权原簿阅览或者誊写的请求权
第 198 条第 1 款	在限定责任信托中记载或者记录受益权原簿记载事项的请求权
第 226 条第 1 款	在限定责任信托中，违反对受益人的信托财产相关给付的限制，金钱补偿以及支付的请求权
第 228 条第 1 款	产生亏损时金钱补偿以及支付的请求权
第 254 条第 1 款	在受益证券发行限定责任信托中，对会计检查人怠于履行任务的损害补偿请求权

（2）在受益证券发行信托中，信托行为可以约定，仅限定于持有相当于总受益人表决权的 3%（信托行为约定了低于此的比例的，从其约定）以上的受益权的受益人，或者持有相当于实际

存在的受益权总数的3%（信托行为约定了低于此的比例的，从其约定）以上的受益权的受益人才能行使的权利。

条文	权利的内容
第27条第1款、第2款，第75条第4款	对受托人违反权限行为的撤销权
第31条第6款、第7款	对受托人利益冲突行为的撤销权
第38条第1款	账簿等的阅览或者誊写的请求权
第46条第1款	向选任检查人的法院的申请权

（3）在受托证券发行中，信托行为可以约定，仅限定于持有相当于总受益人表决权的10%（信托行为约定了低于此的比例的，从其约定）以上的受益权的受益人，或者持有相当于现存受益权总数的10%（信托行为约定了低于此的比例的，从其约定）以上的受益权的受益人才能行使的权利。

条文	权利的内容
第150条第1款	申请法院命令信托变更的权利
第160条第1款	申请法院命令信托终止的权利

6. 对受托人违反法律等行为的停止请求权的创设

根据信托法的规定，如果受托人作出违反法律或者信托行为约定的行为，或者有作出上述行为的可能的，只要该行为有可能对信托财产造成损害，受益人就可以请求该受托人停止该行为（信托法第44条第1款）。这赋予了受益人事先对抗受托人的手段。

赋予受益人的停止请求权，在受托人为多名时，也可以赋予其他受托人（该法第85条第4款）。根据信托行为的约定，也可以赋予委托人（该法第145条第2款第9项）。

此外，该停止请求权是实体法上的请求权，受益人不仅可以在诉讼中行使，在诉讼外也可以行使。但在紧急情况下，该停止请求权作为被保全的权利，可以向法院申请确定暂时地位的临时处置令（民事保全法第 23 条第 2 款）。

另外，受托人在收到受益人的停止请求时，必须基于善良管理人的注意义务，决定是否停止相关行为。

受益人为两人以上时，收到部分受益人诉讼以外的停止请求时，即使该行为不符合信托法第 44 条第 1 款所规定的“作出违反法律或者信托行为约定的行为”，如果受托人毫不在意地终止该行为，也有可能被其他受益人追究违反善意管理人的注意义务。[①]

四、受益权的转让

除了受益权的性质决定不允许之外，受益人原则上可以转让受益权（信托法第 93 条第 1 款）。因此，受益人不需要得到受托人的许可就可以转让受益权。另外，信托行为另有约定时，虽不能转让，也不能对抗善意第三人（该条第 2 款）。而且转让受益权的，如果转让人未通知受托人或者未得到受托人承诺，该转让不能对抗受托人或其他第三人。该通知以及承诺如果未附有确定日期的证明文件，则不能对抗受托人以外的第三人（该法第 94 条）。

此外，作为受益权转让的抗辩，受托人可以在上述通知或者承诺作出之前，以转让人出现的事由对抗受让人（该法第 95 条）。受益权不仅是作为指名债权的受益债权，也具有包含公益权等权利的

① 参见村松秀树、富泽贤一郎、铃木秀昭、三木原聪：《概说新信托法》，147 页，东京，金融财政情况研究会，2008。

综合地位（受益人地位），所以，受益权转让与民法的指名债权转让的情况（民法第468条第1款）不同，其并不对无保留异议的承诺赋予特别效力。

五、受益权的出质与放弃

1. 受益权的出质

除因受益权的性质而不允许出质的以外，原则上受益人都可以以受益权出质（信托法第96条第1款）。此外，如果信托行为另有规定，受益权也不能出质，但不能对抗善意第三人（该条第2款）。

以受益权为目的设立的质权有以下几种情形：（1）拥有受益权的受益人从受托人处取得的作为信托财产给付的金钱等；（2）根据受益权取得请求权，拥有该受益权的受益人取得的金钱等；（3）由于信托的变更而使受益权合并或者分立，拥有该受益权的受益人取得的金钱等；（4）由于信托的合并或者分立，拥有该受益权的受益人取得的金钱等；（5）其他拥有受益权的受益人取得的、作为受益权替代品的金钱等（信托法第97条）。

受益人的质权人领受上述金钱，可以先于其他债权人优先实现自己的债权（该法第98条第1款）。

2. 受益权的放弃

信托法规定，除受益人是信托行为当事人（委托人或受托人）以外，受益人可以对受托人作出放弃受益权的意思表示（该法第99条第1款）。另外，受益人作出该意思表示后，除了会损害第三人（包括受托人）之权利的情况外，视为受益人从一开始就不享有受益权（该条第 2 款）。

因此，指定为受益人的主体，到放弃权利的时点为止，必须将接受的利益作为不当得利予以返还。

最后，信托法上受益权的放弃可溯及信托设立时，因此，我们需要注意，这与放弃只有将来效力的受益权是不同的概念。

六、受益债权

1. 受益债权

如上文所述，受益债权是指受托人基于信托行为，对受益人所负的债务、交付属于信托财产的财产和给付与信托财产有关的财务等有关的债权（信托法第 2 条）。

2. 实际业绩分红主义

信托法规定，对与受益债权相关的债务，受托人“仅以信托财产”负履行的责任（信托法第 100 条）。该规定沿袭了旧信托法第 19 条的规定，即“受托人因信托行为而对受益人所负的债务，仅限于信托财产的范围内负履行责任”，并使之明确化，表明了受托人对受益人的债务是物的有限责任。可以说这是实务中“实际业绩分红主义”的根据。

最后，信托法第 101 条规定，在受益债权和信托债权的优先劣后关系上，受益债权劣后于信托债权。

3. 受益债权的消灭时效

根据信托法第 2 条第 7 款的规定，受益权被定义为“受益债权”和“确保受益债权的诸项权利”。因此，信托法中消灭时效的对象从来都是“受益债权”而非“受益权”。

受益债权的全部因消灭时效而消灭的，由于构成受益权基本部分的权利消灭，受益的权利被理解为不能存续而消灭。

受益债权的消灭时效，原则上与债权的消灭时效作同样处理（信托法第 102 条第 1 款）。但是民法第 166 条第 1 款规定，通常债权的时效期间的起算点为“可以行使该权利时”，通过信托行为的约定，被指定为受益人的主体当然取得受益权。这样一来，尽管受益人不知道自己被指定为受益人，受益债权的消灭时效也有可能会开始起算。因此，信托法规定，受益债权的消灭时效在受益人知悉自己被指定为受益人以前（受益人不存在时，直到选任出信托管理人以前），消灭时效不起算（该条第 2 款）。

另外，受托人援用受益债权的消灭时效时，受益人会遭受损失，同时，受托人和其他受益人会得到利益。因此，受益债权消灭时效的援用，有可能会违背忠实义务和公平义务，故在一定的要件下有必要解除忠实义务和公平义务，承认援用权的行使。受益债权的消灭时效仅在以下情形中可以援用：（1）受托人在消灭时效的期间经过后，立即通知受益人受益债权的存在及内容，且受益人未于该期间内请求履行的；（2）在消灭时效终止时点到来时，债权人的所在地不明，或参照其他信托行为的约定、受益人的情况、相关资料的灭失等情况，有正当理由未向受益人进行（1）规定的通知（该条第 3 款）。

最后，该条第 4 款设立了 20 年的除斥期间。

第十三章

信托管理人、信托监督人、受益人代理人

一、信托法为保护受益人设立的三个机构

旧信托法规定，当出现受益人不确定或者不存在受益人的情况时，通过信托行为指定信托管理人；或者信托行为未指定信托管理人时，法院可以根据利害关系人的请求或者利用职权选任信托管理人（旧信托法第 8 条第 1 款）；另外，信托管理人为了受益人的利益，有权以自己的名义进行与信托相关的诉讼或诉讼外行为（该条第 2 款）；法院可以酌情用信托财产支付信托管理人报酬（该条第 3 款）。

新信托法修改了旧信托法中的信托管理人制度，在第 123 条～第 144 条中，分别新设立了三项制度。第一项是在受益人尚不存在时，信托管理人有权替代受益人且以自己的名义进行与受益人相关一切行为的“信托管理人”制度；第二项是当某一受益人存在不能对受托人进行适当监督的特别事由时，为了所有受益人的利益，信托管理人以自己的名义进行被受益人认可的监视和监督行为，也就是可以与受益人重叠行使权利的“信托监督人”制度；第三项是为全部或者部分受益人的利益，除受托人等免责以外，有权进行与受益人权利相关一切行为的“受益人代理人”制度。

二、信托管理人

1. 信托管理人的权限与义务

信托管理人能以自己的名义为与受益人权利相关的一切诉讼或者诉讼外活动，但也可以通过信托行为对其另行加以限制（信托法第 125 条）。

信托管理人还负有作为善良管理人的注意义务和诚实，公平义务（该法第 126 条）。

2. 信托管理人的选任方法

信托法规定，当受益人不存在时，原则上，可以在信托行为中约定指定信托管理人的相关内容（信托法第 123 条第 1 款）。此外，如果信托行为中未约定信托管理人的相关内容，或者根据信托行为的约定，被指定为信托管理人的主体不同意担任或者不能担任信托管理人时，法院可以根据利害关系人的申请，选任信托管理人（该条第 4 款）。而且，即使信托行为没有关于信托管理人的约定，仍然可以通过信托变更手续作出关于信托管理人的特殊规定。

三、信托监督人

1. 信托监督人的权限与义务

考虑到受益人为老年人或者未成年人等时难以监视、监督受托人的情形，信托法从保护受益人的角度出发引入了信托监督人制度。

原则上，信托监督人可以行使的权利为监视和监督受托人所需的权利，具体而言，包括有权进行与信托法第 92 条（第 17 项、第18项、第21项、第23项除外）所规定权利相关的一切诉讼或诉讼外的行为，信托行为中另有约定时，从其约定（该法第132条第1款）。

与信托管理人不同，信托监督人是在存在受益人时被选任的，这样就出现了与受益人权利行使的竞合问题。信托监督人可以行使的权利是不能由信托行为约定加以限制的单独受益人权利；在受益人为两人以上的情况下，为可重叠行使的权利。即使竞合行使权利，也不会阻碍信托业务的顺利处理。因此即使选任了信托监督人，受益人也不会失去行使权利的机会。

另外，信托监督人与信托管理人一样，为了受益人的利益也负有善良管理人的注意义务和诚实、公平义务（该法第133条）。

2. 信托监督人的选任方法

实际上存在受益人时，可以在信托行为中作出关于指定信托监督人的约定（信托法第131条第1款）。

此外，在受益人可以对受托人进行监督的情况下，为了进行更加严肃、公正的监督，也可以指定律师或者注册会计师等专家为信托监督人。

另外，当存在受益人不适合对受托人进行监督的特别事由时，如果信托行为未约定信托监督人的相关内容，或者根据信托行为的约定，被指定为信托监督人的主体不同意就任或者不能就任信托监督人时，法院可以根据利害关系人的申请，选任信托监督人（该条第4款），以防止由于信托设定后事态的变化，从而使受益人无法对受托人进行充分监督的情况。

因此，受益人为两人以上的信托中，即使部分受益人缺乏监督能力，但只要其他受益人仍具有充分的监督能力，就不存在这种“特别事由”。

四、受益人代理人

1. 受益人的权限和义务

信托法考虑到受益人短时间更换，以及即使受益人确定但人数较多、很难行使受益人权利的情形，以保护受益人为前提，为顺利处理信托业务，引入了受益人代理人制度。

受益代理人是为了应对受益人短时间内发生变化难以把握受益人情况，或者受益人数较多、难以迅速并恰当地作出意思决定的情形而选任出来的，因此，受益人代理人不仅需要拥有监视和监督受托人的权利，也需要拥有与信托相关的意思决定权。因此在信托法中，除了免除受托人等的责任外，受益人代理人为了其所代理的受益人的利益，有权行使与该受益人的权利（信托法第 42 条对受托人的损失补足责任等免除的除外）相关的一切诉讼和诉讼外权利；但如果信托行为另有约定，从其约定（该法第 139 条第 1 款）。

为此，虽然受益人与受益人代理人存在权利行使上的竞合问题，但从引入受益人代理人制度的宗旨来看，与信托相关的意思决定权应专属于受益人代理人（该法第 139 条第 4 款）。即使承认受益人代理人所代理的受益人拥有行使权利的机会，也不能妨碍信托业务的处理，除了不得通过信托行为的约定加以限制的权利（该法第 92 条各项）和信托行为所约定的权利以外，受益人不能行使其他权利。

而且，受益人代理人为了所代理的受益人的利益，在作出诉讼或者诉讼外的行为时，只要表明其代理的受益人范围即可（该法第 139 条第 2 款）。

为了受益人的利益，受益人代理人负有善意管理人的注意义务及诚实、公平义务（该法第 140 条）。

2. 受益人代理人的选任方法

实际存在受益人时，通过信托行为约定，可以约定所代理的受益人，并作出关于指定受益人代理人的约定（信托法第 138 条第 1 款）。

一旦选任出受益人代理人，被代理的受益人原则上就不能行使与决定信托的意思表示相关的权利。因此，与信托管理人以及信托监督人不同，受益人代理人不能由法院选任。但是，最初因信托行为的约定而被选任出的受益人代理人其任务终止，选任新受益人代理人时，法院可以根据委托人即被受益人代理人所代理的受益人的申请，选任新的受益人代理人（该法第 142 条第 1 款）。

旧信托管理人、信托管理人、信托监督人、受益人代理人的比较

		旧信托管理人	信托管理人	信托监督人	受益人代理人
选任	条文	（旧）第 8 条	第 123 条	第 131 条	第 138 条
	情况	受益人不特定或者不存在时可以选任	受益人不存在时可以选任	存在受益人时可以选任	存在受益人时，为了部分或者全部受益人的利益可以选任
	方法	（1）根据信托行为的约定 （2）由法院根据利害关系人的申请或者依职权选任	（1）根据信托行为的约定 （2）由法院根据利害关系人的申请选任	（1）根据信托行为的约定 （2）当存在受益人不能对受托人进行适当监督的特别事由时，法院根据利害关系人的申请选任	仅根据信托行为的约定

续前表

		旧信托管理人	信托管理人	信托监督人	受益人代理人
权限	条文	（旧）第8条	第125条	第132条	第139条
	内容	为受益人的利益以自己的名义进行与信托有关的诉讼和诉讼外的行为	为受益人的利益以自己的名义进行与受益人的权利有关的一切诉讼和诉讼外的行为；可以在信托行为中另行约定	为受益人的利益以自己的名义进行与受益人监督受托人的一定权利（对受托人的监视和监督权）有关的一切诉讼和诉讼外的行为；可以在信托行为中另行约定	为所代理的受益人的利益，享有进行与受益人的权利（免除受托人或受托人的负责人的损失补足责任等除外）有关的一切诉讼和诉讼外行为的权利；可以在信托行为中另行约定
义务	条文	—	第126条	第133条	第140条
	内容	—	善意管理人的注意义务；诚实、公平义务	善意管理人的注意义务；诚实、公平义务	善意管理人的注意义务；诚实、公平义务

第十四章

委托人

一、委托人的地位

1. 委托人的权利

就委托人的权利，信托法规定，信托行为既可以约定委托人不享有信托法规定的全部或部分权利，也可以约定委托人享有信托法第 145 条第 2 款所规定的全部或部分权利（该法第 145 条第 1 款）。也就是说，委托人的权利被任意规范化了。

委托人权利的任意规范化在以资产流动化为目的的信托中，很容易被用来利用信托行为减少或者剥夺委托人的权利，而且即使在任意规范状态下，与旧信托法进行比较，新信托法也弱化了委托人的权利。学界部分人批评这种造成弱化委托人权利的心证做法，是对民事信托作出的不适当修改。

但是也可以通过信托行为的约定扩大委托人的权利，如果换个角度看，该条文也强化了委托人的权利。

对于民事信托来说，委托人的意思乃是构成信托制度核心的信托目的，因此，通过委托人权利的任意规范化，为实现信托目的，委托人自己可以参与的事项得到扩充，这对民事信托而言，也许是很有用的。

一般信托中委托人所拥有的主要权利

条文	权利的内容
第 36 条	关于信托业务处理状况的报告请求权
第 38 条第 6 款	资产负债表和损益表等阅览和誊写请求权
第 57 条第 1 款	同意受托人辞任的权利
第 58 条第 1 款	与受益人合意而解任受托人的权利
第 58 条第 4 款	向法院申请解任受托人的权利
第 62 条第 1 款	与受益人合意选任新受托人的权利
第 62 条第 2 款	对新受托人同意就任的催告权
第 62 条第 4 款	向法院申请选任新受托人的权利
第 63 条第 1 款	向法院申请信托财产管理命令的权利
第 70 条	向法院申请解任信托财产管理人的权利
第 74 条第 2 款	向法院申请信托财产法人管理命令的权利
第 74 条第 6 款	向法院申请解任信托财产法人管理人的权利
第 123 条第 2 款	对信托管理人同意就任的催告权
第 123 条第 4 款	向法院申请选任信托管理人的权利
第 128 条第 2 款	同意信托管理人辞任的权利
	与受益人合意解任信托管理人的权利
	向法院申请解任信托管理人的权利
第 129 条第 1 款	对新信托管理人同意就任的催告权
	与受益人合意选任新信托管理人的权利
	向法院申请解任新信托管理人的权利
第 130 条第 1 款第 2 项	对信托管理人作出意思表示终止业务处理的权利
第 131 条第 2 款	对信托监督人同意就任的催告权
第 131 条第 4 款	向法院申请选任信托监督人的权利
第 134 条第 2 款	同意信托监督人辞任的权利
	与受益人合意选任信托监督人的权利
	对法院申请解任信托监督人的权利
第 135 条第 1 款	对新信托监督人同意就任的催告权
	与受益人合意选任新信托监督人的权利
	向法院申请选任信托监督人的权利
第 138 条第 2 款	对受益人代理人同意就任的催告权

续前表

条文	权利的内容
第 141 条第 2 款	同意受益人代理人辞任的权利
	与受益人合意解任受益人代理人的权利
	向法院申请解任受益人代理人的权利
第 142 条第 1 款	对新受益人代理人同意就任的催告权
	与受益人合意选任新受益人代理人的权利
	向法院申请选任新受益人代理人的权利
第 143 条第 1 款	与受益人合意终止受益人代理人业务处理的权利
第 146 条第 2 款	在委托人是两人以上的信托中受托人及受益人之间就委托人地位的合意权
第 149 条第 1 款	根据与受益人以及受托人的合意进行信托变更权
第 149 条第 3 款第 1 项	在明确不损害受托人的利益时，向受托人通过意思表示变更信托的权利
第 150 条第 1 款	向法院申请信托变更的权利
第 151 条第 1 款	与受益人和受托人合意合并信托的权利
第 155 条第 1 款	与受益人和受托人合意吸收信托分立的权利
第 159 条第 1 款	与受益人和受托人合意新设信托分立的权利
第 164 条第 1 款	与受益人合意终止信托的权利
第 165 条第 1 款	向法院申请终止信托的权利
第 166 条第 1 款	为确保公益，向法院申请终止信托的权利
第 169 条第 1 款	为确保公益，向法院申请保全措施的权利
第 172 条第 1～3 款	信托财产保全措施相关资料的阅览等请求权
第 173 条第 1 款	向法院申请为公益信托选任新受托人的权利
第 182 条第 1 款	信托终止时作为法定归属权利人的权利
第 190 条第 2 款	在受益证券发行信托中受益权底账的阅览以及誊写的请求权
第 250 条第 1 款	在设置会计监查人的信托中，与受益人合意选任新会计监查人的选任权
第 252 条第 1 款	同意会计监查人辞任的权利； 与受益人合意解任会计监查人的权利

在信托行为中可以约定的委托人的权利（第 145 条第 2 款）

号	权利内容	条文
1	向第三人就信托财产强制执行主张异议的权利	第 23 条第 5 款、第 6 款
2	对受托人违反权限行为的撤销权	第 27 条第 1 款、第 2 款
	对在新受托人就任以前，前受托人违反权限行为的撤销权	第 75 条第 4 款
3	对受托人利益冲突行为的撤销权	第 31 条第 6 款、第 7 款
4	不处理信托业务，违反了受益人的利益。将此情况计为固有财产或受托人利害关系人的利益时，将该行为视为为信托财产而为的权利	第 32 条第 4 款
5	账簿等的阅览和誊写权	第 38 条第 1 款
6	请求公开其他受益人的权利	第 39 条第 1 款
7	在受托人怠于履行任务时损失补足和恢复原状的请求权	第 40 条
8	对懈怠任务的法人受托人负责人请求损失补足和恢复原状的权利	第 41 条
9	对受托人违反信托任务行为的停止请求权	第 44 条
10	对检查人的选任申请权	第 46 条第 1 款
11	对前受托人处分信托财产行为的停止请求权	第 59 条第 5 款
12	对前受托人的继承人处分信托财产行为的停止请求权	第 60 条第 3 款、第 5 款
13	在限定责任信托中，超过可以给付的限额，对受益人进行信托财产给付时的补足损失以及支付请求权	第 226 条第 1 款
14	在限定责任信托中，出现亏损额时的金钱补足请求权	第 228 条第 1 款
15	在设置会计监查人的信托中，会计监查人怠于履行任务，从而使信托财产发生损失时的损失补足请求权	第 254 条第 1 款

2. 法定归属权利人

信托法规定，在存在以下两种情形时，视为信托行为约定了委托人或者其继承人等其他一般继受人为权利归属人（信托法第182条）：第一，信托行为中没有指定剩余财产受益人或者归属权利人的；第二，信托行为指定的剩余财产受益人或者归属权利人都放弃了该权利的。我们把该归属权利人称为法定归属权利人。

二、委托人地位的转移与继承

1. 委托人地位的转移

当存在受托人、受益人以及其他委托人时，取得其他委托人的同意或者按照信托行为中约定的方法，可以将委托人的地位转移给第三人（信托法第146条）。

旧信托法不存在关于委托人地位转移的规定，因此，围绕委托人地位是否可以转移存在诸多学说。而实务中，以资产证券化为目的的信托等为中心，委托人地位基于信托行为的约定频繁转移，因此该规定可以说是采纳了实务中的观点。

2. 委托人地位的继承

委托人地位的继承可以分为依合同而设定的信托和依遗嘱而设定的信托两类。

（1）依合同而设定的信托。

依合同而设定的信托中，委托人的继承人因继承而继受委托人的地位，但信托法上没有相关特别规定。所谓没有特别的规定，是指与其他权利一样，都由继承人加以继受。若不希望继承人继受时，可以通过信托行为约定不让其继承。

（2）依遗嘱而设立的信托。

对于依遗嘱而设立的信托，信托法第 14 条作了规定，委托人的继承人不能因继承继受委托人的地位，但可以基于信托行为的特别约定加以继承。

根据遗嘱而设立的信托，其大多数都是委托人希望采取与法定继承不同的方法分配财产。从类型来说，遗嘱信托的受益人与委托人的继承人就信托财产处于对立的立场，遗嘱人会考虑到这种情况，并不希望给予其继承人委托人权利。为此，信托法通过任意规范规定不得通过继承的方式继受委托人的地位。

通过继承的方式继受委托人的地位

<table>
<tr><th colspan="2">信托的种类</th><th>依合同而设定的信托</th><th>依遗嘱而设立的信托</th></tr>
<tr><td rowspan="2">旧信托法</td><td>条文</td><td colspan="2">第 16 条第 2 款其他</td></tr>
<tr><td>内容</td><td colspan="2">委托人的继承人，拥有作为信托目的设定者的委托人（除同意受托人辞任的权利以外）同样的地位。</td></tr>
<tr><td rowspan="2">信托法</td><td>条文</td><td>无</td><td>第 147 条</td></tr>
<tr><td>内容</td><td>委托人的继承人通过继承，继受委托人的地位（任意规范）</td><td>委托人的继承人不能通过继承继受委托人的地位（任意规范）</td></tr>
</table>

第十五章

信托的变更、合并与分立

一、信托的变更

1. 信托变更的定义

信托法没有对信托的变更给出定义。根据立法起草人的说明，“所谓信托的变更，指事后通过当事人的合意等一定主体的意思表示改废已实际存在的信托行为的约定”，或者“就信托行为中没有规定的事项，事后通过一定主体的意思表示加以约定”，抑或“在实质上类似对信托行为加以变更”①。

2. 由法院参与的信托变更

根据旧信托法的规定，仅限于因信托行为当时不能预料的特别事由，造成该信托财产的管理方法不符合受益人的利益时，委托人、委托人的继承人、受益人以及受托人可以请求法院进行变更（旧信托法第23条）。

旧信托法规定，法院只能变更管理方法。现行信托法扩大了变更的对象范围，规定：由于信托行为当时不能预料的特别

① 村松秀树、富泽贤一郎、铃木秀昭、三木原聪：《概说新信托法》，280页，东京，金融财政情况研究会，2008。

事由，参照信托目的以及信托财产状况等，信托事务处理方法中“有关信托行为的约定”不再符合受益人的利益时，法院可以根据委托人、受托人以及受益人的申请，命令变更信托（信托法第150条）。

3. 根据合意进行的信托变更

旧信托法认为，可以基于当事人全体的合意进行变更。但由于没有规定变更的程序，在实务中，通常会根据作为特别法的兼营法的规定进行定型化的信托合同的变更，除此以外很难进行变更。

因此，新信托法规定，信托的变更必须明确变更后的信托行为的内容。原则上，可以根据委托人、受托人以及受益人的合意进行信托的变更（信托法第149条第1款），但考虑到利害关系人的利益，信托法也规定了例外（该条第2款）。

也就是说，在以下两种情形出现时，可以进行信托的变更：(1) 明显不违反信托目的时，按照受托人及受益人的合意；(2) 明显不违反信托目的并符合受益人的利益时，根据受托人书面或者电子记录所记载的意思表示。在以上情形中，受托人负有如下义务：在（1）中，受托人必须及时通知委托人变更后的信托行为的内容，在（2）中，受托人必须及时通知委托人以及受益人变更后的信托行为的内容。

还有，以下两种情形出现时可以分别进行信托的变更：(1) 明显不损害受托人利益时，依据委托人和受益人对受托人作出的意思表示；(2) 在明显不违反信托目的以及不损害受托人的利益时，根据受益人对受托人作出的意思表示。在（2）的情形下，受托人应当及时通知委托人变更后的信托行为的内容（该条第3款）。

信托变更的程序

与当事人的关系	信托的变更方法	是否通知	所依据的条文
原则	委托人、受益人以及受托人的合意	不需要	第149条第1款
在明确不违反信托目的时	委托人与受益人的合意	由受托人通知委托人	第149条第2款第1项
在明确不违反信托目的以及符合受益人的利益时	由受托人书面或者以电子记录进行意思表示	由受托人通知委托人和受益人	第149条第2款第2项
在明确不损害受托人的利益时	由委托人和受益人向受托人作出意思表示	不需要	第149条第3款第1项
在明确不违反信托目的以及符合受托人的利益时	由受益人向受托人作出意思表示	由受托人通知委托人	第149条第3款第2项

作为以上规定的例外，信托行为有特别约定时，从其约定（该条第4款）。该规定也意味着可以将信托变更的权限给予具有专门知识的运营该信托的第三人。

二、信托的合并

1. 信托合并的定义

信托法规定，“信托的合并”是指“将受托人相同的两个以上信托的信托财产全部合并为一个新信托的信托财产”（信托法第2条第10款）。在信托合并之际，由以前信托的信托财产责任负担债务转成合并后信托的信托财产责任负担债务，前信托的信托财产责任负担债务中，信托财产限定责任负担债务成为合并后信托的信托财产限定责任负担债务（该法第153、154条）。债务与积极财产一样，以同样的状态加以继承。

2. 信托合并的程序

对于信托合并的程序，原则上，在明确一定的事项以后，可以根据前各信托的委托人、受托人与受益人之间的合意进行信托合并的程序（信托法第 151 条第 1 款前段）。另外，作为例外，(1) 在明确不违反信托目的时，根据受托人和受益人的合意；(2) 在明确不违反信托目的，符合受益人的利益时，根据受托人的书面或者以电子记录作出的意思表示，可以进行信托的合并（该条第 2 款），并省略掉没有必要实质参与的主体的同意。

除此以外，受托人在 (1) 的情况下应当及时通知委托人约定后的事项，在 (2) 的情况下应当及时通知委托人和受益人约定后的事项。同时，该条第 3 款规定：第 1 款和第 2 款的内容为任意规范。

信托合并的程序

与当事人的关系	信托合并的方法	是否通知	所依据的条文
原则	委托人、受益人以及受托人的合意	不需要	第 151 条第 1 款
在明确不违反信托目的时	委托人与受益人的合意	由受托人通知委托人	第 151 条第 2 款第 1 项
在明确不违反信托的目的以及符合受益人的利益时	由受托人通过书面或者以电子记录进行的意思表示	由受托人通知委托人和受益人	第 151 条第 2 款第 2 项

3. 债权人保护程序

为了保护信托合并前的信托财产责任负担债务的债权人，债权人可以就信托的合并向受托人提出异议（信托法第 152 条第 1 款），但是在明确不存在对债权人的利益造成损失的可能性时，不能提出异议（该款但书）。在债权人可以陈述异议的情况下，受托人应当在政府公报上公告以下事项，并分别催告已知的债权人[①]（该条第2款、第3款）：（1）信托合并的意旨；（2）债权人可以在一个月以上的一定期间内提出异议；（3）其他法务省令规定的事由。

债权人在规定期间内没有提出异议时，视为该债权人同意该信托的合并（该条第4款）。若债权人陈述异议，受托人必须向该债权人采取以下任一措施：（1）清偿；（2）提供适当的担保；（3）以让该债权人接受清偿为目的，将适当的财产信托给信托公司等（该条第5款）。

4. 信托合并的意义

为了取得与不进行信托合并一样的效果，必须结束两个信托，将各自的信托财产和信托财产责任负担债务按原有的状态转移给权利人。在权利人接受转移以后，再将两个分开的信托财产作为一个信托财产信托于同一个受托人，受托人必须接受两份债务。在这种情况下，往返两次，就产生了跨越人格的转移。在再设定信托之际，特定了信托财产，并对信托财产进行个别转移。而由于并非统一转移债务，有必要履行债务承担程序。而信托合并可以将上述这些事项交给受托人同一的人格，将信托财产和信托财产责任负担债务统一进行转移。这可以说具有一定意义。

三、信托的分立

1. 信托分立的定义

信托法规定，信托的分立分为“吸收信托分立”和“新设信

① 受托人为法人受托人时，可以在记载有实事新闻的日刊报纸上刊登或者在电子预告中公告，以代替催告。

托分立”两种类型，并分别进行了规定。

“吸收信托分立”是指将某信托的信托财产的一部分，作为同一受托人的其他信托的信托财产进行转移。而“新设信托分立”是指，将某信托的信托财产的一部分，作为同一受托人的新信托的信托财产进行转移（信托法第 2 条第 11 款）。与信托的合并相同，转移的债务将以同样的状态被继承下去（该法第 157 条、第 161 条）。

2. 信托分立的程序

无论是吸收信托分立还是新设信托分立，明确一定事项之后原则上可以根据委托人、受托人和受益人的合意来进行（该法第 155 条第 1 款、第 159 条第 1 款）。

但是，与信托的合并一样，也允许省略没有利害关系的当事人的合意，并承认信托行为中的另行约定（信托法第 155 条第 2 款、第 3 款，第 159 条第 2 款、第 3 款）。

信托分立程序

与当事人的关系	信托分立的方法	是否通知	提及条文
原则	委托人、受益人以及受托人的合意	不需要	第 151 条第 1 款、第 159 条第 1 款
在明确不违反信托目的时	委托人与受益人的合意	由受托人通知委托人	第 155 条第 2 款第 1 项、第 159 条第 2 款第 1 项
在明确不违反信托目的以及符合受益人的利益时	由受托人通过书面或者以电子记录作意思表示	由受托人通知委托人和受益人	第 155 条第 2 款第 2 项、第 159 条第 2 款第 2 项

3. 债权人保护程序

为了保护分立信托（如果是新设信托分立，则是从前的信托）

或者继承信托（如果是信托分立，则是新的信托）的信托财产责任负担债务的债权人的利益，债权人可以就信托的分立向受托人提出异议（信托法第 156 条第 1 款正文、第 160 条第 1 款正文），但是在明确不存在对债权人的利益造成损害的可能性时，则不能提出异议（该法第 156 条第 1 款但书、第 160 条第 1 款但书）。债权人可以陈述异议时，受托人应当就以下事项在政府公报上公告，并个别催告所知的债权人①：(1) 信托分立的意旨；(2) 债权人可以在 1 个月以上的一定期间内提出异议；(3) 其他法务省令规定的事由（该法第 156 条第 2 款、第 3 款，第 160 条第 2 款、第 3 款）。在上述期间内债权人没有提出异议时，视为该债权人同意该信托的分立（该法第 156 条第 4 款、第 160 条第 4 款）。在债权人陈述异议后，受托人必须采取以下任一措施：(1) 清偿；(2) 提供适当的担保；(3) 以让该债权人接受清偿为目的，将适当的财产信托给信托公司等（该法第 156 条第 5 款、第 160 条第 5 款）。

再者，可以表达异议且必经接受个别催告的债权人，在未收到该催告时，可以请求受托人以相应的财产履行下述债务：(1) 对分立前的分立信托（若是新设信托分立，则是原信托）享有的债权，以分立后的继承信托（在新设信托分立的情形，则为新信托）的信托财产履行债务；(2) 对继承信托（若是新设信托分立，则是新信托）享有的债权，以分立后的分立信托（在新规信托分立的情形时，则为原信托）的信托财产履行债务（该法第 158 条、第 162 条）。

---

① 受托人为法人受托人时，可以在记载有实事新闻的日刊报纸上刊登或者在电子预告中公告，以代替催告。

第十六章

信托的终止与清算

一、信托的终止

1. 信托终止的事由

信托法规定了信托终止的事由：

（1）信托目的达成之时，或者信托目的无法达成之时；

（2）受托人以固有财产持有全部受益权的状态已经持续 1 年的；

（3）缺少受托人，新受托人不就任的状态已经持续 1 年的；

（4）信托财产不足以偿还费用等使信托终止（第 52 条、第 53 条第 2 款、第 54 条第 4 款）；

（5）信托被合并时；

（6）法院因特别的情况而作出终止信托的裁决时（第 165 条），或者为确保公益作出终止信托的裁判时（第 166 条）；

（7）作出开始信托财产破产程序的决定时；

（8）委托人被决定开始破产程序、再生程序以及更生程序时，财产管理人基于双方未履行债务的解除权（破产法第 53 条第 1 款，民事再生法第 49 条第 1 款，公司更生法第 61 条第 1 款，与金融机构等的更生手续的特例等有关的法律第 41 条第 1 款、第 206 条第 1 款）而解除信托合同的；

(9) 信托行为约定的事由发生时。

2. 根据委托人和受益人的合意终止信托

委托人与受益人可以随时基于合意终止信托（信托法第 161 条第 1 款）。委托人与受益人在对受托人不利的时期终止信托的，除了因不得已的事由发生以外，委托人和受益人必须赔偿受托人的损失（该条第 2 款）。

但是通常情况下，仅有委托人和受益人的合意，而没有受托人参与的情况下终止信托时，不仅有可能产生委托人难以意料的损害，而且信托业务处理的突然终止，也很容易招致受益人的损失，所以信托法允许信托行为的特别约定（该条第 3 款）。为了使受托人能够顺利地管理业务，在实务中可以说该特别约定是不可缺少的。另外，信托法也允许通过信托行为作出关于在对受托人不利的时期终止信托的赔偿所发生的损害的特别约定。

3. 在特别情况下命令终止信托的裁判

实务中，作为资产证券化的一种形式，发起人将证券化对象财产转让给受托人并设立信托，由受托人以信托财产作为担保，进行附带限定责任财产特别约定的借款，并偿还证券发起人保有的大部分受益权价值。这种进行筹集资金的“ABL 计划”* 一直得到运用。根据旧信托法第 58 条的规定，在这种计划中，受益人享有全部的信托利益的，当存在只能用信托财产清偿债务等不得已的原因时，法院可以根据受益人或者利害关系人的申请，命令解除信托。据此，社会一直都担心信用评级机构对信托评价低下的

* 即动产与债权担保融资计划（Asset Based Lending 计划）。——译者注

风险，即“58 条风险”。

因此，现行信托法根据以下两点力图回避“58 条风险”：(1) 限定可以向法院提出申请的主体的同时，也使不得行使申请权的特别约定的缔结简单化；(2) 更加明确其要件仅是对于受益人来讲“存在不得已的事由”。

也就是说，新信托法的规定为“由于信托行为当时所不能预见的特别事由，而对照信托目的和信托财产的状况，终止信托明确符合受益人的利益时，法院可以根据委托人、受益人或者受托人的申请，命令终止信托”(信托法第 165 条第 1 款)。

4. 为确保公益命令终止信托的裁判

信托法除了规定法院因特别事由可以判决终止信托以外，还参考了公司法中公司的解散命令（信托法第 824 条），引入了为确保公益由法院裁定信托终止的制度。

也就是说，法院在以下两种情形出现时，如果认为为确保公益不能允许信托存在，可以根据法务大臣以及委托人、受益人、信托债权人等其他利害关系人的申请，命令信托终止：(1) 基于不法的目的设立信托时；(2) 受托人逾越法律或者信托行为约定的权限或者有滥用权限行为，以及作出了触犯刑事法律的行为时，尽管法务大臣对其作出了书面的警告，仍然继续或者反复地作出该行为时（信托法第 166 条第 1 款）。

二、信托的清算

1. 信托的清算

在信托清算中，清算与信托相关的债务等，以及向受益人及其他权利归属人交付剩余财产的行为称为“信托的清算”。该清算成为信托终止的事由，而清算业务的完成即为“清算业务的完结”。

2. 信托清算开始的原因

信托法第 175 条规定，在信托终止时（信托合并时，以及由于作出了信托财产破产程序开始的决定而终止信托的，但破产手续尚未终了的除外）必须进行清算。

3. 信托存续的拟制

信托法第 176 条规定，“信托终止时，该信托在清算完结前，仍视为存续”。这种存续中的信托被称为“法定信托”。

4. 清算受托人的职务内容与权限

信托法规定，清算受托人的职务内容包括：(1) 现存任务的了结；(2) 信托财产债权的催收以及信托财产债务的清偿；(3) 受益债权（除以残存财产的给付为内容的以外）相关债务的清偿；(4) 给付剩余财产（信托法第 177 条）。

信托法通过任意规范规定，在清算信托之际，清算受托人为了清算信托，有权实施一切必要的行为（信托法第 178 条第 1 款）。例如，在仅以信托财产的管理为目的的不动产管理中，在清算程序中为了债务的清偿而必须处分信托财产时，如果没有信托行为的特殊约定，受托人仍然可以处分信托财产。

5. 剩余财产的归属

在旧信托法中，有关债权清算后的剩余财产归属的权利人，存在（1）即使在信托终止事由发生以前，也可以承认受益人的权利行使；以及（2）不能承认受益人的权利行使两种学说。

在新信托法中，基于第二种学说，认定“归属权利人”只不过是在向享受信托利益的受益人进行完给付以后，将剩余的财产归属为自己的主体，因此仅在终止信托事由发生后，才会作为受益人享有权利、承担义务。同时该学说也认定，在终止信托以前，“剩余财产受益人”作为受益人享有权利、承担义务。也就是说，剩余财产应当归属于在信托行为中被指定作为以剩余财产给付为内容的受益债权的受益人的“剩余财产受益人”，以及在信托行为中被指定为“归属权利人”的主体（该法第 182 条第 1 款）。

另外，如果信托行为没有指定剩余财产受益人或者归属权利人，或者根据信托行为指定的剩余财产受益人或者归属权利人全体放弃了该权利，则视为信托行为约定了委托人以及其继承人等其他一般继受人为归属权利人（该条第 2 款）。

另外，根据这些规定（该条第 1 款、第 2 款）仍不能确定剩余财产的归属的，例如，在归属权利人的剩余财产转让请求权因消灭时效等原因而消灭，归属权利人不存在的，剩余财产将归属于清算受托人的固有财产（该条第 3 款）。

6. 归属权利人的权利、义务

通过信托行为被指定为归属权利人的主体，当然取得应给付剩余财产债务相关的债权。但是，信托法也允许信托行为作出特殊约定（信托法第 183 条第 1 款）。另外，被指定为归属权利人的主体，在不知道自己取得了应给付剩余财产债务相关的债权时，受托人应当及时通知（该条第 2 款）。

根据信托行为的约定成为归属权利人的主体，在不是信托行为当事人的情况下，可以对受托人作出放弃该权利的意思表示（该条第 3 款）。成为归属权利人的主体在作出放弃该权利的意思表示之后，除了损害第三人利益的情况外，将视为其从一开始就不取得作为归属权利人的权利（该条第 4 款）。

而且，归属权利人在信托的清算中被视为受益人（该条第 6 款），可以行使作为受益人的权利。

7. 清算受托人职务的终止

清算受托人在终止其职务时，应及时进行与信托业务有关的最终会计计算，提请信托终止时的受益人（包括信托管理人）和归属权利人的全体承认（信托法第 184 条第 1 款）。

此外，在受益人等承认该最终会计计算时，除了清算受托人执行职务时具有不正当的行为以外，视为免除清算受托人对该受益人等的责任（该条第 2 款）。

实务上，考虑到受益人等不会积极地表示承认，将使得受托人的责任长期处于不稳定的状态，信托法规定，受益人等在清算受托人请求其承认最终会计计算时起一个月内不表示异议的，视为受益人承认该计算（该条第 3 款）。

三、信托财产的破产

1. 信托破产财产的创设

旧信托法中并不存在以信托财产作为责任财产的债务超过信托财产时资不抵债等的破产状态发生的制度。由此，假如受托人从数个金融机构中借入附带仅以信托财产为责任财产的责任限定特别约定的资金后，如果该信托陷入资不抵债状态，在借款合同丧失期限利益时，上述金融机构就会回收资金，先来者优先受偿，后来者就得承担损失。

近年来，作为以信托筹集资金的方法，附有将责任财产限定于信托财产的特别约定的借款正在增多。此外由于2004年信托业法的修改，不只是持有庞大固有财产的信托兼营银行，固有财产较少的信托公司也进入了信托行业。为此，为了保障金融机构等信托债权人，有必要设置公平对待各债权人的制度。

因此，日本引入了信托财产破产制度。但信托财产破产，并不规定在信托法中，而是规定在破产法中。

2. 成为破产对象的信托

虽有意见指出，一般的信托不仅仅以信托财产，也以受托人的固有财产作为责任财产，因此缺乏利用信托财产破产制度的必要性，然而在目前，其一，充分考虑到信托财产和固有财产两方的财务内容都会渐渐恶化的情形，信托债权人期待在信托财产的财务状态良好时进行清算获得分红；其二，在发生信托财产破产程序开始的原因时，由于关系人应当负担何种风险是明确的，这会促进信托制度的利用；其三，即使是一般的信托，也可以理解为附有人的保证的限定责任信托，基于这些原因，在一般信托中也可以引入信托财产破产制度。

3. 信托财产破产程序开始的原因

关于信托财产破产程序的开始，在信托法中规定了（1）支付不能（受托人缺乏用信托财产支付的能力，在信托财产责任负担债务的清偿期内，无法正常且持续地清偿），以及（2）资不抵债（受托人就信托财产责任负担债务，不能以信托财产完全清偿）这两种情况（破产法第 244 条之 3）。

4. 支付不能

根据破产法第 2 条第 11 款，作为信托财产破产程序开始原因的“支付不能”是指由于受托人缺乏“用信托财产支付的能力”，在信托财产责任负担债务的清偿期内，无法正常且持续地清偿的状态。这一定义就将用受托人固有财产进行支付的能力排除在外。

信托财产不具有法人人格，就信托财产责任负担债务而言，虽然受托人成为债务人，受托人的固有财产成为强制执行的对象，但受托人以固有财产对该债务进行清偿后，可以从信托财产中接受偿还（信托法第 48 条第 1 款），受托人的固有财产仅仅是处于所谓保证人的地位。需要注意“有必要从存在保证人的情形出发，去判断是否符合信托财产上的支付不能”① 的观点。

5. 资不抵债

在一般信托上，受托人的固有财产也变成了信托债权的责任财产，这就类似于合名公司和合资公司的情况，但是在结果上考虑到仅以信托财产作为清偿基础的话，即使对于一般信托而言，“资不抵债”也成为破产程序开始的理由。

根据立法起草人的论述，“与信托财产相关的债务是信托财产负担责任债务，包括与信托债权和受益债权相关的债务。但是信托清算终止以后，以剩余财产给付为内容的受益债权（第 182 条第 1 款第 1 项）相关的债务不在其中，不能作为资不抵债判断的

---

① 参见村松秀树、富泽贤一郎、铃木秀昭、三木原聪：《概说新信托法》，324 页，东京，金融财政情况研究会，2008。

标准。另外，就信托期间将要发生的受益债权，也应当与尚未发生过的业务作同样理解。”①

6. 开始破产程序的申请权人

能够申请开始破产程序的人被限定为信托债权人、受益人（包含受益人代理人）、受托人、信托财产管理人、信托财产法人管理人、基于法院管理命令的管理人（破产法第244条之4）。

7. 信托债权人及受益人的地位

在作出开始信托财产破产程序的决定后，信托债权人和受益人即使在信托财产破产程序开始时，也可以以破产程序开始时就持有的全部债权参与破产程序（破产法第244条之7第1款）。

受益债权在实体法上劣后于信托债权（信托法第101条），在破产程序上，在作出开始信托财产破产程序的决定时，信托债权也优先于受益债权（破产法第244条之7第2款）。另外，受益债权和约定劣后破产债权（在信托财产破产程序中，达成合意就分配的顺序劣后于破产债权的债权）视为同一顺序（该条第3款）。在破产法第142条第1款中，约定劣后破产债权人不具有表决权，因此，受益债权既在分配上处于劣后地位，又没有表决权。

再者，信托行为也可以约定劣后破产债权优先于受益债权（该法第244条之7第3款但书）。

---

① 村松秀树、富泽贤一郎、铃木秀昭、三木原聪：《概说新信托法》，325页，东京，金融财政情况研究会，2008。

第十七章

新类型的信托

一、自己信托

自己信托是指以委托人为受托人的信托。在旧信托法立法时的讨论中，关于信托宣言的规定被删除了。这是为了排除隐匿财产，特别是危害债权人的“逃脱执行的可能性”。

即使在修改信托法时，围绕能否规定自己信托、是否存在危害委托人的债权人的风险，出现了激烈的讨论。但是总的来看，自己信托的引入符合国际潮流，也可以期待出现多样化的民事信托运用方法，同时也可以不再将债权等资产证券化委托于他人，能够低成本地、简便地展开业务。最终在信托法修改中，通过设计以下预防弊端的方式引入了自己信托。

(1) 关于自己信托的设定方法，信托法（第 3 条第 3 款）规定意思表示的方法是通过公证证书等其他的书面或者电子记录的方式，将该信托目的、为特定该财产所需事项以及其他法务省令所规定的事项记载或者记录下来。关于自己信托的效力，信托法（第 4 条第 3 款）规定，信托生效的要件包括制作公证书，公证人认证的书面、电子记录；或者通过附有确定日期的证书，将该信托的设立与信托内容通知被指定的受益人主体。

(2) 作为针对信托财产的强制执行等的限制性特例，在自己信托的委托人明知会对债权人的利益造成损害但仍设立信托的情况下，如果存在债务，可以对信托财产进行强制执行、拍卖等（信托法第 23 条第 2 款）。但是，受益人的全部或一部分在知悉被指定为受益人时或在受益权受让时不知会对债权人的利益造成损害的，不在此限。

（3）作为法人事业转让的特例，信托法规定，自己信托适用法人事业转让的相关规定（信托法第 266 条第 2 款）。因此，通过自己信托转移事业时，需要债权人保全程序和股东大会的特别决议。

二、受益证券发行信托

1. 受益证券发行信托的定义

信托法规定，可以在信托行为中约定发行表示一份或者二份以上受益权的证券（受益证券）（信托法第 185 条第 1 款），此受益证券发行的信托被称为受益证券发行信托。

实务中存在各种各样的需求，商事信托中受益人为多数，而且受益人希望受益权不断流通时，将受益权有价证券化将很有效率。

因此，在信托法中创设了通过信托行为约定，将信托的受益权有价证券化的“受益证券发行信托”制度。在此信托中，对于特定内容的受益权，也可以不发行受益证券（同条第 2 款）。

另外，在约定发行受益证券的信托中，不得变更发行受益证券的约定与就特定内容的受益权不发行受益证券的约定（同条第 3 款）；在没有发行受益证券约定的信托中，不得通过信托的变更，发行受益证券（同条第 4 款）。

2. 受益证券发行信托的信托受益权的性质

与股票证券一样，受益证券发行信托的受益证券性质上为有因证券，从其转让手续的简易化及强化转让效力的观点来看，在学理上具有“无记名证券”的性质。

在受益证券发行信托中，受益证券让渡等的生效要件为票面的交付（信托法第 194 条），并具有诸如推定证券占有者合法持有（该法第 196 条第 1 款）、受益证券的善意取得（该条第 2 款）、通过公式催告程序确定无效（该法第 211 条）等作为有价证券的特质。

3. 受益权底账的制作

受益证券发行信托中，还存在“受益权底账”制度。受益证券发行信托的受托人必须及时制作受益权底账，记载或记录以下“受益权底账记载事项”（信托法第 186 条）：

（1）各受益权的受益债权内容以及法务省令（信托法实施规则第 18 条）所规定的特定受益权的内容事项；

（2）各受益权的受益证券号码、发行日、受益证券为记名式还是无记名式以及无记名式受益证券的数量；

（3）各受益权相关的受益人（无记名受益权的受益人除外）的姓名及名称、地址；

（4）（3）中的受益人取得各受益权的日期；

（5）（1）～（4）以外法务省令（信托法实施规则第 9 条）所规定的事项。

受益证券发行信托的受益人可以向受托人请求交付受益权底账中就受益人所记载、记录的有关受益权底账记载事项的书面文件（信托法第 187 条第 1 款）。

另外，该书面文件中，受益证券发行信托的受托人（受托人为法人时为其代表人）必须署名，或者记名盖章（该条第 2 款）；电子记录时，受益证券发行信托的受托人负有采取法务省令（信托法实施规则第 31 条）规定的代替署名或者记名盖章措施（电子署名[①]）的义务（该条第 3 款）。

受益证券发行信托的受托人为两人以上时，上述（同条第 2 款、第 3 款）规定适用于所有的受益证券发行信托的受托人（同条第 4 款）。

而且，受益证券发行信托的受托人可以确定“受益权底账管理人”，代替受托人进行受益权底账的制作以及保存，开展其他受益权底账相关的事务，并委托其办理相关事务（该法第 188 条）。

4. 受益权底账的保存及阅览等

首先，受益证券发行信托的受托人负有将受益权底账保存于该住所（受托人为法人时，为其主要办公场所；受益权底账管理人存在时，为其营业场所）的义务（信托法第 190 条第 1 款）。

其次，委托人、受益人及其他利害关系人可以向受益证券发行信托的受托人提出阅览或者誊写受益权底账文件等要求，此时，其必须明确请求的理由（该条第 2 款）。

最后，接到阅览或者誊写的请求时，受益证券发行信托的受托人不得拒绝，但属于以下任一情况时除外（同条第 3 款）：

（1）基于与确保和行使其权利相关的调查以外的目的提出请

① “电子署名”是指在电磁记录中进行信息记录所采取的措施，符合以下任一要件：（1）表示该信息与采取该措施的主体有关，（2）可以确认该信息是否会发生改动。

求的；

（2）在不恰当时机提出请求的；

（3）妨碍信托事务的处理，或者基于妨害受益人共同利益的目的提出请求的；

（4）为了将通过阅览或者誊写而得知的事实通知第三人，从而获得利益的目的提出请求的；

（5）过去2年以内，曾经将通过上述的阅览或者誊写而得知的事实通知第三人获得了利益的。

此外，除了无记名受益权的受益人，其他受益人就受益权底账记载事项中的受益证券受益人的姓名或者名称、住所（该法第186条第3项），或者该受益人取得各受益权的日期（同条第4项）提出上述请求时，也允许另行通过信托行为进行其他约定（该法第190条第4款）。

5. 基准日

受益证券发行信托的受托人可以确定一定的“基准日”，并约定在基准日之时记载或记录于受益权底账的受益人（除了无记名受益权的受益人）为可行使权利的主体（信托法第189条第1款），但不适用于无记名受益权的受益人（同条第1款、第2款）。

约定基准日时，受益证券发行信托的受托人必须约定基准日受益人可以行使的权利（仅限于从基准日起算3个月以内行使的权利）内容（该条第3款），而且，必须在该基准日2周以前在官报上公告该基准日及基准日受益人可以行使的权利内容（同条第4款）。除该条第2款以外，这些内容可通过任意性规则另行约定（同条第5款）。

6. 受益证券发行信托中权利、义务的特例

受益证券发行信托中一般存在多个受益人，而且，考虑到其会不断流通，因此信托法就相关当事人的权利、义务设置了特例。特别是考虑到受益人监视、监督受托人的意识薄弱，从保护受益人的观点，规定了如下受托人义务的特别规则：

（1）一般信托中受托人的善意管理人的注意义务，可以通过信托行为另行约定，比如认可减轻受托人的善意管理人注意义务（信托法第 29 条第 2 款但书），但在受益证券发行信托中，不允许另行作出这样的约定（该法第 212 条第 1 款）。

（2）处理信托事务的委托，信托法规定受托人知悉接受委托不适合，或者不诚实，或知悉其不恰当处理事务时，受托人必须采取如通知受益人等必要的措施（信托法第 35 条第 3 款）。在一般信托中，允许在这种情况下通过信托行为另行约定（该条第 4 款）。但是，受益证券发行信托不承认此信托行为的另行约定（该法第 211 条第 2 款）。

（3）考虑到受益证券发行信托存在多个受益人，有必要防止部分受益人滥用权利。如前所述，就受益人权利的行使，在一般信托中，各受益人可以单独行使，而且规定了无法通过信托行为的约定加以限制的权利（信托法第 92 条各项）。在受益证券发行信托中，规定了上述部分的权利可以通过信托行为进行特别限制（该法第 213 条）。

（4）受益人为两人以上的受益证券发行信托中，只要信托行为没有另行规定，受益人的意思决定就被视为在信托行为中存在通过受益人大会多数决定的约定（信托法第 214 条）。

（5）考虑到受益权不断流通的信托，为了使委托人与受益人的权利行使等不相交错，大多设定了最初委托人脱离该信托的权利、义务。在受益证券发行信托中，为了防止委托人与受益人权利的交错，信托法规定，取得受益证券时，在委托人的权利中，部分权利由受益人行使（该法第 215 条）。

三、限定责任信托

1. 对信托财产的责任财产进行限定

在信托中，受托人为处理信托事务，与第三人进行交易并承担债务时，因为受托人为该交易的主体，受托人负有必须偿还该债务的责任。因此，若该债务无法仅通过信托财产偿还时，受托人必须通过固有财产偿还该债务。

由于受托人不愿接受这样的负担，在实务中一般是受托人与债权人之间会附上将责任财产限定为信托财产的责任财产这样的特别限定约定。但是，这需要签订个别合同，而且，责任财产限定特别约定的效力仅限于受托人与该债权人之间，其作为限定受托人责任的制度也具有一定限度。

2. 限定责任信托的创设

因此，在法制审议会信托法部会中，讨论了容许受托人之有限责任的限定责任信托。虽然有反对意见认为，存在牺牲信托债权人的利益而过于有利于受托人或受托人的固有债权人的嫌疑，但以适用于土地信托为开端，采纳了对受托人的专业能力、要求迅速判断市场技术动向变化能力的试验性行业、限定期间的事业、工程事业或为了资产流动化而运营的行业等有用的意见，会议仍创设了限定责任信托。

限定责任信托被定义为：就该信托全部的信托财产责任承担债务，受托人仅以信托财产负担履行该债务责任的信托（信托法第2条第12款）。

在此信托中，第三人对受托人拥有的债权，是由信托事务的交易产生或因法定原因而产生，比如，信托中的借款债务或土地上建筑物的所有人责任（民法第717条第1款但书）等，通常理解为责任财产被限定为信托财产。但需要注意，受托人因不法行为（该法第709条）造成第三人损害时，受托人的固有财产也成为不法行为债权的责任财产（信托法第217条第1款）。

限定责任信托满足以下两个要件时，发生信托财产的责任被限定的效力（该法第216条第1款）：（1）信托行为中约定就全部信托财产责任承担债务，受托人仅以信托财产负担履行该债务的责任；（2）限定责任信托相关事项的登记。

3. 债权人的保护措施

（1）确保交易对象的预见可能性。

责任财产限定为信托财产后，因为信托交易的对象可能会遭受难以预料的损失，在限定责任信托中，必须使用限定责任信托文字（信托法第218条第1款），受托人作为限定责任信托的受托人进行交易时，负有向作为交易对象的第三人明示“限定责任信托”的义务（该法第219条）。

而且，作为第三人可以预见的客观状况的手段，日本完善了登记制度。

（2）账簿等制作事项、报告及保存义务的特例。

对于限定责任信托中的账簿等其他文件或者电子记录的制作，内容的报告及保存，以及阅览及誊写，由于其中信托财产的价格、损益及给受益人的给付可能金额的算定，与一般信托相比需要更严格地执行，因此参考股份公司的规则设置了特别规定（信托法第 222 条）。

（3）受托人对第三人的责任。

在限定责任信托中，为了防止成为信托债务担保的财产被不适当地减少，受托人在进行信托事务时，存在恶意或者重大过失时，负有向第三人赔偿因此发生的损失的责任（信托法第 224 条第 1 款）。另外，存在对应当记载或记录于资产负债表等的重要事项进行虚假记载或记录、虚假的登记、虚假的公告这三者中任一情形时，除非可以证明受托人没有怠于注意，否则受托人负有向第三人赔偿由此产生的损失的责任（同条第 2 款）：

（4）对受益人给付信托财产的相关责任。

限定责任信托中，对受益人的信托财产给付，不得超出该给付可能金额［在净资产额的范围内，按照法务省令（信托计算规则第 24 条①）中规定的方法计算出的可以给付受益人的金额］（信托法第 225 条）。

（5）发生欠损时的责任。

受托人将信托财产给付受益人以后，该给付日以后最早到来的信托事务年度结束后的 3 个月以内，如按约定制定限定责任信托的资产负债表等的时期内发生欠损金额时，受托人除了证明其

---

①　信托法第 225 条的法务省令规定的方法是指，从信托财产的给付（包括代替使该信托的受益权归属于该信托的信托财产，将属于信托财产的财产交付给拥有该受益权的人的行为，以下此款相同。）日期的所属信托事务的前信托事务年度的最后一日的净资产金额中扣除以下各项所述金额的总额：

（1）100 万日元（信托行为中，规定信托保留金的金额，或者规定计算该金额的方法时，该信托保留金的金额或者按照该方法算出的信托保留金的金额超过 100 万日元时，该信托保留金的金额）。

（2）信托财产给付日所属信托事务年度的前信托事务年度的最后一日，给付了信托财产时，属于所支付信托财产的财产账簿价格的总额。

在执行职务时未怠于注意，就 1）受托人对信托财产负有补足与该欠损金额相当的金钱的义务，以及 2）接受该给付的受益人对欠损金额相当金钱的受托人的支付义务，在接受的个别给付金额限度内，承担连带责任（信托法第 228 条第 1 款）。

（6）限定责任信托的清算。

清算限定责任信托时，规定了向债权人的公告（信托法第 229 条）、债务偿还的限制（该法第 230 条）、从清算中除斥等内容（该法第 231 条）等。

4. 受益证券发行限定责任信托

受益证券发行限定责任信托是具有受益证券发行信托与限定责任信托两方面性质的信托。因此，原则上适用受益证券发行信托与限定责任信托两者的规定。由于这是与股份制公司更为近似的信托类型，通常认为此信托下更有必要保护债权人与受益人，因此在信托法中设置了特别规则（信托法第 248 条～第 257 条）。

此信托中，按照信托行为的约定可以设置会计监查人。资产负债表的负债达到 200 亿日元以上时，必须设置会计监查人。

该会计监查人监查限定责任信托的资产负债表及损益表，以及这些资料的附属明细表、其他文件或者电子记录；并有根据法务省令（信托计算规则第 30 条）的规定制作会计监查报告的义务（信托法第 252 条第 1 款）。

而且，其执行该职务，被课以善意管理人的注意义务，懈怠任务的，应承担补足损失责任等；存在恶意或者重大过失时，负有向第三人直接赔偿损失的责任。

四、信托公司债券

信托的利用有各种各样的形态，以资产的流动化为目的的信托等，需要筹措大规模的资金，而且实务中，通过将受益权优先劣后结构化，创造了拥有与债权一样经济效果的受益权，这就要求在法律的框架中有明确的构造，由此，创设了将信托财产作为责任财产的债券发行制度。

虽然信托法中没有规定，但是在公司法实施规则的修改中引入了信托公司债券制度。

在公司法实施规则第 2 条第 3 款第 17 项中，“信托公司债券”被定义为信托的受托人为了信托财产发行的公司债券。

信托型公司债券仅允许公司发行，责任财产可限定为信托财产，另外也允许以固有财产进行备用。此时，作为备用的固有财产从受托人的破产财产中隔离（不作为受托人的其他债权人的债务担保），而且在信托财产资不抵债时，也要用固有财产补偿。

五、没有确定受益人的信托

1. 旧信托法下没有确定受益人的信托

没有确定受益人的信托，过去也被称为目的信托。而在欧美国家，存在为了饲养宠物而设立的信托等。

在旧信托法下，其被解释为“指定受益人，或者给出确定的指示，都可或为信托行为的有效要件”。为了使信托成立，在作出信托行为的阶段，没有必要存在特定受益人，但需要能够确定受益人，因而无法确定受益人时信托无效，不过公益信托除外。

2. 没有确定受益人信托的需求

没有确定受益人信托的需求种类包括：（1）面向自营公司的产品开发、扶持研究人员的研究等，虽然没有达到获得公益信托许可程度的公益性，但也需要有相当于这类公益性的基础；（2）宠物的饲养等，受益的对象为如动物、地域那样等的无权利能力的行为主体；（3）与为了资产流动化目的而在开曼群岛设置慈善信托相类似的机能的需求。

3. 没有确定受益人信托的创设

对于没有确定受益人信托，考虑到其机理无法期待受益人对受托人的监视、监督权，与“自己信托”一样，有可能发生逃避执行的弊端，因此需附条件创设。在信托法第 258 条至第 260 条中，为防止没有确定受益人信托的弊端，通过强制性规范，规定了如下特例：

（1）除公益信托外，信托期限限定为 20 年以内；

（2）仅限定于通过合同与遗嘱设立，不得通过存在弊端的自己信托进行设立；

（3）通过合同设定时，在强化委托人的监视、监督权限［拥有信托法第 145 条第 2 款各项（除了第 6 项）的权利］的同时，也严格要求受托人的义务；

（4）通过遗嘱设定时，赋予了指定信托管理人的义务，而且规定信托管理的监视、监督权限超过（3）所规定的委托人权限，信托管理人未就任的状态持续一年时信托终止；

（5）不得通过信托的变更，废止关于确立信托中的受益人的约定，也不得在未确立受益人的信托中设立有关受益人的约定；

(6) 在其他法律规定的日期以前，作为恰当地处理信托事务所应充分具备的财产基础和人为基础，不具有政令（信托法实施规则第 3 条）规定的纯资产额为 5 000 万日元以上要求的法人，不得担任受托人（信托法附则第 3 款）。

另外，没有确定受益人的信托中，当然不存在受益人，因此，信托法第 261 条规定了用语的替换。

六、证券信托

信托法第 3 条第 1 款中规定了“财产的转让、担保权的设定及其他财产处分的意旨”。这并不只是旧信托法中规定的“财产权的转移及其他处分”，也包括“担保权的设定”。这就将债务人作为委托人，将担保权人作为受托人，将债权人作为受益人，也就使所谓的“证券信托”得以建立。也就是说，仅在附担保的公司债券信托法中承认的担保权设定方法，在“一般的借款”以及“一般的信托”中也被承认了。

实务经常利用银团贷款形式借款，而且，在运营该借款时，经常转让债权。

例如对于抵押权，债权人的变更（债权的转让）必须办理相关登记手续，这需要花费一定的费用和功夫，但是通过证券信托，将抵押权本身与债权人分离的话，可以简单地进行变更。

在信托法中，作为这一信托条文上的配套措施，还规定“作为担保权人的受托人在信托事务中可以申请执行该担保权，并可以接受出售价款的分配以及接受偿还金”（信托法第 55 条）。

七、事业信托（设定信托时的债务承担）

实际上并不存在事业信托这种信托类型。根据信托法第 21 条第 1 款第 3 项，可以通过信托行为的设定从最开始承担信托财产所负债务。但“事业”原本是积极财产与消极财产的结合，可以以概括的形态将“事业”本身创制出信托那样的状态。这样，事业信托、事业自身的信托就得以可行。由于在程序上并没有规定债务“概括式”的转移方法，为了消灭委托人的债务、移交给受托人，这就需要免责性债务接受程序，也就是需要委托人的债权人同意。

另外，即使积极财产的价格低于消极财产的价格，也可以设置信托。

关于事业信托，根据信托的灵活性，其需求虽然很强烈，但因为没有完善利用灵活性的税制；事业信托与自己信托的组合很有效，但自己信托时，信托银行、信托公司不能作为受托人，对实施的归纳、讨论的方法尚缺，代替性制度（公司、合伙）也多，与其他制度比较知名度过低，特别是通过公司法的彻底修改，提升了公司的灵活性，现在几乎没有利用事业信托的实例。

但是，施之以努力的话，今后可以期待灵活利用这一信托制度。

八、遗嘱代用信托

1. 遗嘱代用信托

遗嘱代用信托是指委托人生前设定的替代遗嘱的信托。

典型例证就是高龄的委托人将自己的财产信托给信托银行，委托人的妻子在委托人死亡时取得受益权的信托。通过设定此种信托，可以在委托人自己死亡后，进行财产分配。通过生前的行为实现自己死亡后财产的继承分配，拥有与死因赠与类似的功能。

民法中的死因赠与适用与遗赠相关的规定，赠与人随时都可以取消赠与，因此对遗嘱代用信托的规制，也按照与死因赠与、遗赠一样的思维方式。

2. 遗嘱代用信托的规制

信托法就第 89 条所规定的行使受益人指定权，以特则的形式规定了遗嘱代用信托的任意性规则，即：（1）规定了受益人死亡时，作为应成为受益人而被指定者取得受益权之宗旨的信托；以及（2）规定了委托人死亡后，受益人接受与信托财产相关给付的信托中，委托人享有的变更受益人的权利，由任意规范加以确定（信托法第 90 条第 1 款）。

此外，在规定委托人死亡以后，受益人接受信托财产相关给付宗旨的信托中，在委托人死亡前，不享有作为受益人的权利，也同样由任意规范规定（该条第 2 款）。

3. 遗嘱代用信托的优点

遗嘱代用信托虽然与遗嘱、死因赠与并行，但因为是任意规范，在信托行为中，如果规定不得变更受益人，只要没有通过委托人、受益人及受托人全体成员的同意变更信托行为，就可以确定受益人。在这种意义上，可以说其拥有与民法的遗嘱、死因赠与相异的效果。

而且，因委托人生前将财产信托给信托银行等受托人，管理处分权转移至受托人，在实现财产保全（物理性保全）的同时，委托人可以亲自确认与自己死后相同的管理、处分的情况。

九、承继遗赠型受益人连续信托

1. 承继遗赠型受益人连续信托的含义

所谓的承继遗赠型受益人连续型信托，是指委托人最初确定自己为受益人；在委托人死亡后，委托人的妻子为受益人；其妻子死亡后，委托人的长子为受益人等。也即在委托人死亡以后，也继续存在受益人的信托。在英美国家，这项制度经常被运用。这种承继遗赠型受益人连续信托中，各个受益人并不是连续承继受益权，而是原始取得不同的受益权。

在日本，委托人生前让受益人连续为 A、B、C，在法律上并没有特别的问题，但承继遗赠型受益人连续信托，从与民法的关系来讲，却存在对其有效性的怀疑。

2. 承继遗赠型受益人连续信托的创设

信托法（第 91 条）规定，“约定因受益人死亡、该受益人持有的受益权消灭，其他人获得新的受益权（包括约定有因为受益人的死亡，其他人依顺次获得受益权的情况）的信托，自该信托成立经过 30 年以后实际存在的受益人根据该规定取得受益权时起，直到该受益人死亡为止或者到该受益权消灭为止，该信托具有效力”，从而明确了承继遗赠型受益人连续信托的有效性。

因此，此一信托可以使无法在民法规则下实现的愿望得以实现。但是，包括前述遗嘱代用信托在内，即使利用这种信托，也不允许规避预留份制度。进一步讲，不仅第一次受益人，第二次受益人也一样，在委托人死亡时取得的附有开始时期、存续期间不确定的权利的，也需要计算预留份额。

3. 承继遗赠型受益人连续信托的期间

对承继遗赠型受益人连续信托期间，学界存在各种各样的观点。

对于承继遗赠型受益人连续信托的效力，信托法第 91 条规定，自设立该信托开始经过 30 年以后实际存在的受益人通过该信托行为的约定取得受益权时起，到该受益人死亡为止或者到该受益权消灭为止的期间，具有该效力。因此，可以理解为经过 30 年以后产生的新受益人为最后的受益人。所以，经过 30 年以后，虽然最初的受益人，即使是从信托设定开始经过 50 年，该受益人仍可以成为受益人，直到该受益人死亡或者受益权消灭为止，该信托有效存续。

但是，“实际存在的受益人”是“什么时间点的受益人”并不明确。在学说上，为使“实际存在的受益人”具有意义，对应该成为受益人的人有两种观点：“经过 30 年后的该时点”的观点，和“只要在前一位受益人死亡时现存即可”的观点。本书意见偏向第二种观点。

例如，信托规定了最初的受益人为 A，A 死亡后为 B，B 死亡后 C 获得受益权。

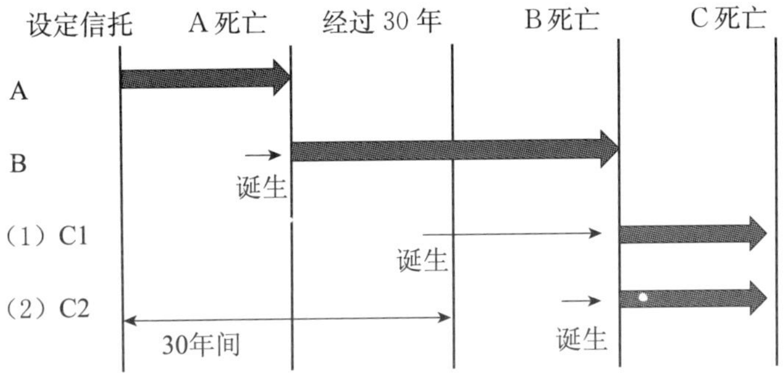

（1）经过 30 年时 C 必须现存的观点；

（2）B 死亡时 C 现存即可的观点。

4. 承继遗赠型受益人连续信托的利用例

比如某人的前妻先于自己死亡，且其再婚，担心自己死亡后现任妻子的生活，但在现任妻子死亡时，又想把财产留给与前妻生的孩子，不想把财产留给现任妻子的亲戚，这时可以设定承继遗赠型受益人连续信托，规定其妻子为第一受益人，其与前妻生的孩子为第二受益人，这样就可以满足上述需求。

第十八章

杂则、罚则

一、法人受托人的公告方法

受托人为法人的，信托法中的公告［对于信托的合并（第152条第2款）、吸收信托分立（第156条第2款）和新设信托分立（第160条第2款），应当刊登在时事日刊报纸或者进行电子公告；限定责任信托中清算受托人上任（第229条第1款），应当采用官报公告的方式。这些情况除外］，应该采用该法人的公告方法（包括公告期间）来进行（该法第265条）。

二、法人受托人合并等情况下保护债权人程序的特例

信托法规定，根据“公司法及其他法律的规定”，某法人进行“组织变更、合并及其他行为时”，该法人的债权人对该行为“可以经过公告、催告及其他程序提出异议的”，法人受托人欲进行该行为之时，受托人仅以信托财产负担履行责任。信托财产责任负担债务的相关债权人，并未被包含在上述可以提出异议的债权人之内（信托法第266条第1款）。

因为信托财产具有独立性，受托人的合并等不会对信托财产造成影响，也不会侵害到仅以信托财产为责任财产的债权人的

利益。

三、罚则制度

信托法在缓和受托人的义务、大幅扩大私法自治范围的同时，也引进了受益证券发行信托、限定责任信托、自己信托、没有确定受益人信托、事业信托等新类型的信托，可以预见信托的利用将会扩大，而一些不合格的受托人等也可能参与进来，导致信托制度被滥用。

为了防止上述现象，作为私法体系的一员，信托法在设置上述各种各样规定的同时，也引进了罚则，作为防止滥用的一环。

信托法除规定受益证券发行限定责任信托受托人等的行贿受贿罪（信托法第 267 条）外，还规定了国外犯（该法第 268 条）、法人的罚则适用（该法第 269 条）、罚款（该法第 270 条）等内容。

第十九章

公益信托

一、对旧信托法上公益信托规定的修改

旧信托法对公益信托的定义是：以祭祀、宗教、慈善、学术、技艺及其他公益为目的的信托（旧信托法第 66 条）。

如上所述，信托法在 2006 年进行了修改，在修改讨论之际，对于公益信托的规制部分，也考虑过一起进行修改。

公益信托可以说是与民法的财产法人等公益法人具有类似社会功能的制度，因此，如果对公益法人制度与公益信托制度采用完全不同的监督方式，则会有失平衡，可能损害公益活动的健康发展。另外，在讨论修改信托法的几乎同一时期，也对重新修改公益法人制度进行了讨论。

因此，在法制审议会信托法分会上，确认了废除行政主管机构制度的方向，将公益信托定位为“不确定受益人的信托”中的一个类型。在此基础上，在信托法之外将旧信托法的名称变更为“关于公益信托的法律”，权且采用与旧信托法相同的规制。这主要是出于要在重新修改公益法人制度的基础上修改公益信托规制的考虑。

二、关于公益信托的法律

1. 公益信托的定义和效力要件

关于公益信托的法律规定了公益信托的定义，即信托法第258条第1款规定的“不确定受益人的信托”中，以“学术、技艺、慈善、祭祀、宗教”及其他公益为目的且获得行政主管机构许可的信托（关于公益信托的法律第1条）。公益信托与私益信托不同，以行政主管机构的许可为效力要件。

2. 公益信托的监督

（1）行政主管机构的监督和许可。

公益信托与私益信托不同，要接受行政主管机构的监督。行政主管机构除具有检查权限外，还有命令提存以及采取其他必要处分的权限（关于公益信托的法律第3、4条）。

公益信托的设立审查，实务中均按照《关于公益信托接受许可的审查标准等》（1994年9月13日公益法人等指导监督联络会议决定）记载的标准来进行。

信托的变更，信托的合并、分立也应当获得行政主管机构的许可（信托法第6条）。但根据信托法第150条，因发生信托行为当时无法预见的特别事由，法院命令变更信托的，不在此限。行政主管机构在不违反信托宗旨的前提下，可以命令变更信托（关于公益信托的法律第5条）。

而且，除非有不得已的事由，公益信托的受托人不得辞职。受托人要辞职的，也必须获得行政主管机构的许可（信托法第7条）。

（2）公益信托中行政主管机构权限的特例。

公益信托中，除了信托法第 258 条第 1 款“不确定受益人的信托”中关于法院的权限包括的 1）命令变更信托的裁判（信托法第 150 条第 1 款），2）命令终止信托的裁判（该法第 166 条第 1 款）、命令保全处分的裁判（该法第 169 条第 1 款）、选任新受托人的裁判（该法第 173 条第 1 款），3）选任鉴定人的裁判（该法第 180 条第 1 款），4）命令提交材料的裁判（该法第 223 条）、许可清偿的裁判（该法第 230 条第 2 款）以外，均属于行政主管机构（关于公益信托的法律第 8 条正文）。

（3）行政主管机构权限内职权的行使。

行政主管机构可以依法行使下列权力：信托法第 58 条第 4 款规定的解任受托人（包括该法第 70 条、第 74 条第 6 款、第 128 条第 2 款）、第 62 条第 4 款规定的选任新受托人（包括该法第 129 条第 1 款）、第 63 条第 1 款规定的信托财产管理命令、第 74 条第 2 款规定的信托财产法人管理命令、第 123 条第 4 款规定的选任信托管理人（关于公益信托的法律第 8 条但书）。

（4）行政主管机构权限的委托。

依据政令的规定，行政主管机构可以将其权限全部或者部分委托给隶属于国家的行政官厅（关于公益信托的法律第10 条）。

此外，根据政令的规定行政主管机构可以将属于其权限的事务全部或者部分交由都道府县的知事及其他执行机关处理（该法第 11 条第 1 款）。

在上述情形下，行政主管机构可以制定都道府县执行机关处理事务的标准（该条第 2 款），制定标准时应当进行公告（该条第 3 款）。

3. 公益信托的固有规制

（1）公告。

公益信托的受托人应当每年在一定时期内公告一次信托事务及财产状况（关于公益信托的法律第 4 条第 2 款）。

（2）信托期间。

不适用信托法中限制未确定受益人信托存续期间的规定（信托法第 259 条，关于公益信托的法律第 2 条第 2 款）。

（3）类似目的的信托的继续。

公益信托终止的，无指定归属权利人的规定时，或者归属权利人放弃权利时，行政主管机构可以根据该信托的宗旨，为类似的目的而使信托继续（关于公益信托的法律第 9 条）。

（4）罚则。

公益信托的受托人、信托财产管理人、受托人职务代行人、信托财产法人管理人、信托管理人、检查人，有下列任一情形的，处以 100 万日元以下的罚款：1）怠于行使关于公益信托的法律第 4 条第 2 款的公告，或者进行不当公告的；2）违反该法第 6 条和第 7 条的规定的（未获得行政主管机构的许可而进行信托的变更、合并、分立，以及受托人辞任）；3）违反行政主管机构的命令或者处分的（关于公益信托的法律第 12 条）。

第二十章

信托业法

一、信托相关法律

在日本，信托相关法律除了法务省管辖的作为私法的信托法以外，还有金融厅管辖的规制信托公司等的信托业法和规制金融机构兼营信托业务等相关的法律（兼营法）。

此外，在金融产品交易法中，由于信托受益权是被指定为适用对象的有价证券，这样，也作为金融产品交易行业受到规制。而且，对于投资性强的信托，信托业法规定准用金融商品交易法。另外，也存在投资信托法、贷款信托法、资产流动化法、附担保信托法等特别法。

在这些法律中，本书将介绍说明信托业法（包括兼营法）与金融商品交易法（以下简称金商法）。

二、信托业法的规制与适用

信托业法第 1 条规定，“规定信托业的经营等相关的必要事项，通过确保信托的受理及其他交易的公正，实现对信托委托人及受益人的保护，从而达到有利于国民经济健康发展的目的”。在信托业中，经营者与顾客之间在谈判能力、信息量方面存有差距，而且，受托人拥有以自己的名义排他性地管理、运用信托财产的权限，因此有必要加重受托人的义务，保护客户，对受托人等进行规制。

另外，在信托业法第 2 条中，“信托业”被定义为“受理信托的营业”。“信托的受理”是指“就委托人的相对当事人对于委托人设立信托的意思表示，作出接受此信托的意思表示，并在效果上成为信托的受托人，产生信托上一切权利义务”①，“营业”被解释为“以营利为目的反复继续同样的行为”②。

三、信托相关业务

1. 信托相关业务的种类

信托业法对信托相关的规制被分为以下三类：（1）受理信托营业的信托业；（2）开展信托合同的代理、媒介的营业信托合同代理业；以及（3）其他。

信托公司被分为运用型信托公司与管理型信托公司：取得信托业法第 3 条许可的被称为运用型信托公司，完成信托业法第 7 条第 1 款登记的被称为管理型信托公司。

运用型信托公司与管理型信托公司，按照对信托财产管理处分权的裁量权大小加以区分。管理型信托公司仅可以开展对信托财产的管理行为等，经营管理型信托业（信托业法第 2 条第 3 款、第 7 条第 1 款）。运用型信托公司甚至可以开展超越管理型信托业

---

① 松本崇、西内彬：《特别法注释信托法·信托业法·兼营法》，48 页，东京，第一法规出版社，1972。信托业法中“信托的受理”是指“受托”信托，与金融产品交易法中的有价证券的“接受”是不一样的意思，必须留意。

② 松本崇、西内彬：《特别法注释信托法·信托业法·兼营法》，48 页，东京，第一法规出版社，1972。

的信托财产处分行为。

这样，因运用型信托公司与管理型信托公司经营业务不一样，法律也进行了不同的规制。比如，运用型信托公司的最低资本金与净资产为 1 亿日元（信托业法第 5 条第 2 款第 2 项、第 3 项，信托业务施行令第 3 条），而管理型信托公司无论最低资本还是净资产都是 5 000 万日元（信托业法第 10 条第 1 款第 2 项、第 3 项，信托业法施行令第 8 条）。另外，在营业保证金方面，运用型信托公司为 2 500 万日元，管理型信托公司为 1 000 万日元（信托业法第 11 条第 2 款，信托业法施行令第 9 条第 1 项、第 2 项）。

另外，其他信托业还有（1）自己信托、（2）集团间信托、（3）TLO 信托三种。

2. 信托公司的业务范围

除了信托业，信托公司可以经营信托合同代理业务、信托受益权买卖等业务及财产的管理业务（仅限于就信托公司的业务方法书中记载的与信托财产同种的财产，按照该信托财产的管理方法进行管理的业务）（信托业法第 21 条第 1 款）。

另外，取得内阁总理大臣的许可，在不对恰当且确切地经营信托业务产生障碍的情况下（该条第 2 款），可以经营与信托业务相关的业务。此外，信托公司不可以经营其他业务（该条第 5 款）。

3. 信托合同代理业

“信托合同代理业”是指经营信托合同（基于信托合同的信托受托人为信托受益权的发行人情形以外的信托合同）缔结的代理（仅限于代理信托公司等）或者中介的营业（信托业法第 2 条第 8

款）。信托公司经营信托合同代理业时，需要进行信托合同代理业登记。

4. 信托受益权买卖等业务

“信托受益权买卖等业务”是指开展信托受益权的买卖或者代理、中介等的业务。[①] 如下所述，信托受益权在金融产品交易法上，被视为一种作为规制对象的有价证券，因此，信托受益权的买卖或者其代理、中介等，需要进行第二种金融产品交易业的登记。但是，运用型信托公司即使不进行第二种金融产品交易业的登记，也可以开展此业务（金商法第 65 条之 5 第 1 款）。但要对其适用于作为金融产品交易商的各种行为规制（金商法第 65 条之 5 第 2 款）。

四、信托业法的适用除外

在信托业法中，即使“开展受理信托的业务”，也允许存在有不属于信托业的例外，即接受委托保管充当其他交易相关费用的金钱、其他交易附随的业务，在考虑该信托内容等时，不对委托人以及受益人保护产生障碍的以下几种情况（信托业法实施规则第 1 条之 2），属于适用除外（信托业法第 2 条第 1 款）。

（1）以充当律师或者律师法人开展律师业务所需的费用为目的，从委托人处接受金钱的委托保管行为；其他委托合同中，充当受托人开展委任事务所需的费用为目的，从委托人处接受金钱的委托保管的行为；

（2）目的为充当承包合同中承包人开展工作中所需的费用，

---

① 参见神田秀树、折原诚：《信托法讲义》，249 页，东京，弘文堂，2014。

从发包人处接受金钱的委托保管的行为；

（3）内阁府比照（1）（2）规定的行为。

五、信托业法在私法上的效果

一方面，信托法是私法，规定了“交易规则”，违反的效果为填补损失、恢复原状等责任。另一方面，信托业法为行业规制法，规定了“业者规则”，违反的效果原则上为行政处分（业务改进命令等）。

但是，信托业法中，存在“认为是基本私法规范特别规定的规定”[①]。研究信托业法确实可以发现，第 23 条第 1 款规定了产生私法效果的损害赔偿条款，即“信托业务的受托人接受委托开展业务，给受益人造成损害时信托公司承担该赔偿责任”。可以认为，这是日本信托业法的特征之一。而且，若无显示私法上效果的明示条款，则违反信托业法时，是否存在私法上的效果成为问题，这将需要运用法律解释论加以回答。

六、与信托受理相关的规制

1. 与信托受理相关的行为准则

（1）与信托公司受理信托相关的禁止行为。

关于信托的受理，信托公司不得为以下行为（信托业法第 24 条第 1 款），而且，需要注意，此规定也适用于遗嘱信托。

---

① 神田秀树：《信托法·信托业法修改研讨会 新信托法与商事信托》，信托，第 230 号，33 页。

1）对委托人作出虚假告知（该款第 1 项）。

虚假的内容并不仅仅局限于信托合同的内容，比如就信托的运用实绩等，禁止告知与事实相异的信息。

2）向委托人就不确切的事项提供断定性判断或者告知事项有可能使委托人误解为确切事项的行为（该款第 2 项）。

这个断定性判断是与将来预测有关的事项，比如，在以运用有价证券为目的的信托中，“绝对有 50%的收益率”这种说明和表达，即使其有可能发生，也属于断定性判断。

3）信托公司在受理信托时，对委托人、受益人以及第三人约定提供特别利益，以及提供利益的行为（包括与第三人约定提供特别利益以及使其提供的行为）（该款第 3 项）。

此规定是因为“提供特别利益时，虽然没有直接损害该委托人利益，但导致其他委托人、受益人利益发生不均衡，有可能对信托业的恰当运营造成障碍”①。特别利益的提供并不仅指金钱的交付等，包括提供特别的方便等。

4）针对委托人、受益人或者第三人，约定信托的受益权发生损失时进行补足，或未能达到一定利益时进行补足的行为；以及在信托的受益权发生损失时进行补足，或未能得到一定利益进行补足的行为（包括使第三人约定该行为的行为、使其履行的行为，因归责于自己的事故引起的损失的补足除外）（该款第 4 项）。

（2）适合性原则。

信托业法第 24 条第 2 款规定了适合性原则。适合性原则指信托公司应当参照委托人的知识、经验以及财产的状况、签订信托合同的目的，恰当地受理信托，经营业务不能缺少对委托人保护

---

① 小出卓哉：《逐条解说信托业法》，110 页，东京，清文社，2008。

的原则。此原则分为“狭义的适合性原则”与“广义的适合性原则”两个概念。前者为“针对特定的利用者无论作出怎样说明都不得进行一定的商品的销售、劝诱的规则”①，后者为“业者必须按照与利用者的知识、经验、财产、目的相适应的方式进行销售、劝诱的规则”②。通常认为该条包括这两个概念，但这一内容在2004年修改信托业法时才被引入进来。信托下的适合性原则，根据“委托人的属性”与“信托的内容”加以决定。

2. 信托合同内容的说明义务

信托公司通过信托合同受理信托时，负有事前对委托人说明以下事项的义务（信托业法第25条）：(1) 信托公司的商号；(2) 信托的目的；(3) 信托财产相关的事项；(4) 信托合同期间的相关事项；(5) 与信托财产的管理或者处分方法相关的事项；(6) 委托信托业务时委托信托业务的内容、委托对象的名称、地址等；(7) 利益冲突行为时其意旨及概要；(8) 受益人相关事项；(9) 信托财产交付的相关事项；(10) 信托报酬相关事项；(11) 信托财产相关的税金及其他费用相关事项；(12) 信托财产的计算期间相关事项；(13) 就信托财产的管理以及处分情况进行报告；(14) 根据信托合同的合意终止信托的相关事项；(15) 其他内阁府令（信托业法实施规则第33条第7款、第8款）规定的事项。

此说明义务需要根据委托人的知识、经验等，就说明的内容、方法以及程度，按照上述适合性原则加以履行。

另外，对委托人的保护没有产生障碍时（信托业法实施规则

---

① 松尾直彦：《金融产品交易法》（第3版），396页，东京，商事法务，2014。

② 松尾直彦：《金融产品交易法》（第3版），402页，东京，商事法务，2014。

第 31 条），免除说明义务（信托业法第 25 条但书）。

3. 信托合同缔结时的文件交付义务

信托公司通过信托合同受理信托时，有义务立刻将明确以下事项的文件交付给委托人（信托法第 26 条第 1 款本文）。此外，内阁府令（信托业法实施规则第 32 条）规定，即使没有交付文件给委托人，对委托人的保护不会发生障碍时，可以免除此文件交付义务（信托业法第 26 条第 1 款但书）。

（1）信托合同的缔结年月日；

（2）委托人的姓名或者名称及受托人的商号；

（3）信托的目的；

（4）信托财产的相关事项；

（5）有关信托合同期间相关事项；

（6）信托财产管理或者处分的方法相关事项（不属于第 2 条第 3 款各项任一情况的信托中，包括对信托财产的管理或者处分的方针）；

（7）委托信托业务时（委托信托法第 22 条第 3 款各项所载业务除外），所委托的信托业务内容及其业务委托对象的姓名或者名称及其住所或者所在地（委托对象不确定时，为选定委托对象的相关基准及程序）；

（8）进行信托法第 29 条第 2 款各项（信托财产相关的行为准则）所载交易时，其要点及该交易的概要；

（9）受益人相关事项；

（10）有关信托财产的交付事项；

（11）信托报酬相关事项；

（12）信托财产的税收及其他费用相关事项；

（13）信托财产的计算期间相关事项；

（14）就信托财产的管理或者处分情况的报告相关事项；

（15）通过信托合同的合意终止信托时的相关事项；

（16）其他内阁府令规定的事项。

此文件交付义务限定于通过合同设立的信托，不适用于遗嘱信托、自己信托。

另外，实务中，也有缔结信托合同同时交付信托合同书这种类型的信托。这种情况下，一般来讲该信托合同书为合同缔结时交付的文件。

4. 善意管理人的注意义务

信托业法就善意管理人的注意义务规定："信托公司应当根据信托的本旨，尽到善良管理人的注意义务，开展信托业务。"（信托业法第 28 条第 2 款）信托法将原本为任意性规范的善意管理人的注意义务强行规范，因此无法减轻该项义务。

关于这点，虽然无法通过信托业法减轻善意管理人的注意义务，但也存在着可否通过信托行为的约定限定善意管理人的注意义务的范围，即能否限定信托事务处理范围的讨论。

比如，以不动产的流动化为目的的信托中，受托人将信托财产租赁于他人，通过委托给依委托人兼最初受益人的指示选任的地产经理人的方法，使其仅拥有管理信托财产的权限，且只可以在该权限范围内处理信托事务。在这样的信托中，通过仅完成信托合同所规定的信托事务，实现善意管理人的注意义务。这些信托中的受托人，不实施信托行为规定以外的行为，并不是因为善意管理人的注意义务被减轻了，而是因为信托事务的范围被限定了。

也就是说，在信托业法中，虽无法通过信托行为的约定，减轻受托人的善意管理人的注意义务，但可以限定承担善意管理人注意义务的信托事务范围。即使是这样的信托，当（委托人）指示违法或者明显不合理时，受托人若没有采取必要的措施，则无法视为已尽善意管理人的注意义务。

5. 忠实义务等的相关规定

（1）忠实义务的一般规定。

与信托法一样，在信托业法中也规定，“信托公司遵从信托的本旨，必须为受益人忠实地开展信托业务及其他业务”（信托业法第 28 条第 1 款），采纳了忠实义务的一般规定。

（2）信托财产相关的行为准则。

信托业法中，就受托信托财产，信托公司禁止作出以下行为（信托业法第 29 条第 1 款）：

1）以与正常的交易条件相异的条件，且会对信托财产造成损害的条件进行交易；

2）参照信托的目的、信托财产的状况、信托财产的管理或者处分的方针，所为的不必要交易；

3）利用信托财产的信息，为自己以及该信托财产相关的受益人以外的人的利益为目的进行的交易[①]；

4）其他内阁府令所规定的，有可能对其他信托财产造成损

---

① 此时，内阁府令（信托业法实施规则第 41 条）的规定：（1）与交易对手进行新的交易，不能被认定为是自己或与信托财产相关的受益人以外的人经营业务从而获取利益为主要目的的交易，（2）利用第三方知道的信息进行交易，（3）面向与该信托财产相关的受益人，公开与该交易相关的重要的事实，通过书面或者电子的方式取得同意开展交易，（4）其他不能认定为有可能损害信托财产的交易，都被排除在适用之外。这一规定仅被限定于利用信息开展的恶劣行为。

害，或者不利于信托业信用的行为：

此内阁府令（信托业法实施规则第 41 条第 2 款）规定了以下行为：

1）以进行信托财产的买卖及其他交易后，给部分受益人带来不当利益或者以带来不当利益的方式，特定与该交易相关的信托财产（该款第 1 项）；

2）接受他人不当的限制或者约束，就信托财产或不进行交易（该款第 2 项）；

3）就特定的资产，积极进行以设定价格为目的的交易（该款第 3 项）；

4）向信托财产相关的受益人（包括信托管理人或者受益人代理人）公开与交易相关的重要事实，除通过书面或者电子方式取得同意以外，与正常的交易条件相比较，以会给受益人造成亏损的条件①，在信托财产上以属于自己固有财产的债务相关的债权为被担保债权设定担保权，与其他第三人之间为了信托财产所为的会使受托人或者利害关系人与受益人产生利益冲突的交易（该款第 4 项）；

5）以重要的信托变更等为主要目的，指定受益人代理人（该款第 5 项）。

此外，鉴于 2012 年 2 月发现的投资顾问公司不正当运用导致年金资产消失案件，附加禁止为以下行为的义务：

6）厚生年金基金有义务致力于不集中使用特定的方法来运用年金等公积金（废止前厚生年金基金令第 39 条之 15），但知道基

① 是否为“与正常的交易条件相比，给受益人造成亏损的条件”，根据开展该交易的“行为时间点”进行判断，即使结果给受益人造成亏损时也不属于此情形（2007 年信托业法公众征求稿答复）。

金有可能违反此规定，而未对基金进行通知（信托业法实施规则第 41 条第 2 款第 6 项）；

7）尽管厚生年金基金属于不特定运用的信托（废止前厚生年金基金令第 30 条第 1 款第 1 项），但在运用信托财产以获得特定的金融产品等其他特定的运用方法情况下，与之相应的情况（信托业法实施规则第 41 条第 2 款第 7 项）；

8）针对厚生年金基金，就公积金的运用，提供不确切的事项断定性判断，或者告知有可能使其误解为确切事实的事项（该款第 8 项）。

（3）利益冲突行为。

信托业法也规定了作为受托人的信托公司的利益冲突行为的限制与其例外（信托业法第 29 条第 2 款）。

具体来讲，信托公司禁止为以下交易：1）自己或者其利害关系人与信托财产的交易；2）信托财产间的交易；3）作为第三人的代理人开展的交易。

但作为例外存在如下情况：1）信托行为约定了实施这些利益冲突交易及该交易的概要。2）除了信托行为约定了禁止进行该交易以外，公开与该交易相关的重要事实，事前通过书面或者电子方式取得受益人（包括信托管理人或者受益人代理人）承认时。3）内阁府令（信托业法实施规则第 41 条第 3 款）规定的对受益人的保护不产生障碍的如下情形：

第一，按照委托人或者从委托人处获得指示权限委托的人（除了特定人员）、受益人或者从受益人处获得指示权限委托的人的指示进行的交易（该款第 1 项）。

第二，参照信托的目的被认为是合理且必要时，根据同款第 2 项所载交易的种类，按照各自规定的方法进行的交易（如下表）。

信托业法实施规则第 41 条第 3 款第 2 项的交易种类与交易方法

<table>
<tr><th colspan="2"></th><th>交易的种类</th><th>交易的方法</th></tr>
<tr><td rowspan="6">甲</td><td>（1）</td><td>金融产品交易所上市的有价证券买卖</td><td>在交易所的金融产品市场进行或者（3）＊</td></tr>
<tr><td>（2）</td><td>场外交易的有价证券买卖</td><td>在场外交易的有价证券市场进行或者（3）＊</td></tr>
<tr><td rowspan="4">（3）</td><td>1）国债证券、地方债证券、法人按照特别法律发行的债权、资产流动化法上的特定公司债券、公司债券等的买卖</td><td rowspan="4">＊按照前一天公布的最终价格算出的价额或者以此为准的合理方法算出的价额开展交易</td></tr>
<tr><td>2）买卖股票或者新股预约权证券，以及买卖根据“认可金融产品交易业协会”等的规则公布价格的金融商品</td></tr>
<tr><td>1）2）外国或者外国人士（公司等）发行的证券，拥有 1）或者 2）的有价证券性质证券的买卖</td></tr>
<tr><td>3）投信法上的投资信托或者外国投资信托的受益证券或者投资证券，以及投资法人债券或外国投资证券的买卖</td></tr>
<tr><td colspan="2">乙</td><td>市场金融衍生商品交易及外国市场金融衍生商品交易</td><td>在交易所的金融商品市场或者外国金融产品市场中进行</td></tr>
<tr><td colspan="2">丙</td><td>不动产的买卖</td><td>按照据不动产鉴定师作出的鉴定评价调查出的价格进行</td></tr>
<tr><td colspan="2">丁</td><td>其他交易</td><td>与在同样情况下，就同种及同量进行的正常交易相比，按照不对受益人造成不利的条件开展交易</td></tr>
</table>

第三，对每一项个别交易，都公开了与该交易有关的重要事实，并通过书面或者电子的方式取得信托财产相关受益人的同意后开展交易时（该款第 3 项）。

第四，对其他受益人的保护不会造成障碍，并取得金融厅长官等的许可后开展交易时（该款第 4 项）。

另外，信托公司在进行上述交易时，除内阁府令（该条第 5 款）规定的对受益人的保护不产生障碍的情况以外，应按照信托财产的计算周期，制作记载在该期间内交易情况的文件，交付给与该信托财产有关的受益人（信托业法第 29 条第 3 款）。

信托业法对信托法原则上限制的竞合行为（信托法第 32 条）没有特别的限制规定。

6. 分别管理义务等的体制完善

（1）分别管理义务。

根据信托法第 34 条的宗旨，就分别管理义务，根据内阁府令（信托业法实施规则第 39 条）规定的内容，即信托公司“按照区分管理场所及其他方法，明确区分信托财产、固有财产及其他信托财产，而且在可以分辨出与该信托财产有关受益人的状态下进行管理”，信托公司必须按照信托法第 34 条的规定，完善信托财产与固有财产以及其他信托财产分别管理的体制，以及其他的不使信托财产受到损害或者不折损信托业信用的体制（信托业法第 28 条第 3 款）。

（2）内部管理体制的完善。

信托公司除了完善分别管理义务的体制以外，还必须完善不使信托财产受到损害或者降低信托业信用的如下体制（信托业法实施规则第 40 条）：

1）为了恰当地完成与内部管理有关的业务（法令遵守的管理、内部监查及与财务有关的业务）需要：第一，确保人员的构成；第二，完善公司内部规则；第三，从事内部管理相关业务的人员，应当从进行信托财产的管理或处分的部门中独立出来（该条第 1 款）；

2）建立可以充分监查、确保对信托合同代理店的指导及信托合同代理店的信托合同代理业务遵守相关法令的体制（同条第3 款）；

3）信托公司总店及其他营业场所设置在与其他信托公司等的总店及其他营业场所为同一建筑物的，经营业务时，应采取避免顾客误认为是其他信托公司的恰当措施（该条第 4 款）；

4）利用连接通信网络的电子计算机经营业务时，要采取防止顾客误认为是其他信托公司的恰当措施（该条第 5 款）；

5）对个人顾客信息的安全管理、员工的监督及委托处理该信息时，关于委托对象的监督，应采取防止信息的泄露、灭失及损害的恰当措施（该条第 6 款）；

6）从信用信息机构获得的信息，与个人资金需求者的贷款还款能力相关时，应采取确保不将该信息用于调查资金需求者还款能力以外目的的措施（同条第 7 款）；

7）采取确保不将与个人顾客相关的人种、信仰、门第、籍贯地、保健医疗或者犯罪经历等信息及其他特别非公开信息，用于确保恰当的业务运营及其他必要目的以外的目的的措施（同条第 8 款）。

（3）借鉴年金消失事件的体制完善。

鉴于 2012 年 2 月被揭露、由于投资顾问公司的不正当运用导致年金资产消失的事件，要求投资运用业者完善以下体制：

与金融产品交易业等相关的内阁府令第130条第1款第15项规定，权利人将运用财产的管理信托给信托公司等时，投资运营商就该财产的运用，以及对象有价证券的取得或者收购需要：1）为了知晓作为交易对象的有价证券的真正的价格，信托公司等就对象有价证券的价格，采取以下任一措施：其一，确保直接从计算价额的人士处获得通知的措施，其二，确保可以直接与计算价额的人士进行确认的措施。2）拥有与对象有价证券相当权利的人士，就出资或资金出处进行资金的监管；3）信托公司等为获取基金监查的真正监查报告书，必须采取以下任一必需措施：其一，就资金监查的监查报告书等，确保直接从开展资金监查人士处获取的措施；其二，就资金监查的监查报告书等，确保从开展资金监查人士处经由金融产品交易商等以外的人士获取的措施；其三，其他确保获得资金监查真正的监查报告书等的措施。

据此，信托公司获得正在运用的对象有价证券的价额、监查报告书等时，或者从该金融产品交易商接受被记载于运用报告书中与对象有价证券的价格相关记载事项的通知时，要核对该价额、监查报告书等该记载事项，应进一步完善确保将该结果通知权利人的体制（信托业法实施规则第40条第9款）。

另外，按照年金信托合同运用年金时，就遵从厚生年金基金指示的基本方针运用时可预见的利益及损失的可能性，要完善按照该基金的知识、经验、财产状况及签订年金信托合同的目的，进行恰当说明的体制（同条第10款）。

7. 信托业务的委托

（1）信托业务的委托要件。

在信托法中，将信托事务的处理委托给第三人时，自己执行义务大幅缓和，但在信托业法中，从保护顾客的观点出发，仅限于满足以下条件时，信托公司才可以将受托的信托财产相关的部分或者全部信托业务委托给第三人：1）信托行为明确约定委托部分信托业务及该信托业务的委托对象的（委托对象没有确定时，明确规定了委托对象的选定标准及程序）；2）委托对象为确切地可以完成被委托的信托业务的主体（信托业法第 22 条第 1 款）。

在此，必须注意的是，只可以委托部分信托业务，不可以委托全部信托业务。

（2）委托信托业务时信托公司的责任。

关于信托公司的责任，信托业法规定，“就信托业务的委托对象受理委托开展业务，给受益人造成损害时，信托公司按照信托法的规定承担损害赔偿责任。但是，信托公司在选任该委托对象时尽了相当注意，而且尽力防止该委托对象受理委托开展业务给受益人造成损害时，不受此限”（信托业法第 23 条第 1 款）。

另外，信托法加入了对受托人委托相关的选任、监督责任的减免规定（信托法第 35 条第 3 款）。因此，按照该宗旨，在信托业法中也规定了以下内容：信托公司将信托业务委托给 1）信托行为中指定的第三人；2）信托行为中约定信托公司根据委托人的指示将信托业务委托给第三人的，根据该约定指定的第三人；3）信托行为中约定了信托公司根据受益人的指示将信托业务委托给第三人的，根据该约定指定的第三人时，允许信托公司免责（信托业法第 23 条第 2 款）。

但在 1）、2）中，在股票的所有关系或者人的关系中，对于与委托人有密切关系的人，仅限于政令规定之人；而且，对于与受托人有密切关系的人，仅限于不属于政令规定之人。

（3）委托信托业务时委托对象的责任。

信托法规定了信托事务受托人责任的旧信托法第 26 条第 3 款，但在信托业法中，从信托公司处接受了委托的人，在与顾客的关系中，可以发挥与信托公司一样的功能，因此承担与信托公司一样的责任（信托业法第 22 条第 2 款）。

但是，与信托财产的保管业务一样，仅限于不改变信托财产现状的管理行为等，认为受托人没有发挥与信托公司一样的功能时，没有必要要求受托人承担义务，因此不适用关于受托人责任的规定（该条第 3 款）。

具体而言，1）与信托财产保管行为相关的业务；2）在不改变信托财产性质的范围内，以其利用或改良为目的的业务；3）除 1）和 2）以外，内阁府令（信托业法实施规则第 29 条）规定的认为其不会对受益人的保护产生障碍的业务，不适用关于受托人责任的规定。

8. 信托财产状况报告书的制作、交付义务

信托公司就其受托的信托财产，必须在该信托财产的每一个计算期间制作信托财产状况报告书，并交付给与该信托财产相关的受益人（信托业法第 27 条第 1 款本文）。

信托法第 37 条第 3 款规定，负有报告义务的财产状况公开资料，可以通过信托行为另行约定，因此在实务中，一般在信托合同中约定交付信托财产状况报告书被视为交付信托法的财产状况公开资料（信托法第 37 条第 3 款）。

而且，按照内阁府令（信托业法实施规则第 38 条）的规定，在不将信托财产报告书交给受益人也不会对受益人的保护产生障碍的情况下，可免除信托财产状况报告书的交付（信托业法第 27 条第 1 款但书）。

另外，信托业法实施规则第 37 条第 1 款各项规定了信托财产状况报告书的记载事项。

9. 向受益人要求偿还费用等受托人的相关说明义务

信托公司拟与受托人就受益人偿还支付费用或者预付费用达成合意时，必须按照该合意，说明费用等或者信托报酬的偿付、费用或者信托报酬的预付范围以及其他内阁府令（信托业法实施规则第 41 条之 8）所规定的事项（信托业法第 29 条之 3）。

10. 重要的信托变更等

信托业法中，信托公司拟进行重要的信托变更、合并信托或者分立信托（以下简称“重要的信托变更等”）时，除这些变更明显不违反信托的目的而且符合受益人的利益等其他内阁府令（信托业法实施规则第 41 条之 2）所规定的情形以外，必须将以下事项——（1）拟进行重要信托变更的意旨等；（2）对重要信托变更等存在异议的受益人必须在一定期间内提出异议的意旨；（3）其他内阁府令所（信托业法实施规则第 41 条之 5）规定的事项——按照内阁府令（信托业法实施规则第 41 条之 3）规定的方法（信托公司的公告），予以公告或者分别催告受益人（包括信托管理人或者受益人代理人）（信托业法第 29 条之 2 第 1 款）。

另外，按照一个信托章程，信托公司与多个委托人签订信托合同时，按照该信托合同的约定，与信托章程相关的信托将被视为一个信托来适用（该条第 5 款）。

11. 信托公司的合并与公司分立

在信托业法第 40 条第 1 款中，合并后存续的信托公司或者通过合并被设立的信托公司，就因合并消灭的信托公司的业务，该信托公司继受内阁总理大臣许可及根据其他处分所拥有的权利、义务。同条第 2 款规定了上一款也适用于信托公司因公司分立继承全部信托业务的情况。

12. 自己信托的规制

一般信托时，开展受理信托业务时，适用信托业法。因此，这有可能会造成过去的信托银行或者信托公司以外的事业法人等作为自己信托的受托人参加时的障碍，于是，信托业法设置了与一般的信托不同、自己信托特有的规则及登记制度（信托业法第 50 条之 2 第 1 款）。

即：拟设立自己信托的主体，多数人（根据信托业法实施令第 15 条之 2 第 1 款为 50 名以上）可以取得该信托的受益权时，原则上需要到内阁总理大臣处登记。

因此，作为营业，即使成为自己信托的受托人，也必须存在 50 名以上的受益人，才能适用信托业法的规定。

作为对适用信托业法的自己信托的固有规制，在设定自己信托时，为了开展中立且公正的调查，负有义务让拥有专业知识的第三方调查信托财产（信托业法第 50 条之 2 第 10 款）。

而且，在信托期间，受托人受到与一般信托的受托人一样的规制（同条第 12 款）。

七、信托业法与金融机构信托业务的兼营等相关法律规制的差异

信托业法是取得内阁总理大臣的许可或者登记的信托公司等（包括自己信托）开展信托业务时所适用的法律，但兼营法是银行

等金融机构取得内阁总理大臣的许可（兼营法第 1 条第 1 款），兼营信托业务时所适用的法律。大部分的情况下，兼营法准用信托业法，但这两者主要有三点不同。

首先，兼营法规定了大宗信用供给规则。

大宗信用供给规制原则上不适用于信托业务，但从附本金补足金钱信托的信托财产中借出的贷款，其金额受大宗信用供给的限制（兼营法第 4 条、兼营法实施令第 12 条、兼营法实施规则第 33 条）。

其次，在兼营法中，定型信托合同条款的变更等可以另行规定。

在兼营法中，经营信托业务的金融机构拟变更以多数人为受托人或者受益人的格式信托合同（贷款信托或投资信托相关的信托合同除外）条款时，除了取得格式信托合同中所有委托人及受益人的同意以外，还应当取得内阁总理大臣的许可，并进行公告，公告内容包括对变更有异议的委托人或者受益人应该在 1 个月以上的一定期间内提出该异议（兼营法第 5 条第 1 款、第 2 款）。

另外，委托人或者受益人在上述期间内没有提出异议时，该委托人或者受益人视为承诺该合同条款的变更（同条第 3 款）。在期间内提出异议的受益人可以要求经营信托业务的金融机构，按照“若没有发生该变更应有的公正的价格”收购受益权（同条第 4 款）。

最后，兼营法允许签订附本金补足等的信托合同。

在信托业法中，禁止信托公司向委托人、受益人或者第三人约定在信托的受益权发生损失时进行补足、没有获得一定金额的利益时进行补足的行为；或者在信托的受益权遭受损失时进行补足，没有获得事先约定的一定金额的利益时进行补足的行为（信托业法第 24 条第 1 款第 4 项）。但兼营法规定信托兼营金融机构行可以签订约定补足本金、补足利益的信托合同，但仅限于不特定运用方法的金钱信托（兼营法第 6 条）。因此，信托本身以按实际业绩分配为原则，承认其例外。

从实务的角度来看，这三个方面的内容，可以说是以高信用性为背景的信托兼营银行才能享有的特权。附本金补足合同的贷款信托曾经是第二次世界大战后信托商品的象征。

除了上述三点差异外，信托兼营金融机构不但可以经营信托业，还有兼营业务（兼营法第 1 条第 1 款各项的业务、信托合同代理业务、信托受益权买卖等业务、财产的管理、与财产相关的遗嘱的执行等）。另外，需要注意，兼营法第 1 条将信托业与兼营业务一起规定为“信托业务”，其与信托业法中的“信托业”的范围不一样。

第二十一章

金融产品交易法* 的规制

一、在金融产品交易法中的金融产品交易行业

1. 金融产品交易行业

在金融产品交易法中，纠正了一直以来按照金融产品以及金融交易的纵向交易行业法，从贯穿规制的视角出发，在扩大对象产品和交易范围的同时，加强了对对象业务范围的规制，并定义成“金融产品交易行业”（金融产品交易法第 2 条第 8 款），同时，将与金融产品有关的“销售、行纪”“资产运用、咨询建议”以及“资产管理”作为其规制对象业务。

也就是说，在金融产品交易法中，从原来的基于证券交易法的“证券行业”出发，扩大了作为规制对象的“行业”，不仅仅规制证券业，而是将原先由各个行业法所规制的金融产品以及金融交易中的投资信托委托行业以及投资法人资产运用行业（投资信托法）、投资顾问行业和完全委托投资行业（投资顾问业法）、金融期货交易行业（金融期货交易法）、信托受益权销售行业（信托业法）、证券抵押行业（证券抵押行业规制法）、产品投资销售行

* 日文原文为“金融商品取引法”。为与中文相对应，本书使用“金融产品交易法”，特此说明。——译者注

业（产品基金法），作为金融产品交易行业进行统一，作为规制的对象。

2. 金融产品交易行业的种类

在符合金融产品交易行业的情形中，原则上如果没有内阁总理大臣所认可的注册（部分业务是许可制或者备案制），就不能从事该业务。但依放宽金融行业准入门槛的观点为了可以根据业务内容的范围进行规制，设置了“第一种金融产品交易行业”“第二种金融产品交易行业”“投资建议、代理行业”“投资运用行业”的分类，并根据该区分设定了拒绝登记注册条件。

3. 在金融产品交易法中的登记注册金融机构业务

金融产品交易法与过去的证券交易法一样，规定了相当于证券业中的“有价证券关联行业”的概念。银行等一定的金融机构原则上被禁止从事有价证券等关联行业，但是在一些很少被认为会产生弊端的领域中，可以开展业务。银行等一定的金融机构在从事上述业务时，有必要作为注册金融机构进行注册。上述那些金融机构在接受注册以后，所进行的业务被定义为“注册金融机构业务”（金融产品交易法第33条之5第1款第3项），注册金融机构在进行注册金融机构业务时受到的规制，与金融产品交易从业者在进行金融产品交易时受到的规制相同。即使是在信托兼营银行中，由于其是一家银行，所以不会注册在金融产品交易行业中，而是作为一家金融机构接受注册，并进行金融产品交易。

同时，在金融产品交易法第34条中，金融产品交易行业从业者和注册金融机构一起被定义为“金融产品交易从业者等”。

二、金融产品交易法中作为规制对象的有价证券

在金融产品交易法中，下列三项被作为规制对象，也就是可以适用金融产品交易法的有价证券。

（1）发行民商法上的有价证券（金融产品交易法第 2 条第 1 款）。需要“规制证券本身”。

（2）虽然可以发行证券，但将无纸化权利视为有价证券（该法第 2 条第 2 款）。被称为“有价证券表示权利”。

（3）虽然不能发行证券，但被视为有价证券的权利（该法第 2 条第 2 款各项）。需要“规制权利本身”。

而且，根据流动性高低的标准，上述（1）与（2）合并为“第一项有价证券”，（3）被分类为“第二项有价证券”。

三、有关信托受益权的规制

就有关信托受益权的规制，在金融产品交易法制定之前的证券交易法第 2 条中，只有投资信托、外国投资信托的受益证券（证券交易法第 2 条第 1 款第 7 项）、贷款信托的受益证券（该款第 7 项之 3）、特定目的信托的受益证券（该款第 7 项之 4）、外国法人发行的贷款债权信托的受益权等日本政令所规定的事项（该条第 2 款第 1 项）等特殊的事物，曾为规制的对象。

但是金融产品交易法大幅度地扩大了信托受益权的适用范围。

金融产品交易法中，“根据（1）具有金钱出资、金钱偿还的可能性；（2）资产与指数等的关联；（3）期待更高的经济效果，并承担风险的”标准[①]，来决定是否能够成为金融产品交易对象的有价证券。根据这种标准，信托受益权被指定为金融产品交易法中的“第二项有价证券”。因此，对信托受益权都可适用金融产品交易法。这是关于信托的最大变化点。

另外，旧信托业法一直规制的“信托受益权销售从业者”作为金融产品交易法上的“金融产品交易从业者”以及信托合同缔结的代理、媒介，既是信托业法上的规制对象，又受到金融产品交易法的规制，这些也是变化。

而且，由于信托法的修改，导入了将信托受益权作为私法上有价证券的“受益证券发行信托”，而该受益证券是作为“第一项有价证券”成为规制对象。

随着金融产品交易法的制定，另一重大变化点是根据信托业法准用金融产品交易法。有关这一点，将会在第二十二章“根据信托业法准用金融产品交易法”中论述。

四、金融产品交易法与信托业法的适用关系

1. 信托受益权的发行人与发行时间

在金融产品交易法中，关于信托受益权以及受益证券发行信托，其“发行人”中存在“委托人”“受托人”“委托人以及受托人”三种类型（有关金融产品交易法第 2 条规定之定义的内阁府

---

① 参见松尾直彦编著：《一问一答　金融产品交易法》（修订版），98 页，东京，商事法务，2008。

令第 14 条第 2 款第 2 项），另外，有关信托受益权的“发行时间”，也有“效力发生时间”和“受益权转让时间”的区别（该条第 4 款第 1 项）。另外在受益证券发行信托类型的受益证券中，关于将第一项有价证券作为信托财产的“有价证券信托受益证券”①，发行作为信托财产的有价证券或者想要发行该有价证券的人被视为发行人（该条第 2 款第 3 项）。

信托受益权的发行人以及发行时间

资产运用指令权	受益人	信托的运用方式、信托财产	发行人	发行时间
委托人指令型	自益信托	所有	委托人	受益权让渡时
	他益信托	所有	委托人	受益效力发生时
委托人非指令型	自益信托	合同运用金钱信托（无本金补足）	受托人	受益效力发生时
		合同运用金钱信托（有本金补足）	受托人	受益权让渡时
		信托财产是金钱（合同运用以外）	受托人	受益权让渡时
		信托财产为金钱以外的	委托人 受托人	受益权让渡时
	他益信托	所有	委托人 受托人	受益效力发生时

2. 与信托设定相关的规制

在金融产品交易法中，集团投资计划已经成为规制的对象，由发行者自身进行的销售与行纪行为（以下称为“自己募集”）是

① 将金融产品交易法第 2 条第 1 款各项有价证券作为信托财产时，因此信托财产的该有价证券相关的权利内容被包含在相应受益权的内容里，其他内阁府令规定的事项在与该信托相关的信托行为中加以规定（金融产品交易法施行令第 2 条之 3 第 3 项）。

作为“有价证券的募集或者私募”而成为规制对象，但信托受益权作为自己募集不包括在成为规制对象的有价证券中，因此不适用金融产品交易法（金融产品交易法第 2 条第 8 款第 7 项）。

再者，如下文所述，就投资性比较强的信托而言在信托业法中，如果将由于市场风险而使本金有可能产生损失的信托合同作为一种特定信托合同的话，则准用金融产品交易法的规制。

3. 关于信托受益权买卖（取得、转让）的相关规制

关于买卖（取得、转让）信托受益权的行为，由于信托受益权是第二项有价证券，属于第二种金融产品交易行业（金融产品交易法第 28 条第 2 款），原则上，虽适用金融产品交易法，但是也承认以下例外：

（1）全权委托销售（让渡）劝诱情况下金融产品交易法的适用除外。

作为买卖当事人，在销售（转让）信托受益权时，如不是推销信托受益权，而是由金融产品交易者进行代理或者媒介，从而缔结该信托受益权销售的相关合同时，如果该代理或者媒介的业务委托书等明确委托金融产品交易从业者进行全部推销时，则从金融产品交易行业中予以排除，不再适用金融产品交易法（金融产品交易法实施令第 1 条第 8 之 6 第 1 款第 4 项、关于金融产品交易法第 2 条规定之定义的内阁府令第 16 条第 1 款第 1 项）。

对于取得信托受益权的行为，并不承认这样的特例。如果将信托受益权取得“作为一种行业”而进行时（金融产品交易法第 2 条第 8 款第 1 项），则符合金融产品交易行业的要求，适用金融产品交易法。

但是，当金融产品交易从业者成为信托受益权的买卖当事人时，无论是取得还是转让，如果是“为了改善自己的资产组合情况而进行的行为”，基本上都不符合“作为一种行业”而进行的这一要求。应认为不符合金融产品交易行业的要求。①

但是这种买卖，如果存在于以不特定多数人为对象进行推销的“对公众性”时，则符合金融产品交易行业的要求。②

（2）自己募集时的金融产品交易法的适用除外。

如前所述，销售信托受益权在符合“自己募集”的情况下，不能适用金融产品交易法（金融产品交易法第 2 条第 8 款第 7 项）。因此，关于信托受益权的发行人是“受托人”，发行时间是受益权转让时间；或者发行人是“委托人以及受托人”，发行时间是受益权转让时间的，“受托人”在进行信托受益权销售宣传时，并不适用金融产品交易法。

而且，在有关信托受益权的发行人是“委托人”，发行时间是受益权转让时间；或者发行人是“委托人以及受托人”，且发行时间是受益权让渡时间的情况下，如果“委托人”从事信托受益权销售宣传的，则也不适用金融产品交易法。

4. 缔结信托合同的代理、媒介

“信托合同代理行业”被定义为“进行缔结信托合同的代理以及中介的营业活动”，但基于信托合同的信托受托人，如果满足金融产品交易法第 2 条第 5 款规定的作为信托受益权的发行人的条件时，则会被排除在外（信托业法第 2 条第 8 款）。

---

① 参见《金融产品交易法公众评论回答》，39 页，No. 25。

② 参见《金融产品交易法公众评论回答》，41 页，No. 32。

基于信托合同的信托受托人，存在其根据金融产品交易法第2条第5款的规定被视为信托受益权的发行人的情况时，“进行缔结信托合同的代理或者媒介的营业活动”，就会被视为金融产品交易法上的“有价证券的募集等处理”，从而符合“金融产品交易行业”（金融产品交易法第2条第8款第9项），要求因此可以适用金融产品交易法。

但是，即使受托人是信托受益权的发行人，在附本金补足要求的集合运用信托中，受益权的发行日期是受益权的转让时间的情况下，也不适用金融产品交易法，而作为信托合同代理机构，适用信托业法。

5. 信托公司的自己运用行为

虽然有价证券的自己运用行为（金融产品交易法第2条第8款第15项）也是金融产品交易法的规制对象（该法第28条第4款），信托受益权也包含在其中（该法第2条第8款2、第2款第1项），但是，信托公司（信托兼营银行）所进行的运用行为，适用信托业法（兼营法），并不适用金融产品交易法（该法第33条之8第1款、第65条之5第5款）。

五、关于信托开示的规制

1. 在金融产品交易法中的开示制度

（1）开示制度的目的。

金融产品交易法中的开示制度可以理解为，“从保护投资人和确保资本市场健全性的观点出发，修正投资人和发行人等之间信息的非对称性，并对资本市场中的有价证券发行人，负以提供记载有对投资人的投资判断来说具有必要并且充足的正确信息的公开文件的义务，凭借将公开文件供公众自由阅览，使对特定有价证券进行投资进行判断所必要的信息，广泛而公平地提供给市场和投资者”①。

关于开示制度，金融产品交易法规定了为了有价证券的发行人等进行有价证券发行的情形下的“发行开示”，以及在已经被发行的有价证券流通市场中进行“继续开示”两种。

（2）发行开示。

“有价证券的募集”是指向他人推销（包含类似于推销的行为）去申请取得新发行的有价证券过程中的一定行为（金融产品交易法第 2 条第 3 款）。“有价证券的卖出”是指向他人推销（包含类似于推销的行为）去申请卖出已经发行的有价证券，或者申请买入过程中的一定行为（该条第 4 款）。不符合以上行为的作为“有价证券的私募、私卖”行为，不要求发行开示。

在“有价证券的募集”“有价证券的卖出”的基础上，加上“向适格机构投资人进行有价证券的一般推销”“向特定投资人等进行取得有价证券的一般推销”，可以被称为“有价证券的公募”，并负有发行开示的义务。

1）有价证券备案书的提交。

有价证券的发行人，关于有价证券的募集、卖出，必须根据规定的记载事项和样式向内阁总理大臣提出有价证券备案书（金融产品交易法第 5 条第 1 款、第 5 款），这些内容在备案以后会供公众自由浏览（该法第 25 条第 1 款第 1 项、第 27 条）。

另外，这些备案自受理之日起经过 15 日以后发生效力（该法

---

① 松尾直彦：《金融产品交易法》（第 3 版），89 页，东京，商事法务，2015。

第 8 条第 1 款），劝说他人提出取得或者买入的申请，必须在有价证券备案书备案之后才能进行（该法第 4 条第 1 款）。在备案书发生效力以后，方能够取得有价证券或者卖出有价证券（该法第 15 条第 1 款）。

2）证券说明书的制作与交付。

有价证券的发行人，制作证券说明书（金融产品交易法第 13 条第 1 款）。发行人、有价证券的卖出者、承销人、金融产品交易从业者、注册金融机构或者金融产品中介从业者，通过募集或者卖出该有价证券，而让他人取得或者买入时，除了一定的情况外，应当提前或者同时交付证券说明书（该法第 15 条第 2 款）。

另外，证券说明书并不是公众阅览的对象。

就“有价证券的募集”中的第一项有价证券募集，金融产品交易法第 2 条第 3 款第 1 项规定，在交易对方为多数人（50 人以上）的情形（金融产品法实施令第 1 条之 5）下，按照内阁府令，这些人中不包含对有价证券投资具有专门知识和经验的、内阁府令所规定的“适格机构投资人”。该法也排除了仅以适格机构投资人为交易对象的情形，同时也在该条第 2 款第 1 项、第 2 项中规定了其他种类募集的情形。

（3）继续开示。

在流通市场中，该法也规定了发行人定期、连续地发布有价证券的报告书等，向公众提供对投资判断而言有必要之信息的“继续开示”的程序（金融产品交易法第 24 条）。

作为继续开示制度，除了有价证券的发行人每一事业年度公开信息的有价证券报告书制度以外，还有半年度报告书（上市公司等情形下是季度报告书）、临时报告书、股票回购报告书以及母公司情况报告书等制度形式。

有价证券报告书必须在每个事业年度过后 3 个月内提交给内阁总理大臣（该法第 24 条第 1 款）。和有价证券备案书一样，有价证券报告书在受理以后也会供公众自由浏览（该法第 25 条）。

（4）特定有价证券的开示。

在金融产品交易法上作为公开规制对象的有价证券，根据其性质，可分为“股票、公司债券之类凭借发行企业自身的信用能力而存在价值的企业金融型产品（证券）以及基金或者 ABS（资产流动化证券）类以发行者自身所保有的资产来担保其证券价值的资产金融型产品（证券）”①。

作为开示规制对象有价证券中的“特定有价证券”是指“根据内阁政府命令，其证券对投资人的投资判断产生重要影响的信息，是来自于该证券发行人在进行资产运用等类似事项方面信息的有关证券”。在特定有价证券明确地具有资产金融型有价证券性质的基础上，根据政府命令，其也被规定为信息公开的对象。

也就是说，按照金融产品交易法实施令第 2 条之 13 第 6 项的规定，以下五种证券被视为“特定有价证券”：1）在资产证券化相关法律中规定的特定公司债券和优先股票债券；2）关于投资信托以及投资法人等法律中规定的投资信托、外国投资信托的受益证券；3）受益证券发行信托的信托受益证券；4）担保证券；5）外国贷款债权信托受益证券；6）有价证券信托受益证券等。

以上特定有价证券应开示的内容和样式的详细内容，规定在关于特定有价证券内容开示的内阁府命令中。

---

① 松尾直彦编著：《一问一答 金融产品交易法》（改订版），156 页，东京，商事法务，2008。

还有，有关开示义务，根据规定了金融产品交易法第 2 条规定之定义的相关内阁府政令，按照特定有价证券的种类规定了“发行人”与“发行时间”。

2. 有关信托受益权的开示规制

（1）信托受益权的发行人。

开示由有价证券的发行人进行，但正如前面“信托收益权的发行人与发行时间”图表所示，关于信托的受益权以及受益证券发行信托的受益证券，以下几种情况被视为发行人：1）在委托人指令型情况下的“委托人”；2）委托人非指令型且信托财产是金钱的自益信托情况下的“委托人”；3）除此以外情形下的“委托人以及受托人”。此外，在受益证券发行信托的受益证券中，对于有价证券信托受益证券，原有价证券的发行人为开示义务人（金融产品交易法定义内阁府令第 14 条第 2 款第 3 项）。

虽然原则上无论是发行开示还是继续开示，发行人都负有开示义务，但对于信托受益权以及受益证券发行信托的受益证券，即使上面第三种情况下的“委托人以及受托人”为发行人时，因为在发行以后，拥有必要开示信息的是受托人，所以受托人有单独提交有价证券报告书的义务（特定有价证券开示内阁府令第 22 条之 2 第 2 款）。

（2）有关受益证券发行信托之信托受益证券的开示。

与企业金融型产品一样，作为特定有价证券的受益证券发行信托的信托受益证券的发行开示，发行人必须就有价证券的募集或者销售提交有价证券备案书等材料；其继续开示，必须提交有价证券报告书、半期报告书、临时报告书等文件。

但是，特定有价证券的信托受益证券，因其性质不同，以资产的内容为中心进行开示（特定有价证券开示内阁府令第 10 条第 2 款第 9 项等）。

（3）关于第二项有价证券的信托受益权开示规制。

对于第二项有价证券的一般信托受益权，相较在金融市场中广泛地公开信息，其更适合通过完善金融产品交易从业者的说明义务，来保证公平交易和保护投资者。因此，其属于信托受益权开示的除外情况（金融产品交易法第 3 条第 3 项）。另外，虽然贷款信托的受益证券是第一项有价证券，但由于受贷款信托法的规制，因此不需要开示规制，属于适用除外（该条第 2 项）。

另外，在第二项有价证券中，对于以有价证券投资事业权利等为投资对象的集团投资计划份额（该条第 3 项 1），适用开示制度。所以，在母基金（FOF）中，如果信托财产中资产总额的 50%以上是信托受益权的话，就相当于有价证券投资行业权利，适用开示制度。

与第一项有价证券以“劝诱、推销对象的数量”为基准不同，募集第二项有价证券的信托受益权是以有价证券“所有人的数量”为基准，根据相应证券取得劝诱的情况，“相当程度多数的人”（金融产品交易法第 1 条之 7 之 2 所规定的 500 人以上）持有与劝诱证券有关的有价证券的情形（金融产品交易法第 2 条第 3 款第3 项）。

但是，厚生年金基金信托、国民年金基金信托、确定给付年金基金信托、确定筹集年金信托等年金信托、顾客分别金信托、财产形成*信托、信托型产品基金等的信托受益权被排除在开示

---

* 是指企业预先以扣除劳动者部分工资的形式把一部分金钱存入金融机构进行储蓄的制度形式。——译者注

规制之外（金融产品交易法实施令第 2 条之 10）。

此外，信托受益权以及受益证券发行信托的受益证券（有价证券信托受益证券除外）中，即使在委托人以及受托人为“发行人”的情况下，“为了使发行后的信托信息集中于受托人”[1]，对于发行之后的继续开示，由受托人单独承担有价证券报告书等的提出义务（特定有价证券开示内阁府令第 22 条之 2 第 2 项）。

① 《金融产品交易法公众意见回答》，32 页，No. 6。

第二十二章

根据信托业法准用金融产品交易法

一、金融产品交易法的准用对象

金融产品交易法虽然努力在原则上对具有同样经济性质的金融产品横向适用同样的规则，但对于信托、存款以及保险存在适用例外关于这样做的理由，主要观点认为，这三个行业：（1）通过许可制进行了高度的行业规制；（2）不具有投资性的产品也成为规制对象；（3）以证券交易法第 65 条的规定为根据的利益冲突行为、与银行业有可能被滥用的优越地位；但从实现金融产品交易法的基本目的出发，对于信托、存款、保险三个行业，通过信托业法、银行法以及保险法中吸收金融产品交易法的形式加以准用。

关于信托，仅限定于投资性较强的“特定信托合同”，在信托业法第 24 条之 2 中，准用金融产品交易法，完善了销售劝诱规则。

二、特定信托合同

如上文所述，对于投资性强的信托，信托业法将因市场风险等因素而可能使本金产生损失的合同规定为“特定信托合同”，而准用金融产品交易法的规制。

“特定信托合同”是指由信托公司所为，规定了因利息、货币价格、金融产品市场的交易行情等其他指标的相关变动导致信托本金可能出现损失的信托合同（信托业法第 24 条之 2），是除了公益信托、带有本金补足合同的信托、仅通过存款等运用的信托、管理型信托、物或者权利（金钱、有价证券等除外）的管理处分信托以外的信托合同（信托业法实施规则第 30 条之 2）。

信托公司在缔结“特定信托合同”时，与一般的信托合同一样，除了被课以信托业法之义务以外，还准用金融产品交易法，受到“特定信托合同”固有行为的规制。

主要的准用规定有：（1）特定投资人制度（金融产品交易法第 34 条以下）；（2）广告规制（该法第 37 条）；（3）合同缔结前的书面交付义务（该法第 37 条之 3）；（4）说明义务（该法 38 条第 6 项）。但对于适合性原则（该法第 40 条第 1 项）以及合同缔结时的书面交付（该法第 37 条之 4），由于信托业法中原本就有相同的规定，从保护顾客的角度出发，不准用金融产品交易法。

三、特定投资人制度

在特定信托的情况下，通过准用金融产品交易法，适用特定投资人制度。

在金融产品交易法中，根据顾客的属性，分为职业的“特定投资人”和非职业的“一般投资人”。金融产品交易业者在与业余的“一般投资人”之间进行交易时，为保护投资人而受到各种各样规制。同时，那些根据其知识、经验和财产状况可以对金融交易的适当风险进行管理的人士，被作为专业的“特定投资人”看待（金融产品交易法第 2 条第 31 款）；在“特定投资人”之间进行交易时，为了提高交易的效率，不适用以纠正信息差异为目的的行为规制（该法第 45 条）。

但需要注意的是，有可能对保护公益或者特定投资人产生障碍并由内阁府命令规定的情况（该条但书，关于金融产品交易行业的内阁府令第 156 条），以及禁止补足损失等以确保市场公正为目的的一般行为规制的情况，并没有排除在外。

另外，特定投资人中的一定主体也可能转换为一般投资人（一般称为“变为业余者”），相反，一般投资人中的一定主体也可能转换为特定投资人（一般称为“变为专业者”）（金融产品交易法第 34 条之 2、第 34 条之 3、第 34 条之 4）。

关于一般投资人与特定投资人的行为规制适用关系

行为	条文	一般	特定
对顾客的诚实义务	第 36 条	○	○
张挂标识	第 36 条之 2	○	○
禁止借与他人名义	第 36 条之 3	○	○
禁止管理公司债券	第 36 条之 4	○	○
广告等的限制	第 37 条	○	×
交易形态的事前明示义务	第 37 条之 2	○	×
合同缔结前的书面交付	第 37 条之 3	○	×
合同缔结时的书面交付	第 37 条之 4	○	×
接受保证金相关的书面文件交付	第 37 条之 5	○	×
通过书面形式的解除	第 37 条之 6	○	×
禁止虚假说明	第 38 条 1 号	○	○
禁止通过提供断定性的判断进行劝诱	第 38 条 2 号	○	○
禁止不邀请情况下的劝诱	第 38 条 3 号	○	×
确认客户接受劝诱意思的义务	第 38 条 4 号	○	×
禁止再劝诱	第 38 条 5 号	○	×
禁止欠缺对其他投资人保护的行为	第 38 条 6 号	○	○

续前表

行为	条文	一般	特定
与投资咨询、投资代理行业或者投资运用行业相关的禁止行为	第 38 条之 2	○	○
损失补足等方面的禁止	第 39 条	○	○
适合性原则	第 40 条	○	×
确保正确处理顾客信息的措施	第 40 条第 2 号	○	○
最佳执行方针等	第 40 条之 2	○	△
禁止在无法确保分别管理情况下的买卖	第 40 条之 3	○	○

○＝适用　△＝部分适用　×＝排除适用

四、广告等的规制

在特定信托的情形下，准用金融产品交易法第 37 条第 1 款。由于负有提供准确信息的义务，信托公司就特定信托合同缔结的业务内容制作广告或者为其他类似行为时，必须标出信托公司的商号以及与特定信托合同缔结业务内容相关事项中会对顾客判断产生影响的重要事项。

五、合同缔结前书面文件的交付义务

在特定信托的情况下，准用金融产品交易法第 37 条之 3（第 1 款 2～4 项、第 6 项和第 3 款除外）。在拟缔结特定信托时，必须根据内阁府令规定（信托业法实施规则第 30 条之 21）的方法，事先向顾客交付“契约缔结前交付书面”文书，“契约缔结前交付书面”文书记载信托公司的住所，特定信托中因利息、货币的比价、金融产品市场中交易行情等其他指标的变动而可能出现的损失，与特定信托业务内容相关、会对顾客的判断产生重要影响等内容，并由内阁府令规定（该规则第 30 条之 23）的文书。

六、说明义务

除了与一般信托一样，特定信托合同被课以信托业法第 25 条所规定的说明义务以外，还准用金融产品交易法第 38 条第 6 项，负有信托业法实施规则第 30 条之 24 第 2 项规定的说明义务。

在金融产品交易法第 38 条第 8 项规定中，对于缺少对投资人的保护或者危害交易的公平及降低金融产品交易行业信用的情况，以内阁府令规定的禁止行为的方式，规定了相应的说明义务。

也就是说，在信托业法实施规则第 30 条之 26 第 2 项中，对于交付缔结合同前交付的文件、招股说明书以及合同缔结变更书，没有根据顾客的知识、经验、财产的情况以及缔结特定信托合同的目的，就如下两点事项以顾客可以理解的方法及程度进行说明的，禁止缔结特定信托合同的行为。这两点事项为：(1) 因利息、货币的比价、金融产品市场中的交易行情等其他指标的变动，有可能出现损失；(2) 与特定信托业务内容相关、会对顾客的判断产生重要影响、并由内阁府令（信托业法实施规则第 30 条之 23）规定的事项。

实务篇

第一章

信托的分类与种类

信托的分类有很多方法，下面介绍出于行政主管机构监管及统计上的便利对营业信托所作的分类以及具体种类。

下图最左端的一列中“金钱性信托”“物（金钱以外）的信托”“综合信托（多种类的受托信托财产）”是根据信托设立时的财产进行的分类。

下图左数第二列，即金钱信托这一列，是根据信托终止时信托财产的形式进行的分类。“金钱信托”是指（信托终止时）以金钱的形式将信托财产交付于受益人或者权利归属人的信托，金钱信托以外的金钱性信托是指按照信托终止时信托财产的状态直接交付给受益人或者权利归属人的信托，例如，若信托终止时存续的信托财产为股票，则直接向受益人或者权利归属人交付股票。这一列最后一行的知识产权信托、排放权信托在 2004 年信托业法修改以前（在法律上）一直未被承认。

下图左数第三列是按照受托人运用裁量权的不同进行的分类。无指定金钱信托是指未指定运用方法的信托。目前，这种信托在实务中并不存在。指定金钱信托、指定金钱信托以外的金钱信托（以下简称指定金外信）是指受托人按信托行为所指定的运用方法、在指定对象的范围内进行运作的信托。特定金钱信托、特定金钱信托以外的金钱的信托（以下简称特定金外信）是指信托财产的运用方法由委托人特定的信托。

最右边的一列是根据信托财产是集合运用还是单独运用所进行的分类。

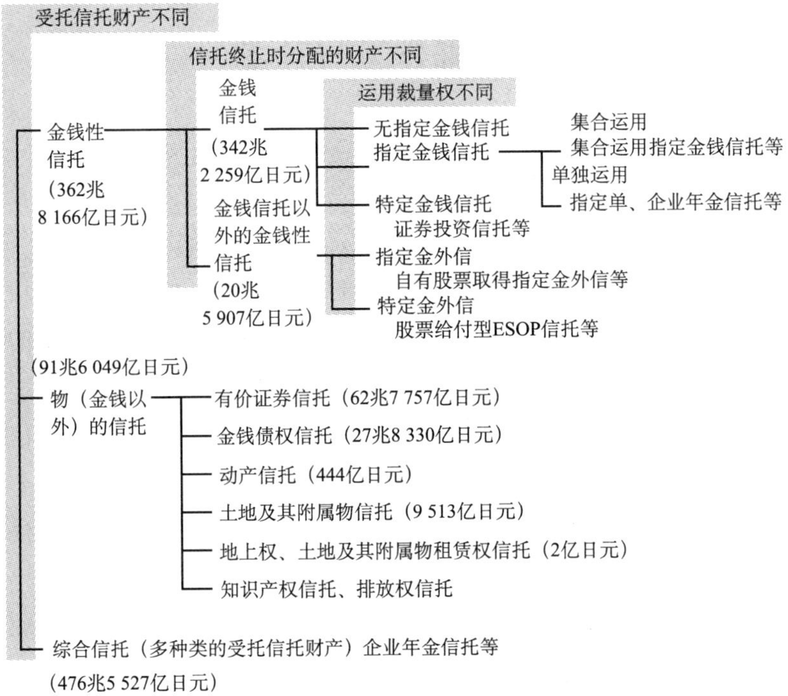

根据信托财产进行的分类

［括号内为 2015 年 3 月末时的余额（一般社团法人）信托协会信托统计一览］

第二章

附补足本金的信托等

一、贷款信托

1. 概要

贷款信托作为长期存款产品，是拥有与定期存款相类似经济效果的保本型信托产品。[①] 目前没有信托银行在募集新的贷款信托。根据信托业协会的调查，2015 年 3 月末时贷款信托余额仅为 140 亿日元，但贷款信托因其安全、高回报率、高流动性、可小额投资的产品性特点，1993 年最高峰时，信托银行整体从七百多万家庭客户中累计募集的资金余额高达五十多兆日元，并奠定了第二次世界大战后的信托银行作为长期金融机构的地位，贷款信托为此发挥了极其重要的作用。

信托贷款余额推移

年度末	余额（亿日元）
1994	542 297
1999	225 633
2004	40 363
2009	5 028
2014	140

注：出自（社）信托协会信托统计便览

① 贷款信托法第 2 条规定的贷款信托是："受托人基于同一信托合同条款与多个委托人分别签订信托合同，受托人主要以贷款或者票据贴现的方式集合运用受托金钱的金钱信托，通过受益证券表示信托合同的受益权。"

日本政府为了支持信托业协会，满足其要求，于 1952 年 6 月制定了贷款信托法。贷款信托正是基于该法的信托产品。制定该法大体上有如下目标。①

（1）为基础性产业提供长期资金。

第二次世界大战后，为了日本经济复兴，电力、煤炭、钢铁等基础产业需要高额的长期设备资金。为了满足这些要求，贷款信托法明确规定了信托财产主要运用于基础产业贷款、票据贴现。受证券市场的完善带动资金筹措渠道多样化的影响，1971 年开始，贷款信托法的修改使贷款信托得以运用于国债及公司债券等有价证券。但是，伴随产业的成熟化、长期资金需求的减少以及受金融自由化的影响，贷款信托曾经承担过的历史职能今天已不复存在。

（2）与普通银行的差别化。

第二次世界大战后，由于战败导致有产阶级没落等原因，信托银行过去的营业基础崩溃，同时与普通银行相比又存在营业网点网络少的劣势，信托银行陷入经营困难的境地。因此，信托银行在避免与普通银行竞争的同时，为拓展新客户，开发出贷款信托产品。当时普通银行的定期存款期限为 1 年，而贷款信托法则规定贷款信托的信托期限为 2 年以上，并且明确规定了贷款信托具有高流动性产品的特性，即受益证券的有价证券化、发行经过一年后受托人可以买受等。

2. 特征

（1）根据合同条款进行的集合运用。

贷款信托是指，受托人基于同一信托合同条款与多个委托人

---

① 贷款信托法第 1 条规定的目的是“将贷款信托的受益权转化为受益证券的同时，为了保护受益人、便于普通投资者投资，顺利地为国民经济的健全发展所必需的领域提供长期资金”。

分别签订信托合同，集合运用各个信托。这适合吸收小额的大众资金并进行有效运用。

为了保护受益人，信托合同条款需要获得内阁总理大臣的批准（贷款信托法第 4 条第 1 款）。变更条款时，亦需要获得内阁总理大臣的批准。同时，受托人必须公告“对信托合同条款的变更存有异议的受益人应在一定期限内向其陈述该异议”（同法第 6 条第 1 款）。另外，有异议的受益人可以要求受托人按照公正的价格买受（该受益人持有的）受益证券（同条第 4 款）。

（2）实际业绩分红、预期收益率、本金补足。

虽然原则上贷款信托采取实际业绩分红主义，运用的成果应归属于受益人，但实际上采取预期收益率制度，即参照实际市场利率，提前 6 个月公布预期收益率，并据此进行收益分配的制度。

因为是实际业绩分红，贷款信托也预设了运用不力导致本金亏损的情况，附加了兼营法第 6 条允许的由受托人进行本金补足的合同内容。但是，在没有利益补足的特别约定的情况下，当收益低于预期分红时，将按照实际业绩进行分红。

同时，根据贷款信托法第 14 条第 1 款的规定，贷款信托附加了本金补足合同条款的，有义务从贷款信托的收益中提取特别保留金。提取的特别保留金余额超过本金的千分之五时，超过部分将归属于作为受托人的信托银行。①

此外，与定期存款一样，存款保险也适用于贷款信托。

① 截至 1996 年 3 月，根据法律的规定，是信托报酬的千分之十五以上千分之二十五以下，上限为本金的百分之三。

（3）募集类别、解约。

贷款信托包括每半年分配一次收益的“收益分配型”，以及将信托期间的收益作为信托财产再进行运用、信托到期时一次性分配收益的“收益到期领取型”两种。

现在已经没有信托银行募集新的贷款信托，但过去经常募集贷款信托。通常每月 5 日和 20 日为募集截止日（设立日），设定信托金额的单位为 1 万日元（最初是 5 000 日元），以便于普通个人投资者投资。

贷款信托法规定信托期限为 2 年以上，但是一般有 2 年及 5 年两种期限。中途变现时虽不能解约，但从设立日开始经过 1 年以后，支付一定的买入手续费便可要求信托银行买受其受益证券。另外，若为收益分配型信托，也可以把受益证券转让给第三人。

（4）有价证券。

贷款信托的受益证券为有价证券。在创设贷款信托时曾期待受益证券可顺畅流通，但结果未能形成流通市场。

二、集合运用指定金钱信托

1. 概要

集合运用指定金钱信托，是指在金钱信托中，受托人拥有信托财产的运用裁量权，多个委托人（兼受益人）分别与受托人采取一对一的形式，按照同一信托合同条款签订信托合同的信托产品。信托期限在法律上并无限制，当事人可以自由设定。

集合运用指定金钱信托有“金钱信托（一般单位）”与“实际业绩分红型金钱信托”两种类型。这两种类型都附加本金补足条款并采用预期收益率制度，有着与定期存款相类似的经济效果 。

因为定期存款的竞争以及受资金从储蓄流向投资等的影响，金钱信托（一般单位）的信托资金余额已逐步减少。但近年来，具有定期支付、承继、税制优惠制度等各种各样特别约定的信托产品不断增加，截至 2015 年 3 月末，其余额达 4 兆 6 773 亿日元。①

2. 特征

（1）金钱信托（一般单位）。

1）基于合同条款的集合运用。

金钱信托（一般单位）是指，受托人基于同一信托合同条款与多个委托人（兼受益人）分别一对一签订信托合同的产品。虽然信托财产存于各信托合同中，但根据信托条款有关集合运用的规定，将上述信托财产作为一个整体来运用，各个信托合同均在集合信托中占有一定份额。

法律并未限制金钱信托（一般单位）的运用对象，受托人可在信托合同条款约定的范围内运用。但如下文所述，附加本金补足条款的信托合同中规定有价证券等资产的投资不得超过信托财产总额的二分之一。

另外，根据兼营法第 5 条的规定，变更信托条款时，必须经所有委托人及受益人同意，或者取得内阁总理大臣的批准；同时，受托人必须公告“对变更存有异议的受益人应在一定的期限内向

① 根据（一般社团法人）信托协会的四家成员（三菱 UFJ 信托银行、瑞穗信托银行、理索纳银行、三井住友信托银行）的信息披露公告中记载的附带本金补足条款的金钱信托本金金额进行估算。

受托人陈述该异议”。并且，有异议的受益人可以要求受托人以公正的价格买受受益权。

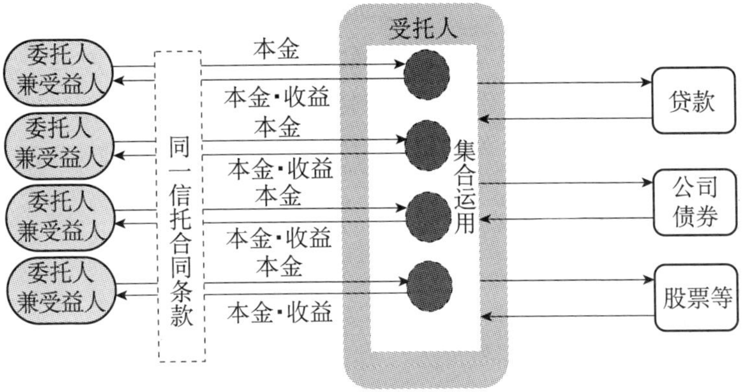

金钱信托（一般单位）

2）实际业绩分红、预期收益率、本金补足。

金钱信托（一般单位）是按实际业绩分红的信托产品。但是从类似存款的产品性角度来看，金钱信托（一般单位）标示了预期收益率。

因为是按照实际业绩分红，金钱信托也预设了运用不力导致本金减少的情况，附加了兼营法第 6 条允许的由受托人补足本金的合同，受托人通常会提取债权偿还准备金以备本金补足事态发生时所需。但因为没有利益补足特别约定，收益低于预期收益率时将按照该实际业绩进行分红。

而且，附加本金补足条款的信托合同规定，对股票、债券等有价证券或者金融衍生产品交易相关权利等高风险资产的投资不得超过信托财产总额的二分之一（兼营法第 6 条、兼营法实施规则第 37 条）。

另外，与定期存款一样，存款保险也适用于金钱信托。

信托期限的长短导致预期收益率不同

信托法规定受托人必须公平地对待所有受益人（信托法第33条公平义务）。但是，金钱信托（到期兑付）却根据信托期限的长短设置了不同的预期收益分配率。即使是集合运用信托财产，大家通常都认为受托管理运用信托财产的期限越长对信托财产运用的贡献度就越高。因此，一般认为，根据信托期限的长短设置不同预期收益分配率的安排不违反信托法规定的公平义务。同理，根据受托管理信托资金的多寡设置不同的预期收益分配率，从对信托财产运用贡献度不同的角度来解释，亦不违反信托法规定的公平义务。

3）期限、解约。

日本法律未对金钱信托的存续期限作出限制，信托银行对信托期限的处理不尽相同，有将信托期限约定为自信托合同日（成立日）起2年以上的任意期限，也有将信托期限约定为1年、2年或5年等固定期限。

受益人只有在发生不得已的事由且经委托人同意后，方可向受托人提出在信托到期前解除信托合同的申请。受托人认为有正当理由的情况下才可以解除信托合同，此时，受托人将从信托财产中扣除规定的解约手续费。

（2）实际业绩分红型。

部分信托银行引进实际业绩分红型的金钱信托。实际业绩分红型的金钱信托作为信托特有的面向大众的信托产品，为了获取较高收益，通常投资于金钱债权、贷款债权或者融资租赁债权等比起过往的贷款信托或金钱信托（到期兑付）具有较高风险的资产。

但是，实际业绩分红型的金钱信托没有附加本金补足条款，不同的产品解约时也存在限制。

第三章

以运用为目的的信托

一、单独运用指定金钱信托、指定金外信

1. 概要

单独运用指定金钱信托（即指定单）与指定金外信（Fund Trust）是指受托人在信托合同指定的运用方法范围内自行裁量运用信托财产的信托。

委托人（兼受益人）以信托财产的增值为目的，单独将金钱信托于受托人，属于信托财产的运用损益、利息、分红均归属于受益人。

信托终止时，指定单是以信托财产变现后的金钱、指定金外信则是以有价证券等信托终止时向受益人交付信托财产。

2. 单独运用指定金钱信托

指定单在第二次世界大战后通货膨胀时期，作为短期、高收益的运用手段曾被广泛运用。但由于与当时的低利率政策不吻合，以及从信托银行经营健康性角度来看，信托期限、分红率、不可设定本金补足条款等方面受到了一定的限制，其逐步失去了信托银行主力产品的地位。

但其后，指定单的定制性等特征得到重新认识，若符合一定

条件，可不受受托规制的限制，被广泛用于公共资金以及年金中。现在受托规制本身已被废止，指定单又被用于各种用途。

近年来，指定单作为私人银行领域个人大额资金的运用手段备受瞩目。

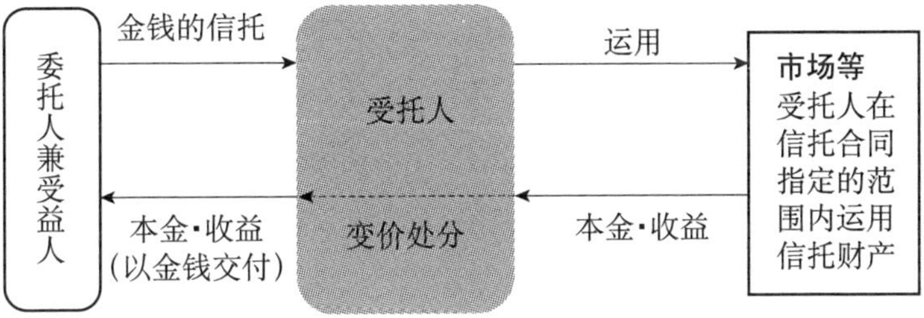

单独运用指定金钱信托（指定单）

3. 指定金外信

1980 年 12 月，在当时企业剩余资金运用需求见长的背景下，日本修改了法人税基本规定，允许有价证券的账面价值分离，从而促进了指定金外信与后述的特定金钱信托作为有价证券投资产品的急速成长。

因为账面价值得以分离，委托人（兼受益人）通过指定金外信直接买卖与其持有的有价证券一样的交易品种，也可在无须实现所持有的有价证券的账面损益的情况下得以完成。此外，因指定金外信在信托终止时按信托财产的状态直接交付，所以信托终止后，亦可继续持有而无须实现作为信托财产的有价证券的账面损益。

账面价值的分离

法人追加买入与所持有的有价证券相同品种的有价证券时，必须统计有价证券的账簿价值进行会计处理。并且，除金钱的信托以及离职给付信托外，法人通过信托持有的有价证券也需要统计账簿价值（法人税基本通知 2-3-16)。[①]

但是，根据该基本规定，指定金外信以及特定金钱信托为不属于统计账面价值的金钱性信托，因此法人直接持有的有价证券，无须与指定金外信等所持有的有价证券进行账面价值统计即可进行会计处理。

二、特定运用金钱信托、特定金外信

1. 概要

特定运用金钱信托（特金）与特定金外信托（特金外）是指受托人无信托财产运用裁量权的信托。由委托人自身或者与委托人签订投资全权委托合同的投资运作金融产品交易商向受托人作出运用指示。

虽然法律未对“特定”作出明确定义，但若是有价证券的运用，则是指有价证券的名称、数量及价格等具体、特定的内容。

委托人（兼受益人）以信托财产的增值为目的将金钱信托于受托人，属于信托财产的运用损益、利息、分红均归属于受益人。

信托终止时，特金以信托财产变现后的金钱、特金外按有价证券等信托终止信托财产的状态将信托财产交付给受益人。

---

① 法人税基本通知 2-3-16 规定：需注意，法人用于设立信托（除金钱的信托以及离职给付信托外）的信托财产中，若存在与该法人所持有的有价证券、品种及名称相同的有价证券的，适用令第 119 条之 2 到第 119 条之 4 的《有价证券单位账面价值的计算方法等》的规定，无须将与该信托有关的有价证券与该法人所持有的有价证券予以区分。（备注：与金钱的信托有关的有价证券包括以下内容：与集合运用信托及证券投资信托有关的有价证券与指定单独运用的金钱信托有关的有价证券。）

特金、特金外所持股票的表决权行使

特金、特金外所持有的股票的表决权通常由受托人按照信托合同的规定根据委托人的指示行使。

根据反垄断法第 11 条第 1 款的规定，原则上银行取得、持有的其他国内公司的表决权不得超过公司全部股东表决权的 5%，根据该款第 3 项的规定，因取得、持有与金钱或者有价证券的信托相关的信托财产的股票而获得的表决权除外。但通过取得、持有作为信托财产的股票而获得的表决权（受托人有表决权行使的裁量权）与除此以外的持有股票的表决权合计超过 5%之日起持有超过 1 年时，需事先获得公正交易委员会的许可。

另外，根据银行法第 16 条之 3 的规定，银行及其子公司合计持有的国内公司表决权不得超过全部股东等表决权的 5%。在此情形下，作为根据委托人或者受益人指示行使表决权的有价证券的信托、特金等的受托人，所持有的股东表决权除外。

2. 特定运用金钱信托

实质上很难由多个委托人来决定信托财产的运用，因此，特金一般设定为单独运用。

与指定金外信一样，特金因 1980 年 12 月通过的账面价值分离（参见前述）而作为有价证券投资的产品得以快速发展。

委托人为机构投资者等的金融机构时，特金大多数情况下由委托人自己指示运用；委托人为事业法人或者非课税法人等时，通常由从事投资运用业务的金融产品交易者与委托人之间签订投资全权委托合同，并同时与受托人签订三方协议。

附投资全权委托合同

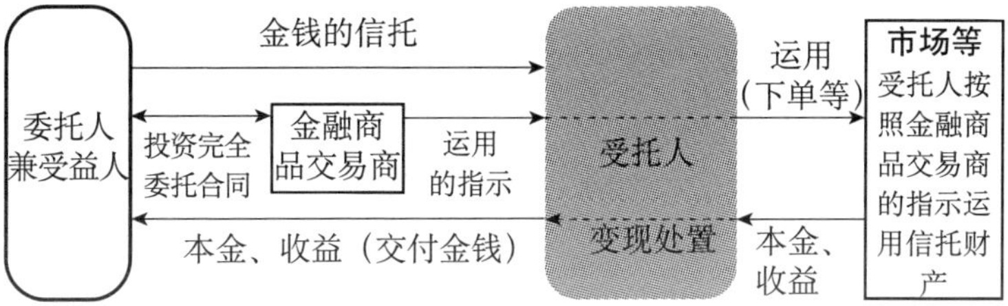

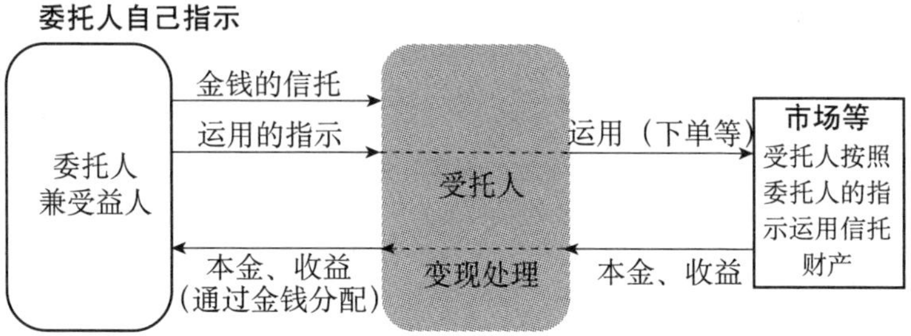

特定运用金钱信托（特金）

3. 特定金外信

以前绝大多数都是以特金形式来进行有价证券投资。但近来，特金外等信托因可按信托财产现状进行交付、较为灵活的产品性而成为主流。

第四章

投资信托

一、投资信托制度

（1）投资信托的概要。

投资信托是指专业的资金运用管理人运用从多个投资者处筹集的金钱，获得规模优势，投资股票或债券、不动产等，将该运用成果分配给投资者的制度。

投资信托根据各种各样的需要设定多个品种，“允许少额的投资”“根据基准价额制较容易地把握资产的价值”“完善银行窗口或者网络交易等多样化销售渠道”，促使其作为便利的投资手段得以广泛地应用。根据投资信托协会的调查，2014 年年末投资信托整体的净资产余额约为 147 兆日元。另外，因为从 2014 年开始导入少额投资非课税制度（NISA）[①]，近年来，投资信托有望渗透到作为主要购买者的高龄层以外的年轻层。

另外，在日本，法律上定义的投资信托是指根据“投资信托及投资法人相关的法律（投资信托法）”设定的委托人指示型投资信托以及委托人非指示型投资信托。但广义上，非基于信托合同

① 每年以 100 万日元为上限，新购买的投资额度内的分红与转让收益在最长 5 年时间内免于征税。

的投资法人计划的内容一般也属于投资信托的一种。

投资信托的整体情况　（单位：亿日元）

	投信整体情况（A）—（D）	公募合同型证券投信（A）	私募合同型证券投信（B）	不动产投资法人（C）	其他（D）
2010年	983 359	637 201	306 266	39 090	803
2011年	900 561	573 274	285 427	41 097	763
2012年	1 005 353	640 638	318 185	45 789	741
2013年	1 280 907	815 232	404 131	60 781	762
2014年	1 474 170	935 045	468 707	69 779	640

注：2014年的不动产投资法人（C）是11月末的统计数据；其他（D）中包含金钱信托受益权投信、证券投资法人；不动产投资法人（C）中包含私募不动产投资法人。

数据来源：（一般社团法人）投资信托协会调查

（2）投资信托制度的沿革。

投资信托的起源有诸多说法，但在19世纪60年代的英国，作为将通过产业革命积蓄财富进行海外投资的手段而设定的“Foreign Fund and Colonial Government Trust”很出名。之后，投资信托的中心转移至美国。在20世纪20年代其作为产业资本的供给源头而得到发展，美国最终以1929年的股价暴跌为契机完善了保护投资者的法律制度。美国现在也将投资信托制度作为年金的投资手段等，运用着高额资金。在美国，不仅是信托，也包括对由投资人购买从事证券投资公司股份的公司型共同基金结构的运用。

在日本，1937年藤本大厦经纪人证券设定的藤本有价证券投资合作社（民法上的公会）改变了投资信托。1941年，野村证券根据以野村信托作为受托人的信托合同设定了投资信托。但当时的证券市场尚未成熟等导致余额未增长，最后因战中、战后的混乱消失了。

日本投资信托相关的主要制度

	法律名称	主要内容
1951 年	制定《证券投资信托法》	制定投资信托的基本框架（受益权的流通性、投资者的保护）
1967 年	修改《证券投资信托法》	确保投资信托委托公司的独立性，制定行为准则等
1998 年	制定《证券投资信托及证券投资法人相关的法律》	导入公司型的证券投资法人制度、导入私募证券投资信托、投资信托委托公司从许可制发展为备案制
2000 年	制定《投资信托及投资法人相关的法律》	有价证券以外的不动产、金钱债权的广泛的资产的投资得到许可、委托人非指示型投资信托的创设

其后 1951 年，当时释放出大量财阀持有的股票，因为期望其作为上述股票的接手者。日本制定了由保障受益权流通性及投资者保护等构成现行投资信托制度基本框架的证券投资信托法，并设定了以证券公司为受托人的投资信托（20 世纪 60 年代，从提高投资信托制度信赖性的角度出发，投资信托委托公司从证券公司中分离、独立出来了）。

证券投资信托法经历了证券不景气及经济泡沫破裂的大环境变化，作为日本大改革的一环，历经数次修改，最终形成了现在的“投资信托及投资法人相关法律”的风貌。这期间，还导入了公司型证券投资法人制度，允许向有价证券以外的不动产、金钱债券等广泛的资产进行投资；还扩张了委托人非指示型投资信托等制度。

（3）投资信托的分类。

广义上，投资信托可以分为利用信托计划组织形式的“合同型（或者信托型）”和采用投资法人组织形式的“公司型（或者法人型）”。运用对象为有价证券的证券投资信托一般采取合同型，运用对象为不动产的不动产投资信托（REIT）一般设定为公司型。

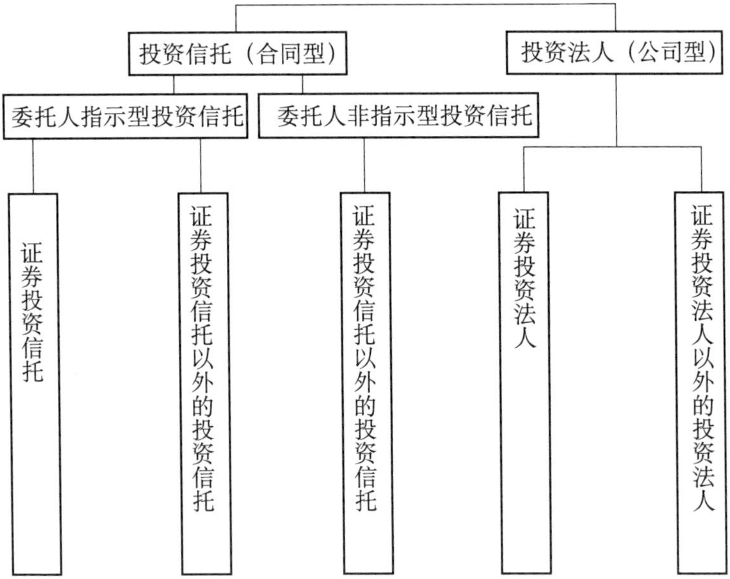

投资信托的分类

合同型投资信托根据何人拥有运用裁量权来分类，具体分为“开展投资业务的金融产品交易者中的投资信托委托公司”（投资信托法第 2 条第 11 款）、由委托人作出运用指示的“委托人指示型投资信托”，以及受托人从多个委托人处筹集资金、自己运作的“委托人非指示型投资信托”。在日本，投资信托几乎都被设定为“委托人指示型投资信托”。

另外，“委托人指示型投资信托”分为主要投资于有价证券的“证券投资信托”与主要投资于有价证券以外的不动产等的“证券投资信托以外的投资信托”。另外，不允许“委托人非指示型投资信托”主要投资于有价证券，其被限制为不动产投资信托等的“证券投资信托以外的投资信托”。

二、证券投资信托

证券投资信托是指委托人指示型投资信托中，主要目的在于投资有价证券的信托（投资信托法第 2 条第 4 款）。

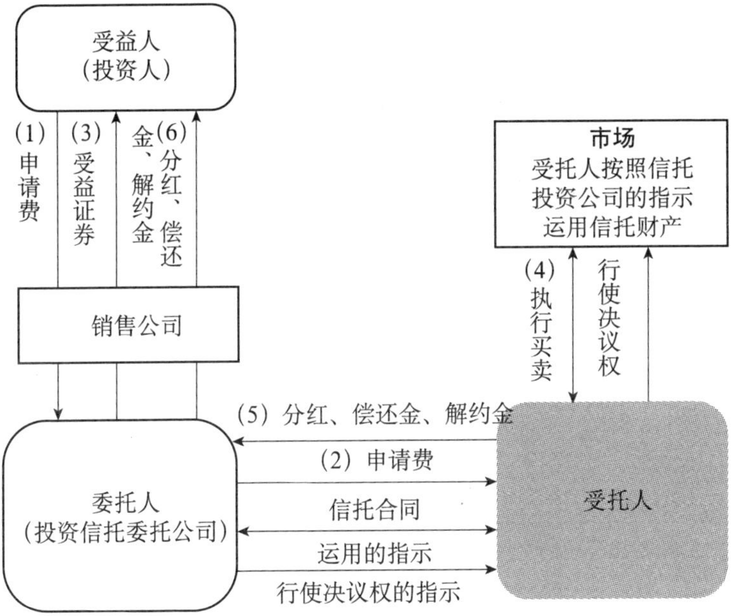

证券投资信托

投资信托法规定，为了保护投资人，原则上[①]禁止签订与不符合投资信托法的证券投资信托相似的信托合同（该法第 7 条）。

证券投资信托根据投资信托委托公司与受托人签订的信托合同设定基金，投资者并不是信托合同的当事人，而是作为他益信

① 发行受益证券信托以外的信托，不以分割信托的受益权为目的并由多人获得时，可以得到承认。

托的受益人取得受益权（受益证券）。

具体来讲，投资者通过证券投资信托的销售公司支付该证券投资信托的申请费，申请费经销售公司由受托人设定信托，投资人取得受益权。此外，过去也曾经出现过由投资信托委托公司为自益信托受益人的信托，将该受益权出售给投资人的方式，但最近一般都是在信托合同中明确规定投资者为他益信托的受益人。

（1）证券投资信托关系中的关系人。

1）投资信托委托公司。

投资信托委托公司作为证券投资信托的委托人，在签订信托合同之前必须向内阁总理大臣备案信托章程的内容。

签订信托合同之后，投资信托委托公司负有作出信托财产运用指示，发行受益证券，制作、交付给受益人的运用报告书等义务。

投资信托委托公司必须是已向内阁总理大臣登记的金融产品交易商。

投资信托委托公司的主要职责： A. 制作信托合同条款、向内阁总理大臣备案； B. 指示如何运用信托财产； C. 发行受益证券； D. 制作、交付运用报告书； E. 决定收益分红； F. 指示属于信托财产的股票决议权行使。

2）受托人。

委托人指示型投资信托的受托人必须是一个信托公司或者经营信托业务的金融机构。

受托人负责信托财产的保管、管理，按照指示执行有价证券的买卖等，原则上受托人不与直接受益人接触。至于支付给受益人的受益分红及交付偿还金，由受托人向投资信托委托公司支付总额，投资信托委托公司通过销售公司交付。

另外，关于受托人信托财产的保管及管理等，通常都是以再信托的形式委托给专业从事资产管理的信托银行。

受托人的主要职责：
A. 签订信托合同；
B. 按照指示执行有价证券的买卖；
C. 保管、管理信托财产；
D. 计算基准价额；
E. 向委托人支付收益分红、解约金等；
F. 按照指示行使股票的表决权。

3）销售公司。

销售公司接受投资信托委托公司的委托，向投资人销售受益证券，交付证券说明书，接受受益证券的解约及买受受益证券，支付解约金、分红、偿还金等。

另外，也允许投资信托委托公司自己销售受益证券。

销售公司的主要职责：
A. 募集投资人等；
B. 受理受益人的解约，购买受益证券；
C. 支付受益分红、偿还金、解约金；
D. 交付运用报告书。

4）投资人。

投资人作为受益人取得各个计算期间的运用情况报告，获取投资运用成果。

（2）受益证券的处理。

委托人指示型投资信托的受益权均等分割，被分割的受益权必须标示为受益证券（投资信托法第 6 条第 1 款）。

受益证券属于金融产品交易法上的有价证券，由投资信托委托公司发行。但因为 2007 年开始的投资信托转账制度，目前信托章程里一般都规定不得发行受益证券。证券投资信托的设定及解约、偿还等通过电脑系统上的账簿记录进行。

(3) 按照运用对象分类。

金融产品交易法规定证券投资信托应将信托财产的二分之一以上运用于有价证券（金商法第 2 条第 1 款、第 2 款），有价证券以外的部分主要作为备用资金，运用于流动性及安全性高的存款、金钱信托、短期贷款等。

另外，所得税法为了明确根据证券投资信托的运用对象所产生收益金的课税方式，对“公社债（国债、地方债、公司债券）投资信托”与“股票投资信托”进行了定义。

1) 公社债（国债、地方债、公司债券）投资信托。

这是指证券投资信托中，信托财产仅可投资国债、地方债、公司债券，而不得投资股票或出资的信托（所得税法第 2 条第 1 款第 15 项中有定义）。国债、地方债、公司债券投资信托的收益金按利息所得处理（该法第 23 条第 1 款）。

2) 股票投资信托。

这是指证券投资信托中上述国债、地方债、公司债券投资信托以外的信托。股票投资信托的收益金按分红所得处理（所得税法第 24 条第 1 款）。而且，即使实际上没有投资股票，信托章程允许向国债、地方债、公司债券以外进行投资的，也作为股票投资信托的分类。

(4) 按照募集形式分类。

投资信托法中作为证券投资信托的销售方法，规定了以不特定多数投资人为对象的公募以及以特定或者少数投资人为对象的私募两种形式。

与公募相比，金融产品交易法上规定的私募信息公开制度较缓和，基金的运营成本得到控制，具有可以配合特定顾客需求灵活设计产品的优点，被运用于年金资金等。

1）公募。

这是指新发行受益证券的购买宣传中，排除下述适格机构投资人私募，以不特定多数的投资人（50 人以上）为对象的募集形式（投资信托法第 2 条第 8 款）。

2）私募。

这是指新发行受益证券的购买宣传中，“以适格机构投资人以及特定投资人等专业投资人为募集对象时（适格机构投资者私募等）”，“以不符合公募、适格机构投资人私募等以少数人数（未满 50 人）为募集对象进行的（一般投资者私募）”募集形式（投资信托法第 2 条第 9 款、第 10 款）。

三、不动产投资信托（REIT）

因为金额、管理、变现等各方面原因，个人投资人很难投资实物不动产以及不动产证券化产品。对此，以不动产为主要投资对象的不动产投资信托［REIT（Real Estate Investment Trust）］使得个人投资人可以小额投资不动产，而且也可以在不动产的运用及管理上运用专家的能力。另外，REIT 除了使变现变得容易之外，由于不动产投资信托将从不动产获得的租金收入等作为资本金进行分红，因此可以将其作为对冲通胀或者与其他资产运用手段一起来分散投资风险的手段。

REIT一般为投资法人构成的公司型框架。具体来讲，以持有、运用不动产等为目的而设立的投资法人向投资者发行按均等比例单位细分的、显示投资法人成员地位的投资金额（投资证券），并使用从投资者筹集的资金投资不动产，从而运营。但是，不允许投资法人直接判断如何运用资金，实际上得由资产运用公司（金融商品交易商）来选定不动产及判断投资。而且，投资法人取得的不动产由资产保管公司管理，一般事务受托人负责投资证券的发行事务、更名过户等工作，但大多情况均由信托银行负责。

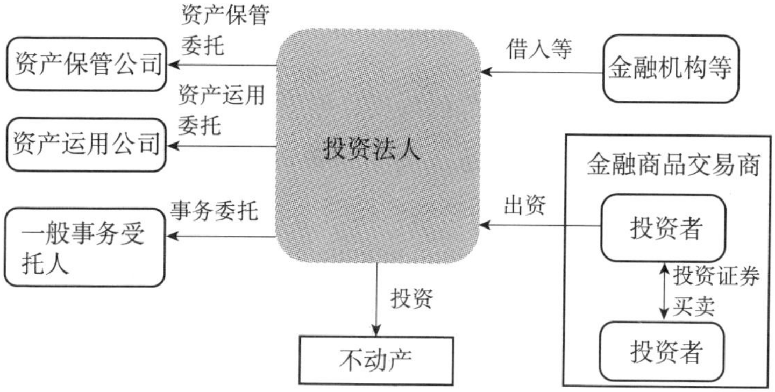

不动产投资信托（REIT）

四、ETF

ETF（Exchange Trade Funds）是证券投资信托的一种，跟股票一样在金融产品交易所上市，与日经平均股价及东证股价指数等挂钩，发生价格变动。ETF的特征是“容易判断投资、损益情况”“分散投资效果强”“交易日内买卖”“与一般的投资信托相比，买卖手续费、信托报酬低”。

现在上市的ETF的大半是实物申赎型。实物申赎型ETF是由投资信托委托公司从指定参加者（机构投资人和金融商品交易商）处申赎构成基金指数的现货股进行设定。指定参加者接受ETF的受益证券作为申赎的回报，在金融商品交易所销售给普通投资人。

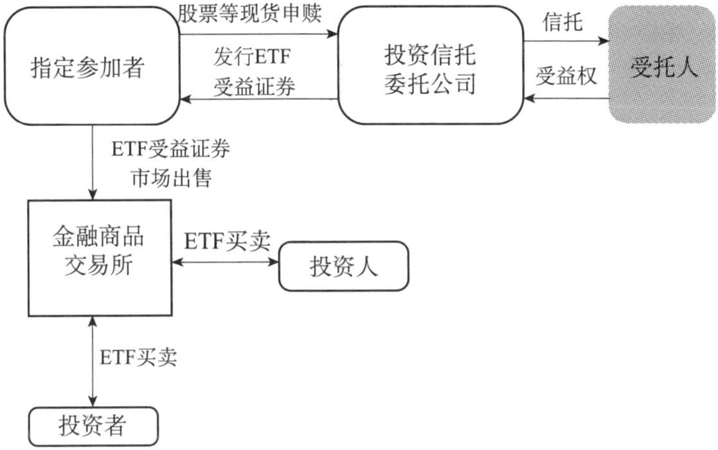

实物申赎型 ETF

第五章

有价证券信托

一、有价证券管理信托

1. 概要

有价证券管理信托是指受托人管理国债及公司债券、股票等有价证券的信托；是根据企业中有价证券管理的外包，以信托的名义持有有价证券和以承继业务为目的而长期管理本公司股票的需求而设定的。

有价证券管理信托既可以设定为自己信托，也可以设定为他益信托。将股票作为信托财产，受益人收到作为信托财产的股票的分红、债券利息等收益时，一般情况下，委托人指示受托人行使决议权。

而且，将属于信托财产的有价证券作为应对破产风险等突发情况时可以分配的资本金来管理的信托，其信托目的不仅在于管理，还在于对有价证券的最终处分。

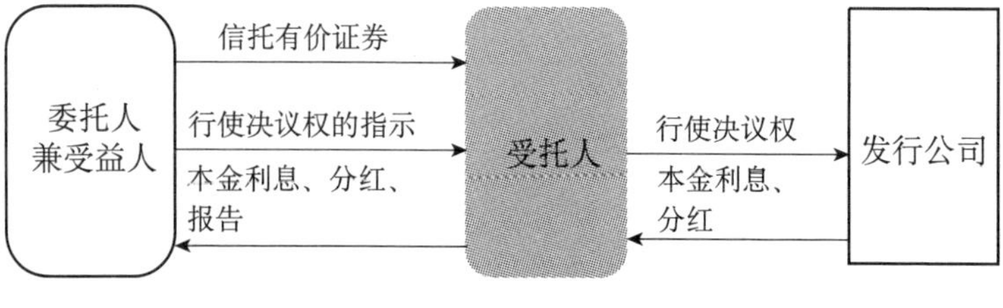

有价证券管理信托

2. 有价证券管理信托的运用需求

（1）报告统一。

大量持有有价证券的企业等为统一繁杂的有价证券管理事务，运用有价证券管理信托，统合报告。

（2）财产保全。

针对顾客分别金信托（参照第九章之一）的有价证券信托等，有价证券管理信托用来管理应对破产风险等突发情况时的分配资本金。

（3）业务承继。

有价证券管理信托被用于企业所有人跨越世代，拥有本公司股份的长期管理中（参照第十一章第 4 条）。

二、有价证券运用信托

1. 概要

有价证券运用信托是指受托人通过消费借贷以及租赁借贷的方法将被信托的有价证券出借给第三方，将收益付给委托人兼受益人的信托。

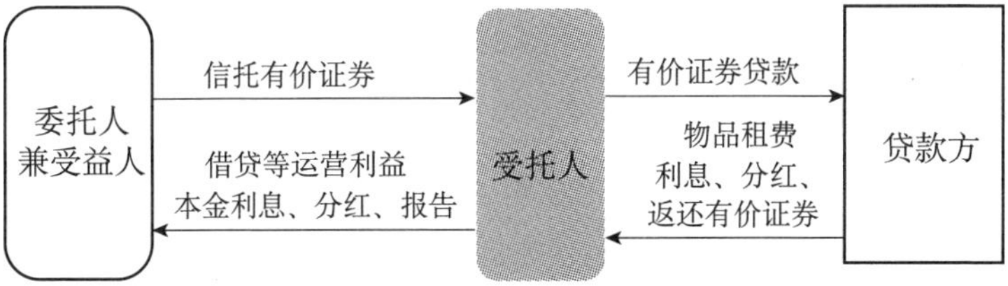

有价证券运用信托

2. 有价证券的运用方法

（1）消费借贷。

通过消费借贷运用有价证券时，出借至该有价证券的偿还日为止。借方卖掉有价证券筹措资金，到期后必须筹措、返还同品种、同样金额的其他有价证券；但实际上，信托的期限与有价证券的偿还日一致，受托人将借方偿还的金钱直接交付给受益人。

到偿还日为止的消费借贷近年来有所减少、但短期借贷的运用有所增加。

（2）租赁。

通过租赁运用有价证券是指借方将与借来的有价证券相同的有价证券返还给受托人。

第六章

年金信托

一、企业年金制度

1. 日本年金制度的概要

日本年金制度整体构造分为三层。第一层为20岁以上未满60岁的所有国民都加入的国民年金（即基础年金）；第二层为职业领域的年金制度，即民间工薪一族加入的厚生年金保险及公务员等加入的共济年金；第三层为待遇确定型企业年金、缴费确定型企业年金、厚生年金基金（不可以新设）、适格离职年金（废止）、缴费确定型个人年金等。

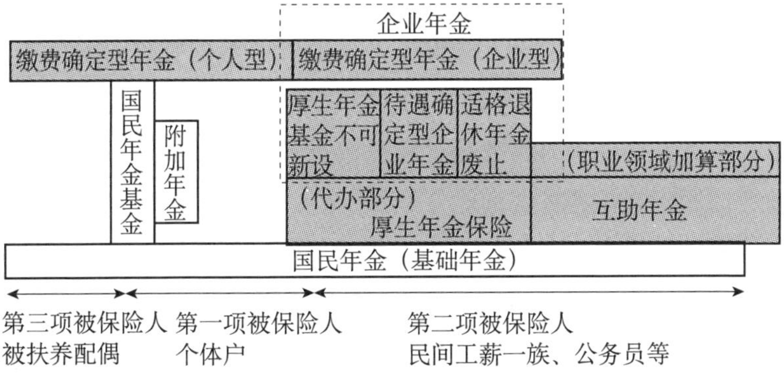

年金三层构造

第一层、第二层大部分是国家或者类似的公共团体为了保障国民最低限度的生活水平，从补充所得基础部分的保障社会的角度实施的公共年金，目标人群有义务加入。

第三层作为私人年金，是为补充公共年金的目的而实施的。其中，企业为了保障员工年老后的生活安稳而运营的制度称为企业年金制度。关于第三层，除了企业年金制度，个人通过自己的努力，为了年老后的生活，可任意加入的年金有个人年金、财产积累年金、国民年金基金、个人缴费确定型个人年金等。

2. 企业年金信托业务

若企业、团体欲建立企业年金制度，需完善与精算及结算相关的基础条件，并能够通过专业方式长期、稳定地运营，这需要很高的成本。

因此，信托银行等根据企业、团体的需求，提供广泛的企业年金制度所需要的业务，不仅包括年金资产的管理、运用，还提供年金制度的设计，包括计算适当的收款、财政状况验证、向行政主管机构申请及交涉、参保人及领取人的数据管理、支付事务等企业年金信托业务。而且，企业年金制度的市场环境及法律制度、税务及会计等时常变化，信托银行等也在提供企业年金信托业务时附带提供各种咨询业务等服务。

另外，企业年金信托业务中所活用的信托合同类型包括“单独运用指定金钱信托（综合信托）”与“单独运用特定金钱信托（综合信托）”。综合信托更加便于企业、团体以持有的有价证券实物设定信托及追加缴费、移管年金资产。

二、适格离职年金信托

“适格离职年金”是指满足以法人税法实施令附则第 16 条为依据的、下页规定的“14 个适格条件”的，获得国税厅长官许可的企业外部积累年金制度，是日本初次引进的企业年金。企业与信托银行等机构签订年金信托合同（适格离职年金信托）、或与人寿保险公司签订年金保险合同，或与全国共济农业合作联合会签订年金共济合同，均构成适格离职年金。而且，开展投资业务的金融商品交易商可以仅受理运营，但此时，需与信托银行等签订特定金钱信托的合同。

适格离职年金曾具有企业缴纳的费用计入损失、员工缴纳的费用属于人寿保险费扣除对象等方面的优点。但随着 2002 年 4 月 1 日给付型企业年金法的实施，2012 年 3 月末适格离职年金制度被废止。

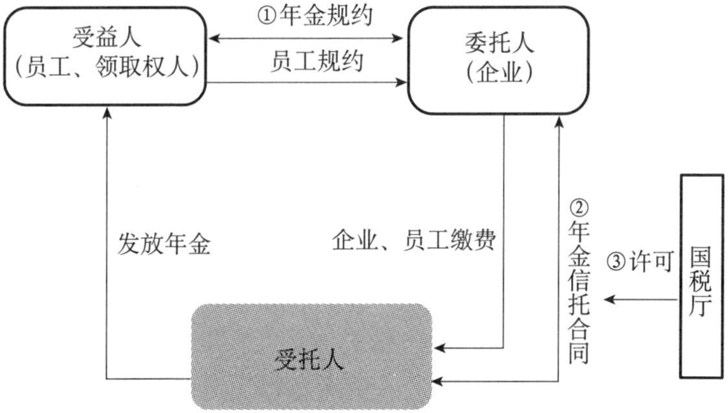

适格离职年金信托

而且，学校法人等非课税法人可以运营类似适格离职年金制度的非适格离职年金制度，来作为职工等的离职年金制度。

【14个适格条件】
(1) 目的；(2) 合同形式；(3) 受益人的范围；(4) 预期利率的变更时期；(5) 恰当的年金精算；(6) 一般缴费；(7) 过去工作债务等的偿还；(8) 保留金额超额部分的返还；(9) 禁止将公积金返还给企业；(10) 解约返还金属于员工；(11) 限制减少给付金额；(12) 禁止差别对待；(13) 禁止享有特别利益及个别运用指示；(14) 合同的持续性

三、厚生年金基金信托

1. 概要

厚生年金基金制度是指，按照厚生年金保险法，以企业、团体为基础而设立的厚生年金基金，代替国家给付一部分老年基本养老金（代替部分）的同时，发放企业、团体独自计算的年金制度。企业向基金缴纳的费用作为福利保健费用算入损失，员工缴纳的费用属于社会保险费用扣除对象。

设立厚生年金基金时，除了要满足成员规模须在一定数量以上等几个条件之外，企业还需经员工同意制定出规定年金发放内容等的厚生年金基金规章并获得厚生劳动大臣的许可。但是，“修改确保公共年金制度的健全性及信赖性的厚生年金保险法等部分内容的法律”制定后，自2014年4月1日起，不可以新设立厚生年金基金，而且既存的厚生年金基金也要转移为其他企业年金制度或者解散。

厚生年金基金需就年金发放、公积金的管理、运用签订以下某一合同：与受托人签订年金信托合同（厚生年金基金信托），与人寿保险公司签订寿险合同，与全国共济农业合作联合会签订生命共济合同，与进行投资运用业务的金融商品交易商签订投资全权委托合同（需要与受托人签订特定金钱信托）。

而且，关于运用体制，当基金满足一定的条件时，将公积金的管理委托给金融机构等，可通过一定的运用方法运营自己的公积金（自行运用）。

根据信托协会的调查，2015 年 3 月末时厚生年金基金信托为 348 件，受托余额为 9 兆 5 405 亿日元。

2. 特征

厚生年金基金是从其母体企业、团体中独立出来、给领受人给付年金的特别法人。厚生年金基金信托合同是以厚生年金基金作为委托人兼受益人签订的自益信托。

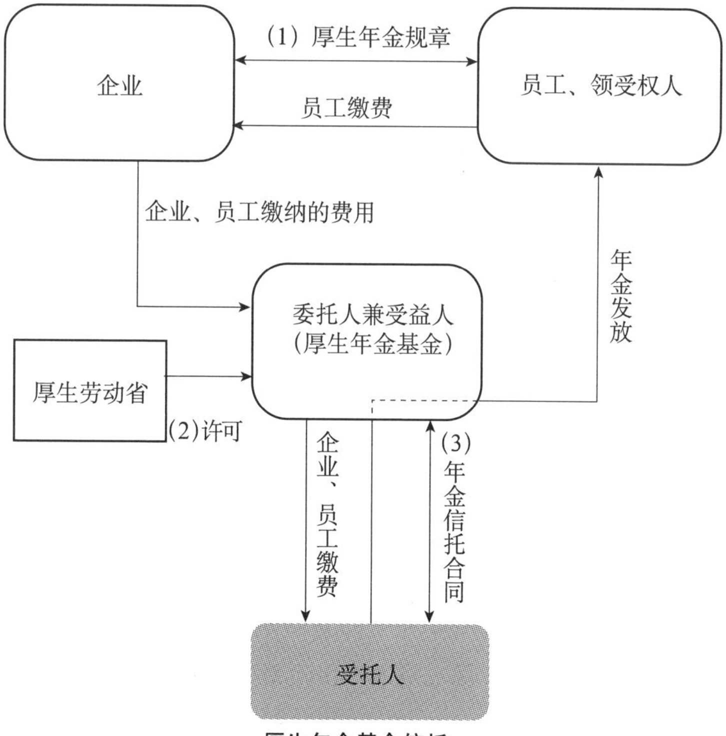

厚生年金基金信托

受托人在管理、运用年金发放公积金的同时，另行签订业务委托合同，执行年金精算、管理参保人及领取权人数据、支付发放金等事务。

四、待遇确定型企业年金信托

1. 概要

随着2002年1月“待遇确定型企业年金法”的实施，建立了待遇确定型企业年金。

待遇确定型企业年金法最大的特征在于“领取权的保护”，规定了“积累义务”“受托人责任”“公开信息”相关的统一标准。

待遇确定型企业年金中有“规章型”与“基金型”两种。

企业经员工同意，按照规定了制度内容的年金规章，通过向外部缴纳费用，管理及运用该年金资产，发放年金的，称为规章型企业年金。企业经员工同意，按照规定了制度内容的年金规章，设立单独法人主体的企业年金基金，管理及运用年金资产的，称为基金型企业年金。其中，信托银行等受托这些年金资产的管理及运用等的，分别称为规章型企业年金信托、基金型企业年金信托。根据信托协会的调查，2015年3月末规章型企业年金信托的受托数为3 305件，余额为10兆702亿日元；基金型企业年金信托数为478件，余额为13兆5 173亿日元。

利用这些信托，具有企业可以将缴纳的费用全额算入损失等的优点，员工缴纳的费用也是人寿保险费用的扣除对象。

2. 特征

规章型待遇确定型企业年金信托采取了企业为委托人、制度的参保人及领取权利人等为受益人的他益信托形式。但从保护领取权的观点出发，日本设置了受益人代理人（受益人尚未存在时为信托管理人）。另外，基金型待遇确定型企业年金信托采取委托人为基金受益人的自益信托形式。因为基金是作为从基础企业独立出来设立的开展事业的特别法人，因此不设置受益人代理人等。

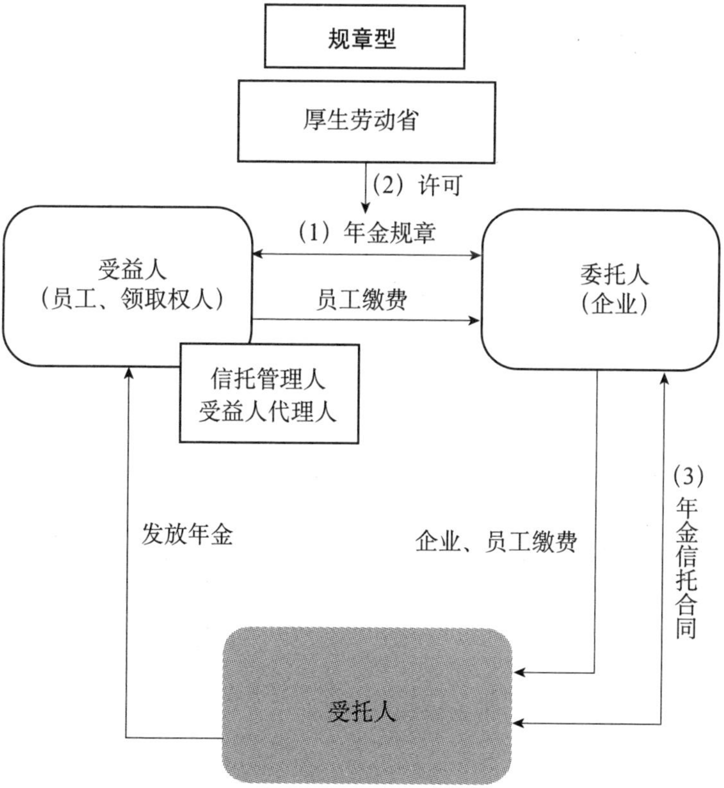

待遇确定型企业年金信托

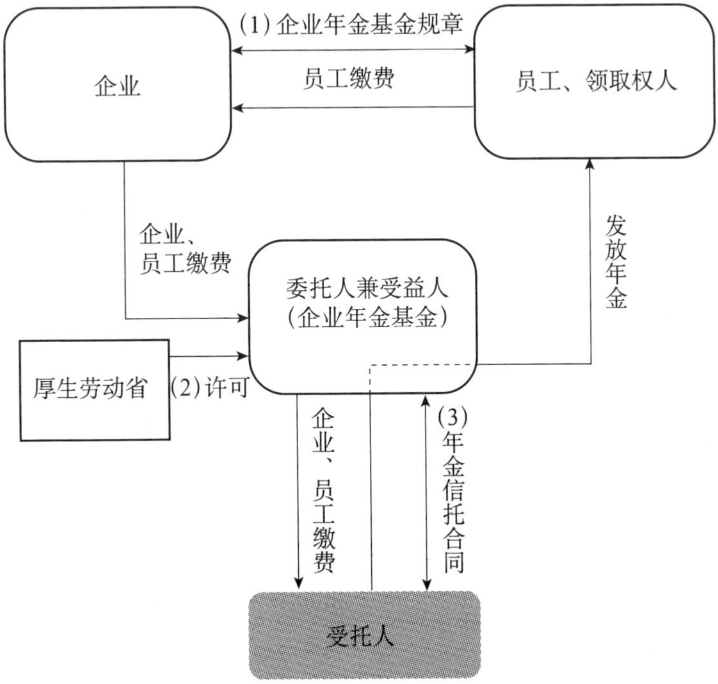

基金型企业年金信托

签订待遇确定型企业年金信托的信托合同时，规章型有多个企业为共同委托人的情况，而基金型即使是共同设立企业年金基金，委托人通常为企业年金基金的单独受益人。

而且，待遇确定型企业年金信托中，在委托制度管理业务或实施业务总代理制时，需要签订与信托合同不同的业务委托合同或者业务总代理合同（辅助代理时为辅助代理业务合同）。

五、缴费确定型年金信托

1. 概要

“缴费确定型年金”是随着 2001 年 10 月“缴费确定型年金

法”的实施而建立的。

缴费确定型年金是以缴费总额及投资收益的合计金额为基础决定发放金额的年金。积累期间的运用由年金参保人自己决定。费用由企业缴纳，但若规章有规定时，参保人也可以缴纳。缴纳的费用按个人明确地区分管理。另外，参保人离职时，也可以将按个人区分管理的资产转移至其他缴费确定型年金。

缴费确定型年金分为两种类型（1）企业按照劳资合意实施、未满 60 岁的员工为参保人的“企业型”；（2）国民年金基金联合会实施、个体户以及非企业年金对象的未满 60 岁的员工等经申请成为参保人的“个人型”。

企业缴纳的费用可以算入损失，承认员工等缴纳的费用为扣除所得对象，但均须在法律规定的筹集金额限度范围内。[①]

2. 特征

实施缴费确定型年金的企业为委托人，年金参保人或者曾经为参保人的人（领取权人）为受益人，按他益信托的形式与受托人签订缴费确定型年金特定金钱信托合同，设置受益人代理人。在个人型缴费确定型年金信托，国民年金基金联合会为委托人兼受益人，与受托人之间就公积金的管理签订缴费确定型年金特定金钱信托合同。

受托人根据由记录员汇总的参保人运用指示通知，与运营管理机构签订买卖合同等，运用信托财产。

---

① 企业可以缴费的金额限度是，加入其他企业年金制度时，每个月的额度为 27 500日元，未加入时每个月的额度为 55 000 日元。至于员工等缴纳的费用，与企业的筹集金额总额必须在金额限度以内，而且不得超出企业的筹集金额范围。

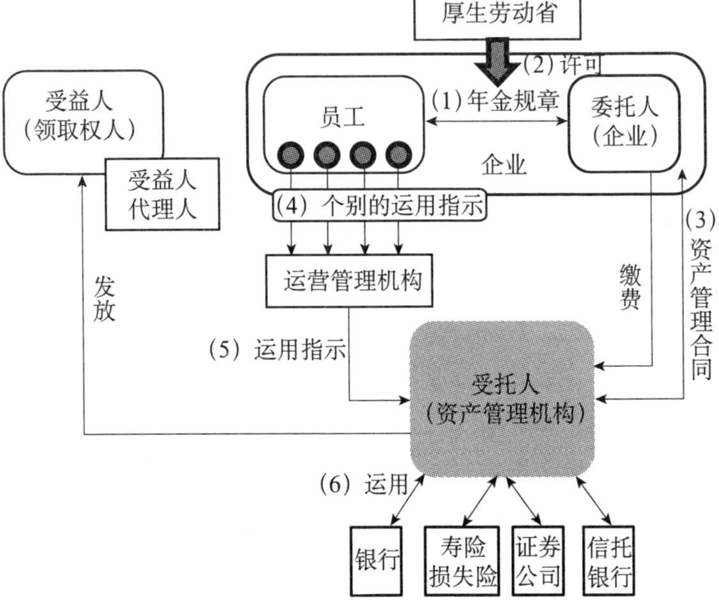

缴费确定型年金信托（企业型）

六、离职给付信托

1. 概要

离职给付信托是指企业以支付一次性离职金及为离职年金制度缴纳费用为目的，支出有价证券或者金钱，信托银行为该企业的员工及离职人员对其进行管理及运用的信托。

日本注册会计师协会2000年建立的离职给付会计基准，明确了离职给付信托的条件。当时，准备建立的离职给付会计基准包含要求企业偿还离职支付债务累积不足部分的内容，企业作为会计上增加年金资产的有效手段，对信托的运用给予了关注。因此，日本注册会计师协会在离职给付会计基准导入之前的1999年，公布了“离职给付会计实务指南（中间报告）”即现在的“离职给付相关会计基准适用指南”。

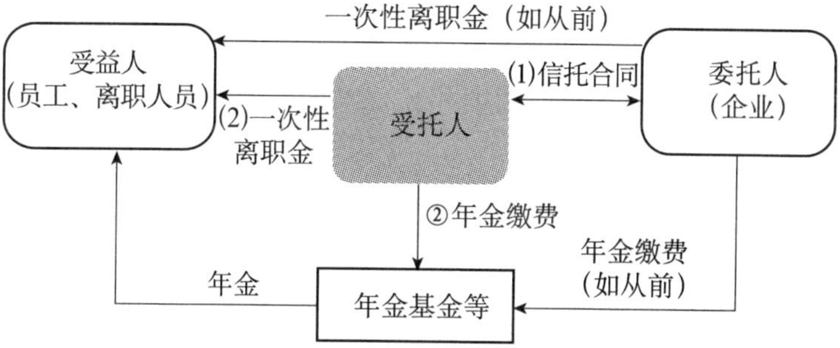

离职给付信托

离职给付会计基准建立后6个月以内设定的离职给付信托，曾被作为在会计上花较少的费用，仅通过信托财产缴纳的有价证券的溢价利润部分就可以缩小积累不足的特别措施，因而该制度建立第一年的受托余额便超过了5兆日元。离职给付信托建立初期，以缴纳交叉持有的股份等具有溢价利润的有价证券以及就该有价证券的管理、处分为主。但通过红利的积累及交叉持股的解除等原因，信托内金钱的比例增高，导致运用该金钱的运用型离职支付信托出现，其中也包括从初期起所缴纳的部分，这样一来就导致余额增加。

2. 离职给付信托的条件

离职给付相关会计基准适用指南规定了如下离职给付信托的条件：

（1）可以通过离职金规定等确认该信托可以发放离职金；

（2）信托财产被限定为只能发放离职金的他益信托；

（3）法律上与企业分离，禁止将信托财产返还企业及针对受益人的欺诈行为；

（4）财产的管理、运用、处分，由受托人按照信托合同进行。

3. 离职给付信托的优点

离职给付信托的设定对于企业来讲，整体上具有如下优点：

（1）与企业年金长期制度相比，与缴纳金额相应的离职给付债务得以提前压缩；

（2）通过缴纳持有股票，将持有股票与离职给付准备金表外化，可以完善资产负债表；

（3）运用型离职给付信托中，通过计入会计上的期待收益，可以削减离职给付费用；

（4）可以确保员工的一次性离职金支付资本金及年金资产。

七、互助年金信托

1. 概要

互助年金信托是支援由公务员等互助团体运营的作为私人年金制度的互助年金的信托产品。互助年金的参加者为公务员等离职人员，互助年金信托以参加人的退职金为信托财产，并管理、运用该财产，向参加人支付年金。

但是，互助年金信托是集合运用指定金钱信托，其收益性低，以及因 2008 年开始的公益法人制度改革，导致转向一般财团法人及一般社团法人的互助团体失去了互助年金信托的非课税优势，造成了信托财产不断流出。

2. 互助年金信托的结构

互助年金信托作为结合了两个信托的年金制度加以运营。

信托参加者将离职金作为资本金设定自己为委托人兼本金受益人，互助团体为收益受益人的单独运用指定金钱信托。互助团体为了将收益金发放给参加者，设定前述的收益金为资本金，自己为委托人兼受益人的单独运用指定金钱信托。关于本金的发放，参加者按年金或者一次性领取，并且从互助团体领取收益。

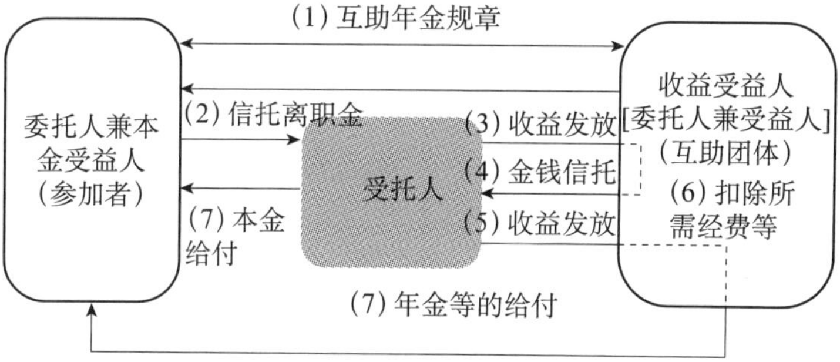

互助年金信托

3. 互助年金信托的给付

关于互助年金信托的给付，信托参加者可以自由设定信托财产的宽裕期以及给付期、分期或者一次性给付本金，并结合生活习惯领取年金。

另外，参加者中途退出时（信托期间未满 5 年时，原则上互助团体征收解约手续费）也可以一次性领取离职金，而且参加者死亡时，一般情况下，其家属可以选择领取遗属年金或者遗属一次性补助金。

第七章

以资产流动化为目的的信托

一、资产流动化信托

1. 概要

（1）定义等。

资产流动化是指流动化目标资产的持有人（发起人），以资产表外化以及筹集资金为目的，将该资产从主要部分的破产风险中分离出来，同时组成以该现金流为资本金的金融产品，并通过各种各样的结构加以实施。

具体来讲，有时发起者将流动化目标资产转移至信托以及公司、合作社等特殊目的机构（SPV），通过发行和借入以该 SPV 的受益权以及出资证券等有价证券来筹集资金，以及通过附设回购条款来进行资产让渡。

而且，各种各样的资产流动化结构中，基于“资产流动化法律（流动化法）”的“特定目的公司”和“特定目的信托”在同法第 2 条中有所定义，并设置了各种保护投资人的措施等。但对于特定目的信托，流动化法上的资产信托流动化计划的制作较为繁杂，因此通过信托进行流动化时，一般不遵循该法的普通信托方式。

资产流动化法上的“资产流动化”的定义概述
【特定目的公司（SPC）方式】 作为系列行为，“特定目的公司”“通过发行资产对应的证券或者通过特定借入取得的金钱”来“获得资产”，“通过管理及处分这些资产获得的金钱”，“因履行债务、分配利益及消灭而取得或分配剩余财产”。
【特定目的信托方式】 作为系列行为，“受托人”接受“资产的信托（特定目的信托）”“发行受益证券”，“通过管理及处分这些资产获得的金钱”来“履行债务”。

（2）关系人的优势。

资产流动化的实施中，对于资金筹集人与投资者双方具有如下优点：

1）资金筹集人的优势。

A. 筹集手段的多样化。

在根据资金筹集人自身信用筹集资金的基础上，通过采取活用金钱债券及不动产等持有资产筹集资金手段，具有适应适时市场环境以及财务状况这样较高自由度的优点。

B. 低成本的资金筹集。

通过流动化的目标资产，资金筹集人自身也可以获得较高的评级。此时，可以以比本金更低的成本完成资金的筹集。

C. 财务状况的改善。

允许通过流动化的资产表外处理，通过筹集的现金削减负债，使借贷平衡表均衡化，这时可以提高各种财务指标。另外，就流动化设置优先劣后构造，卖掉优先部分，继续持有劣后部分时，通过劣后部分获得收益的同时，通过卖掉优先部分提前回收资金，从而可以提高资产的投资效率。

● 表外业务基准

为了使会计上的表外业务处理得到允认，需要满足一定的条件。企业会计基准委员会公布的“金融产品会计基准”规定，通过转移金融资产合同上的权利消灭的，必须同时满足以下三个条件：

a. 合同约定的受让人关于被转让的金融资产的权利，独立于转让人及其债权人，在法律上得以保全。

b. 受让人可以按照通常的方法直接或者间接地享有合同约定的关于被转让金融资产的权利。

c. 转让人在该金融资产期满前没有回购已转让金融资产的实质性权利及义务。

而且，日本注册会计师协会的“金融产品会计实务指南”“金融产品会计 Q&A”等就“金融产品会计基准”的实务处理，明确记载了应按照财务构成要素的科学方法认定金融资产转让的消灭。① 其中 a 的“法律上的稳定性”规定了受让人具备对抗第三人的要件等。

2）投资者的优势。

A. 投资对象的限定。

由于目标资产从资金筹集人的信用风险中分离出来了，可以着眼于目标资产现金流进行投资。

B. 投资单位的灵活性。

一般情况下，一项资产开始流动化的时候，投资人可以以比投资资产本身还要小额的资金进行投资。另外，汇集小规模的资产进行流动化具有如下优点：投资人可以汇集本来应该进行个别投资的资金，有效地投资。

2. 日本资产流动化的沿革

20 世纪 70 年代前半期，住宅金融专门公司为了筹集资金，

---

① 金融资产财务构成要素的部分支配转移至第三人时，该财务构成要素消灭，被保留的财务构成要素存续。财务构成要素具有将来的现金流入、回收成本、信用风险及作为其他要素期限前偿还风险等。

展开了通过住宅贷款债权信托的流动化。日本资产的流动化以此为契机逐渐增加。20 世纪 80 年代后半期，银行等金融机构为改善自有资本比率，积极地致力于住宅贷款债权信托及一般贷款债权信托的流动化，从而使资产流动化变得更广泛。1993 年，日本实施了《特定债权等事业规制的相关法律》，作为租赁信贷债权的流动化手法，规定了转让方式、合伙方式以及信托方式。而且，同年日本修改证券交易法，住宅贷款信托的受益权成为证券交易法上的有价证券，从而扩大了流动化市场。

1998 年制定了《特定目的公司进行特定资产流动化的法律》［2000 年改称为现在的《资产流动化法律（流动化法）》］等，完善了流动化相关法律，增加金钱债权处理种类的同时，也开展了新的不动产流动化。

3. 通过信托方式进行的流动化

（1）流动化目标资产。

除了法律禁止转让的资产外，可以预测经济价值的资产都可以成为流动化的目标资产。

（2）信托受益权的第三人对抗要件。

虽然普通信托中的受益权可作为金融产品交易法上的有价证券来处理，但因为其不具有私法上有价证券的性质，转让资产流动化中的受益权时，第三人的对抗要件为向受托人出具具有确定日期的通知或者受托人的承诺（信托法第 94 条）。

此外，根据流动化法，由特定目的信托发行的受益证券，应作为私法上、金融产品交易法上的有价证券来处理，并可转让该受益证券（流动化法第 234 条第 2 款）。此时，对抗受托人的要件为：在权利人名册上记载或者记录取得者的名字及受益权的种类等（同法第235条第1款）。而且，关于记名式受益证券的转让，若受益证券中没有记载取得者的名字或名称，无法对抗第三人（除了受托人）（同条第2款）。

（3）通过信托方式开展资产流动化信托的受托情况。

信托协会的调查结果显示，2014年3月末时资产流动化信托的受托情况为：金钱债券、不动产、动产、其他合计共有8 613件，受托余额共计62兆4 598亿日元。

资产流动化信托的受托情况　（单位：件、亿日元）

年度	金钱债券信托		不动产信托		动产信托		其他所有合计	
	件数	余额	件数	余额	件数	余额	件数	余额
2001	2 850	139 079	689	58 714	149	484	3 690	198 403
2002	2 941	194 614	1 253	77 324	197	387	4 394	272 456
2003	3 393	234 862	1 854	106 246	187	274	5 447	343 152
2004	3 788	273 719	3 981	145 735	220	215	8 009	421 704
2005	4 030	344 991	5 598	187 043	256	191	9 919	536 411
2006	4 037	396 591	6 257	226 080	293	433	10 644	627 589
2007	3 912	404 240	6 678	260 059	323	393	10 984	667 639
2008	3 717	396 913	6 305	264 912	341	371	10 464	667 066
2009	3 547	372 416	5 643	258 138	339	358	9 641	635 347
2010	3 377	345 313	4 995	249 337	2	336	8 497	599 648
2011	3 332	344 133	4 584	249 503	2	340	8 087	600 804
2012	3 157	325 705	5 022	253 704	1	0	8 380	585 595
2013	2 807	311 691	5 053	264 716	—	—	8 094	583 265
2014	2 726	318 050	5 604	295 934	—	—	8 613	624 598

备注：件数及余额中包括综合信托合同（主要按资产区分合算）

二、以金钱债权流动化为目的信托

1. 概要

以金钱债权流动化为目的信托（金钱债权信托）是指，委托人将持有的金钱债权信托给受托人并取得受益权，通过将该受益权出售于投资人来筹集资金的信托。

实务中，正在进行各种各样的住宅贷款债权、赊销债权、租赁费债权及信贷债权等债权流动化。

2. 特征

（1）债权回收事务的代办。

金钱债权信托中从债务人处回收债权的事务本来是由受托人负责的，但考虑到业务的持续性、基础设备的有效利用、采用不告知债务人信托转让的沉默方式等方面，通常情况下，根据受托人与委托人之间的事务委托合同，由委托人代办回收金钱债权。因此，债务人与作为委托人的原债权人之间的关系和信托设定前相同。而且，受托人有时也会将回收债权事务委托给委托人以外的专业人员。

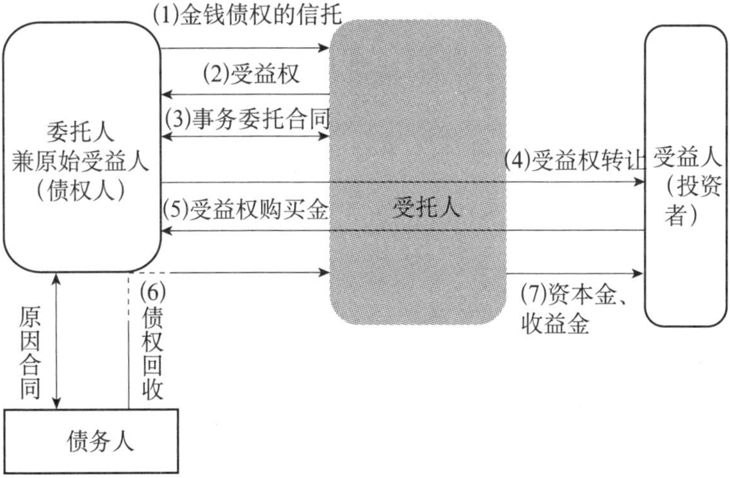

金钱债权流动化信托

（2）金钱债权的信托转让。

以前，金钱债权的信托转让是通过民法上的指名债权转让手续进行的。但1998年实施了《债权转让对抗要件民法特定法律》（2004年改称为《动产以及债权转让对抗要件民法特例法》），法人的指名债权转让只要在法务局登记转让债权数据，便可以视为其具备针对债务人以外的第三人的对抗要件，金钱债权信托实务中的程序简单化了。

无须向债务人告知以登记取得对第三人对抗要件具有以下优点：像住宅贷款债权的流动化那样，债权的信托转让难以获得债务人的理解，但可以顺利开展委托人大量的债权信托转让实务（具备对债务人对抗要件时，需要通知债务人登记事项证明书及债务人的承诺，但并非完全必要。不通知债务人，如前所述由原债权人继续负责债权回收事务时，从债务人的角度看表面上无任何变化，债权债务关系依然存续）。

（3）通过信托开展金钱债权流动化时的优点。

金钱债权流动化有各种各样的手段，活用信托时具有以下优点：

1）低成本。

通过信托的金钱债权流动化，不需要具备设立SPC的法人或组织资格，可以通过委托人与受托人之间的合同进行架构，机动灵活，成本低廉。

2）信托财产的独立性。

运用信托后，作为信托财产的金钱债权具有独立性，从委托人、受托人、受益人的破产中隔离出来（受益人破产时，受益权会被编入破产程序）。

3）优先劣后结构。

在信托行为的约定中，将信托受益权分为：以本金偿还、收益金发放为优先的优先受益权以及在优先受益权之后偿还、给付的劣后受益权。这种两层结构或者更多层结构可以使信托受益权满足各式各样的投资者需求。

三、以不动产流动化为目的的信托

1. 概要

不动产的流动化具有各种各样的形式。通常情况下，会采取并用信托与特定目的公司（SPC）的方案。

具体来讲，流动化目标不动产的持有人成为委托人，将不动产信托给受托人，取得受益权。委托人将该受益权转让给 SPC，SPC 以受益权作为担保，进行借款或接收出资，向委托人支付受益权的购买金。

2. 流动化中运用信托的优点

（1）买卖手续简便。

买卖实物不动产时，伴随而来的是所有权转移的登记手续及各种合同资料的签订、授受等。信托将不动产受益权化，可以通过受益权的转让实现与买卖实物不动产一样的经济效果。

（2）担保设定简便。

不动产的持有人借入资金时，通常情况下，将不动产设定抵押权，而且还需要就租金等不动产相关的金钱分别采取保全措施。但将不动产受益权化时，通过给受益权设定质权，可以实质上同时担保不动产及其衍生的金钱。

（3）活用受托人能力。

不动产的流动化一般情况下为长期计划，但通过信托，可以

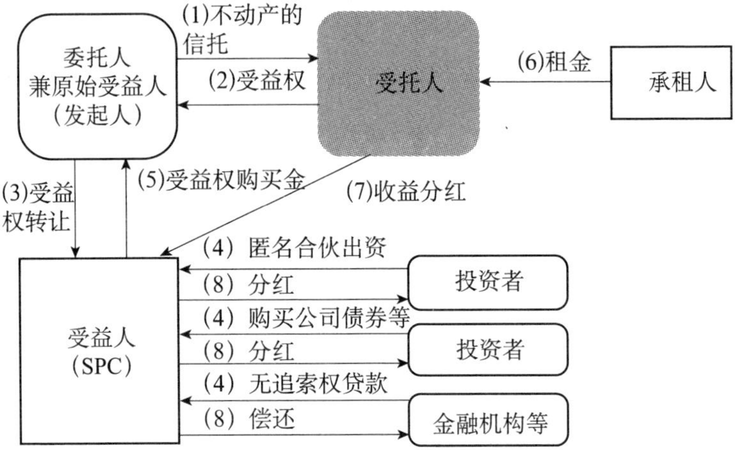

不动产流动化信托

活用作为受托人的信托银行等不动产专业部门的管理能力。

四、一揽子支付信托

1. 概要

一揽子支付信托，主要用于制造业等行业的大企业（付款企业）与零件供应企业等多数中小企业（供应企业）之间的赊销债权的资金结算。活用金钱债权信托，可以取代票据交易，提供简便的服务，削减支付票据相关的事务量、成本以及回避票据事故风险。

具体来讲，付款企业、供应企业、受托人三者之间签订一揽子支付信托计划相关的基本协议，供应企业为委托人兼受益人①，

① 实务中，为了减轻多数供应企业的信托设定事务负担，付款企业接受供应企业的委托成为代理人，设定信托。

以信托财产的管理、处理以及筹集资金为目的，就付款企业的将来赊销债权设定一揽子支付信托。受托人从付款企业获得赊销债务支付明细，联系供应企业确定支付金额。付款企业向受托人支付债务，供应企业在支付日按照受益权从受托人处领受支付款。而且，在供应企业希望与票据贴现一样，在到期限前实现资金化的情况下，可通过受托人将受益权出售给投资人，进行资金化（一般情况下也可以分期）。

2. 一揽子支付信托的优点

（1）付款企业的好处。

通过活用一揽子支付信托，付款企业具有如下好处：

1）票据发行、交付、分期发票、管理等事务的合理化；

2）开具票据相关的印花税、用纸费用等成本削减；

3）回避票据的伪造、失窃、丢失等风险。

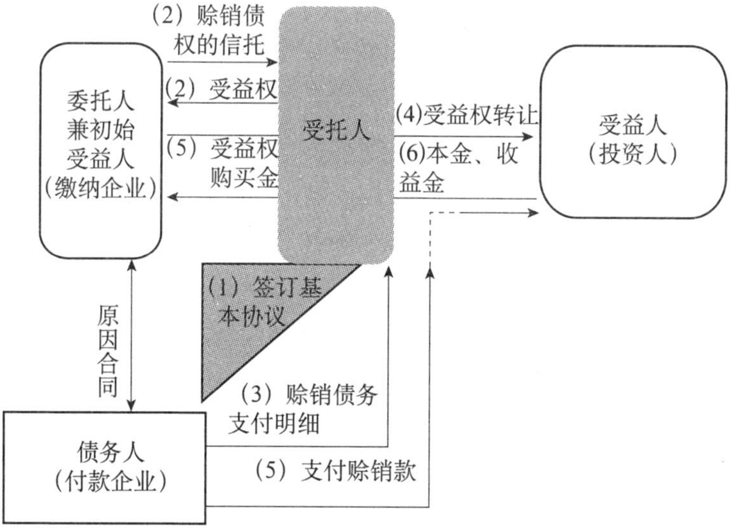

一揽子支付信托

（2）供应企业的好处。

通过活用一揽子支付信托，供应企业具有如下好处：

1）提高资金筹集手段的多样化、便利性；

2）可以以低利息筹集资金（活用付款企业的信用力）；

3）削减收入印花税（不需要发行票据领取发票）；

4）票据收款、催缴、实物管理事务合理化；

5）回避票据的伪造、失窃、丢失等风险。

第八章

不动产信托及动产信托

一、不动产信托

1. 概要

不动产信托是指将土地及其附着物（建筑物，树木等）的所有权、地上权及土地租赁权等作为原始信托财产而设立的信托。

不动产信托依目的不同大致可以分为：（1）以不动产管理为目的而设立的不动产管理信托；（2）为有效利用土地，从拟定规划到具体执行，均由受托人来执行的土地信托；（3）通过不动产流动化实现资金筹措目的的不动产管理处分信托（参考第七章）；（4）以基金投资不动产为目的的不动产投资信托（REIT）（参考第四章）。

虽然不动产管理信托与不动产公司以民法中委托形式进行不动产管理的委托相类似，但在信托的情况下，不动产的所有权也一并转移，受托人所承担的义务比委托形式下受托人的义务更为广泛，其管理的不动产理所当然地被限定在与管理成本相当的范围内。虽然第二次世界大战后日本大地主阶层的没落一定程度上影响了不动产管理信托市场规模的扩大，但却在对由项目工程公司重新开发物业的管理、富豪阶层持有的多个大型出租物业的一元化管理等方面得到了广泛应用。

土地信托的商品化设想始于1922年旧信托法立法时，并曾几度开展具体探讨。而最终促成其商品化的契机，是20世纪80年代前期财政恶化背景下实施的民间活力内需振兴政策。在1984年推出第一号受托产品后，受托数逐步增加。但在此之后，20世纪90年代后期泡沫经济崩溃，导致各地的土地信托盈利状况恶化，现在已基本没有新的受托案件。据信托协会调查，截至2015年3月末，合约数仅为321件。

跨入2000年以后，随着企业表外化需求的增加以及机构投资者等投资需求的多样化，不动产管理处分信托的受托规模逐步扩大。此外，投资信托法修订后出现不动产投资信托，带动了不动产流动化的普及。截至2015年3月末，不动产管理处分信托案件合计5 604件，总额达29兆5 934亿日元（据信托协会调查）；不动产投资信托（不动产投资法人）中公募基金49个，净资产总额达6兆5 406亿日元，私募基金13个，净资产总额5 967亿日元（据投资信托协会调查）。

2. 可用于信托的不动产

比如，国家或地方公共团体所有的不动产之中，普通财产可以进行信托，但不得将行政财产用于信托（国有财产法第18条、第20条，地方自治法第238条）。此外，不可将农用地信托给信托银行及信托公司（农地法第3条第1款、第2款第3项）。

3. 信托的登记

信托法第14条规定，对于适用登记或注册制度的财产，未经信托登记或注册，不得以该财产为信托财产为由对抗第三人。

信托登记，必须与所有权的转移登记同时申请，所有权转移登记由登记义务人的委托人，以及登记权利人的受托人共同申请，但信托登记可由受托人单独申请（不动产登记法第 98 条第 2 款）。

登记官根据信托登记申请书而制成的信托目录，必须记载委托人、受托人、受益人的姓名、名称、住址以及信托目的、信托财产的管理方法、终止事由等。上述内容发生变更时，受托人必须及时进行变更登记（同法第 103 条）。此外，因受益权转让而进行的受益人变更登记并非对抗第三人之要件。因此，以确定日期的证书形式通知受托人或获得受托人承诺时，方得以对抗第三人（信托法第 94 条）。

4. 土地信托

（1）土地信托的概念。

土地信托是指为了提高土地利用效率，土地所有人将土地信托给受托人，由受托人代为办理土地的开发、建筑物的建设、资金的筹集、不动产租赁等各项事务，受托人将租金收益交付于受益人的信托。土地信托是个性较强的定制型信托，一般可以分为：1）信托终止时须向受益人原状返还信托不动产的租赁型土地信托，以及 2）将不动产分户出售后向受益人交付处分收益的处分型土地信托两类。

土地信托的重要特征为受托人有事业执行的裁量权。比如，作为信托业务处理的一环，在信托的土地之上建设建筑物时，由受托人作为发包人，与建筑商签订建设工程承包合同。另外，向金融机构贷款筹措建设费用时，也是由受托人作为债务人，来订立金钱消费贷款合同。与委托人为有效利用土地自行开发相比，通过设定土地信托，由受托人作为事业主体的方式，从信用度、管理经验、降低管理负担等方面来看，均有较多优势。

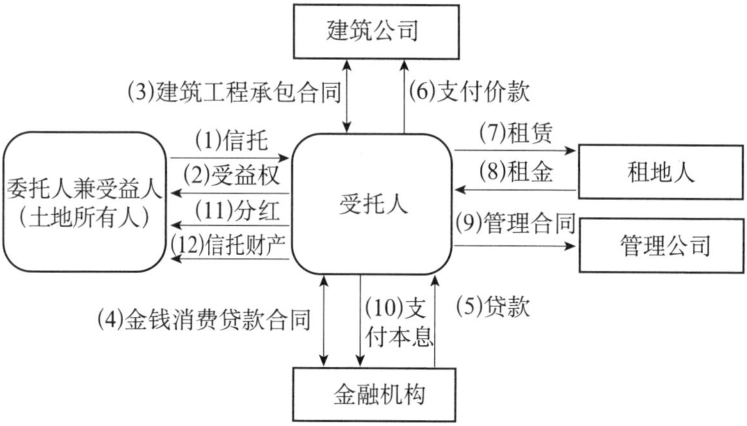

土地信托（租赁型）

（2）由受托人进行资金筹措。

土地信托的受托人筹集建设房屋的所需资金，主要来自以下三个方面：1）由委托人设定的金钱信托（将土地信托以土地和金钱综合信托的形式进行受托）；2）信托事务处理中所收取的金钱（预收的房屋入住保证金等）；3）向金融机构等融资。

其中，通过“3）向金融机构等融资”进行贷款时，虽然受托人是债务人，但该债务为信托法第21条第1款第5项规定的信托财产责任负担债务，受托人以固有财产返还债务的，可请求从信托财产中获得补偿（信托法第46条第1款）。受托人向受益人提出补偿请求的，仅限于受托人与受益人另外达成协议的情况。

再有，关于融资，包括向受托人以外的金融机构进行融资和向受托人融资两类。从受托人处进行融资的情况，可再细分为受托人以其他信托财产提供融资，以及以受托人固有财产进行融资。旧信托法规定受托人不享有为其自身而获取信托财产的权利，因此，从受托人处进行融资时，仅限于以其他信托财产提供的融资。但2004年信托法、信托业法修订后规定，在信托行为中作出约定或经受益人同意等满足一定条件的情形下，也允许以受托人的固有财产进行融资（信托法第 31 第 2 款、信托业法第 29 条第 2 项）。

5. 关于不动产相关税制的处理

（1）不动产所得税。

根据地方税法第 72 条之 7 的有关规定，因信托的设定、终止等导致委托人和受托人之间信托财产发生转移的，不予征收不动产所得税（向委托人的转移，仅限于该委托人自设定时起便为唯一的本金受益人的情形）。此外，向作为发起人的委托人以外的其他人转让受益权的，将向该受益人在转让时点征收不动产所得税。

另外，在设定了信托的土地之上建设建筑物时，将征收不动产所得税。

（2）登记许可税。

对于不动产登记所需缴纳的登记许可税，根据登记许可税法第 7 条的规定，因信托的设定、终止等委托人和受托人之间发生信托财产转移的，不予征收注册许可税（向委托人转移的，仅限于该委托人自信托设立时起，便为唯一本金受益人的情形）。但是，信托的登记需缴纳登记许可税。①

另外，在设定了信托的土地之上建设房屋时，所有权的保存

① 根据注册许可税法第 9 条别表第 1 的规定，信托财产为土地所有权时的信托登记为不动产评估额的千分之四，留置权、质权或抵押权为债权金额或信用额度的千分之二，其他权利则按照不动产评估额的千分之二的税率予以课税。但是，关于土地所有权的信托登记，作为租税特别措施法第 72 条第 1 款的特别措施，截至 2017 年 3 月末，将实行千分之三的减免税率。

登记以及信托登记两者均需交纳注册许可税。

（3）固定资产税。

向信托财产征收的固定资产税，其纳税主体为不动产的法律所有权人，即受托人。

二、动产信托

1. 概要

动产信托是以动产为原始信托财产而设定的信托。动产信托虽然包括向富裕阶层客户提供以美术品管理及处分等为目的的信托，但此类信托案件实际较少。较常见的动产信托，则是制造商作为委托人兼受益人，将运输机器、机械设备等产品设定信托，通过出售受益权来获得融资的动产设备信托。

第二次世界大战后 GHQ 经济顾问约瑟夫·道格（Joseph Dodge）将动产设备信托用于筹集资金，以此为契机，发展出了该信托。1956 年以筹措铁道车辆的建设资金为目的的车辆信托也应运而生。此后，动产设备信托的对象范围逐步扩大到船舶、航空器、卡车、计算机等动产，但现在此类信托产品已不多见了。

2. 动产设备信托

动产设备信托，按照受托人对信托财产的管理、处分等方法的不同，可分为租赁型、即时销售型以及管理型三种类型。

（1）租赁型。

租赁型动产设备信托是指，受托人将信托动产在一定期间内租赁给使用人并收取租用费，并最终将该动产出售给该使用人的信托。

（2）即时出售型。

即时出售型动产设备信托是指，受托人在受托动产的同时，向使用人分期出售该动产，受托人以该分期付款债权为信托财产进行管理的信托。

（3）管理型。

管理型动产设备信托是指，受托人将设定信托的动产在一定期间内租赁给使用人，并收取租用费，在信托终止时信托财产将被交付于受益人，但可通过信托行为来约定由委托人购买所有受益权的信托。

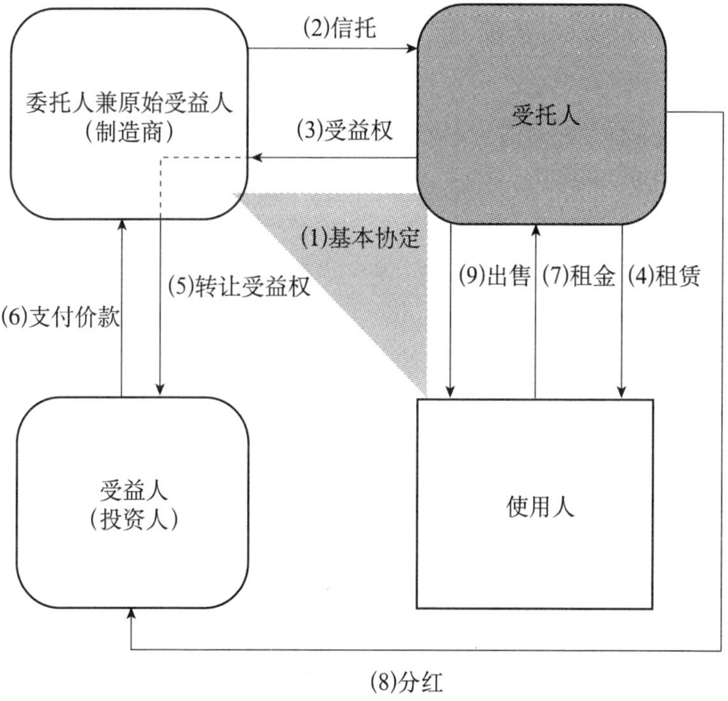

动产设备信托（租赁型）

3. 动产的移转

动产让渡中对第三人的对抗要件是民法第 178 条规定的交付；但在动产信托的情况下，因对象动产规模较大，委托人通过民法第 183 条规定的占有动产意思表示的占有改定的方式，向受托人进行交付。但是，有无占有改定，当事人以外的第三人难以从外部征象上察知，因此，2005 年开始引进了以法人为对象的动产转让登记制度。依法进行转让登记的，将被视为履行了民法第 178 条规定的交付行为（动产债权转让特例法第 3 条第 1 款）。

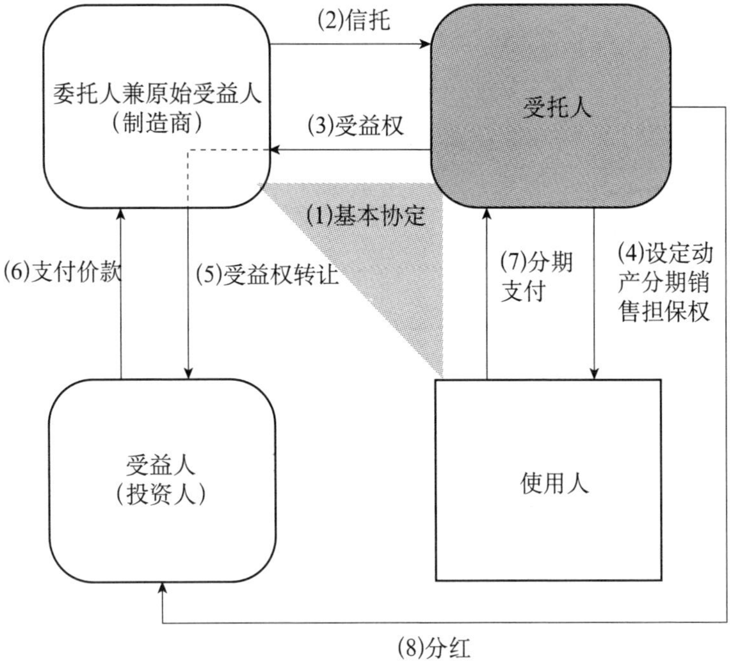

动产设备信托（即时销售型）

4. 信托财产的公示

动产信托中的动产，通常会通过租赁的方式，由使用人占有，因而会存在第三人善意取得的风险（民法第 192 条）。因此，对于法律规定了具体开示方法的动产，必须履行相应的公示程序；对于未规定开示方法的动产，转让登记等虽然不是对抗第三人之要件，但也有为唤起注意、明确其为信托财产的意图。

第九章

以财产保全为目的的信托

一、顾客分别金信托

1. 概要

为防止破产风险的发生，证券公司为首的金融商品交易商，必须将客户的委托资产进行分别管理，完善确保顺利清偿客户资产的体制。顾客分别金信托就是在顾客交来的委托资产中，将购买有价证券的金钱，卖出的价金、偿还金等临时性的滞留资金，用来保证信用交易的委托保证金（金商法第 43 条之 2 第 2 款，同业府令第 141 条）。顾客分别金信托是 1998 年证券交易法修订时引进的。[①]

顾客分别金信托中金融商品交易商作为委托人兼收益受益人，顾客作为本金受益人（受益人代理人统一行使本金受益权，在其行使权利前，顾客不享有受益人之权利），金融商品交易商将从顾客方收取的金钱等委托管理财产相当的财产设立信托，并进行管理运用的信托商品。

---

① 对于 2010 年建立的、有价证券场外投资交易托管金钱等顾客分别金信托的要件，在金商法业府令第 141 条之 2 中作出规定。此外，金商法第 43 条之 3、同业府令第 143 条之 2 中，规定了以对货币相关的另类投资交易（FX 交易）的保证金进行保全为目的的顾客区分管理信托。

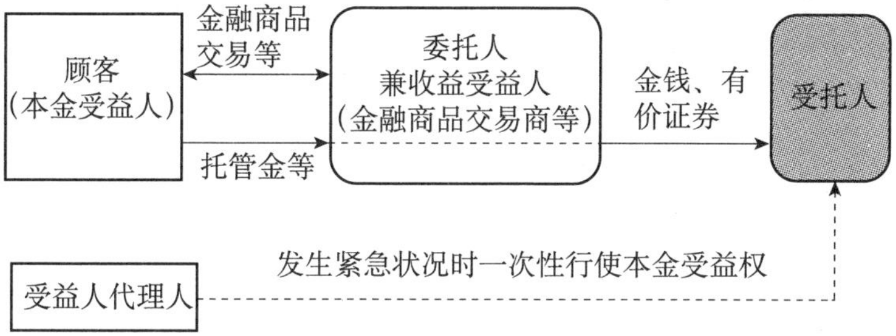

顾客分别金信托

2. 特征

（1）可用于信托的财产。

委托人可用于信托的财产，仅限于金钱、国债等其他金融厅长官指定的有价证券等流动性高的资产。此外，有价证券不得运用于贷款，金钱的运用则限于以下方式：

1）持有国债等其他金融厅长官所指定的有价证券；

2）在金融厅长官所指定的银行等其他金融机构的存款；

3）金融厅长官指定的其他方式（保本集合运用指定金钱信托等）。

（2）顾客分别金必要金额的计算和追加。

金融商品交易商等必须对每个客户的应返还金额及总金额（顾客分别金必要金额）单日进行计算，每周设定 1 日以上的基准日（调整计算基准日）中，信托财产的本金评估额低于顾客分别金的必要金额时，必须在次日起 3 个营业日之内追加与不足金额相当的信托财产。

（3）受益人代理人的选任。

顾客分别金信托须选任受益人代理人，金融商品交易商签订多个顾客分别金信托合同的情况下，这些顾客分别金合同的受益人代理人必须为同一人。

受益人代理人为顾客分别金信托合同的当事人，须为本金受益人的利益而为。

对于受益人代理人人选，在从金融商品交易商等管理人员中选任的情况下，通常为内部管理负责人等；而在从公司外选任的情况下，通常是律师或者是注册会计师等。

此外，金融商品交易商等如成为通知金融商品交易商（因经营状况恶化而被取消登记或被责令停业，申请破产重组程序的金融商品交易商等），除经投资人保护基金特别予以认可的情形以外，投资人保护基金将成为受益人代理人。

（4）本金受益权的行使。

行使顾客分别金信托合同中的本金受益权，受益人代理人认为有必要的，由该受益人代理人代表所有顾客统一行使。

（5）解约和部分解约。

顾客分别金信托的解约或者部分解约，仅限于更换计算基准日信托财产本金的评估额超过顾客分别金必要金额时，并且在与超过部分相当的金额范围之内。

（6）定期审查。

顾客分别金信托的状况，须定期接受注册会计师或审计法人的审查。

（7）罚则。

违反分别管理义务的情况下，对于实施违反行为的公司，应处以 6 个月以内的停业等行政处分及 3 亿日元以下的罚款，对于公司代表人、公司员工等，应处以 2 年以下有期徒刑，或 300 万日元以下的罚款，或二者并罚。

二、债务承担（debt assumption）

1. 概要

债务承担是指企业将持有的特定债务转移给第三人，由其承担，同时向该债务承担第三人支付相应金额的交易形态。

举例来讲，公司债券的发行企业意欲在公司债券到期前，通过提前清偿或者回购清偿的方式以削减公司有息负债，但因债权人原因或者市场环境等不同因素而导致目的无法实现时，使用这种方法来在会计上消灭与合同债有关的债务。

通常，债务承担中因原债务人并未将原债务转移给债务承担人，无须征得债权人的同意。但由于原债务人将继续对原债务承担责任，当债务承担人无法履行债务时，可以向原债务人溯及求偿。因此，允许通过债务承担方式进行会计表外化处理的，仅限于满足以不能取消的信托合同的一定要件的情况。

利用信托形式的债务承担，公司债券发行企业成为委托人，

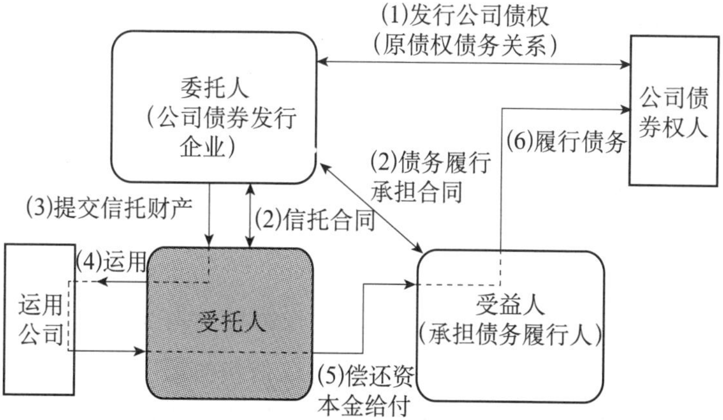

债务承担

将本息债务金额加上手续费等一并信托给受托人，受托人则将该信托财产投资运用于一定信用评级以上的存款、公社债等安全性高的资产，并向作为受益人被指定的银行等债务履行承担人支付用作偿还公司债券债务的资金。通过灵活运用信托，实现了将公司债券还款资金与债务履行承担人自身破产风险的隔离。

2. 会计处理

企业会计基准委员会颁布的企业会计基准第 10 号《关于金融商品的会计准则》中明确规定，作为暂时的过渡性措施，允许表外化的债务承担要件如下：以不可撤销信托合同等形式，仅为以支付公司债本息为目的，对能保全该本息金额的资产予以保管的情况，或者公司债发行人被溯及求偿的可能性极低的情况。

此外，日本注册会计师协会根据《关于金融商品的会计准则》所制定的《关于金融商品的实务指南》中明确规定，用于支付本息的信托财产的支出仅限于较高评级的金融资产（例如，到期日大致接近的国债或者评级优良的公司债）；在此情况下，要明确载明即便公司债券发行主体或债务承担的受托机构破产，该发行主体的公司债券权利人以外的其他债权人等对于设定信托的金融资产亦不享有任何权利。

三、代管信托

1. 概要

代管是指买卖等商事交易中，为保障标的物及相应款项的切实交付，设定交易当事人以外其他可以信赖的第三人，委托该第三人保管标的物及相应款项，在确认满足一定的条件后才进行交付，以确保交易安全的交易结构。

代管于20世纪40年代后期在美国被纳入法制化轨道，并在不动产交易中得到广泛应用。今天，也广泛运用于以互联网为媒介的个人间买卖交易。

在日本，部分金融机构以及律师、会计师等专业人士等同样可提供类似的代管服务。其中，信托银行、信托公司的托管信托，通过灵活运用信托的破产隔离职能，被用于作为确保交易安全的结算服务手段等多种用途。

2. 具体事例

（1）大额交易中的托管信托。

托管信托广泛用于不动产、船舶等大额买卖合同中。具体来说，买卖合同中的买方作为委托人兼收益受益人，将与应付款项相当的金钱向受托人设定信托，约定在满足一定充分条件时卖方将成为本金受益人。例如，如果是不动产买卖交易，设定建设完工、交付、登记变更等条件，在确认满足上述条件时，卖方方可

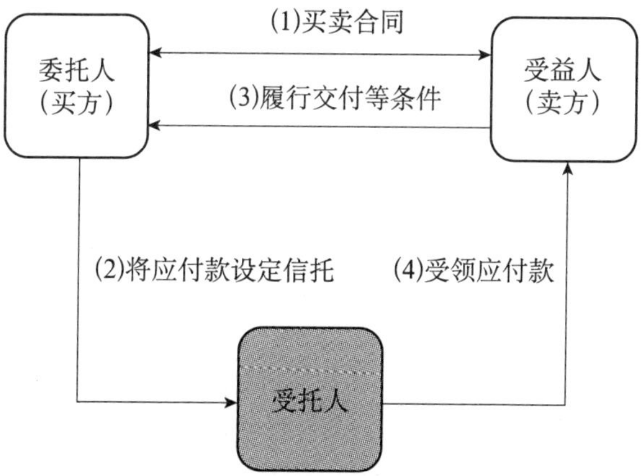

代管信托

作为本金受益人接受相应的款项。

（2）运用托管信托安全网。

如本章第一部分的“顾客分别金信托”所述，托管信托也同时起着以多数投资人等为对象的安全网式功能，广泛应用于所谓的 FX 交易中的押金、预付费卡等预付手段中发行保证金的保全等。

四、偿还资金保全信托

1. 概要

公司法中多个条文均规定，债权人主张异议时，为保障该债权人的权益，公司必须为（1）“偿还”，（2）“提供相应的担保”，（3）“以偿还为目的将等额财产设定信托”中的某种行为。

例如，公司法第 449 条规定，股份有限公司减少注册资本金或准备金时，公司必须为前述（1）～（3）的任一行为，以保障

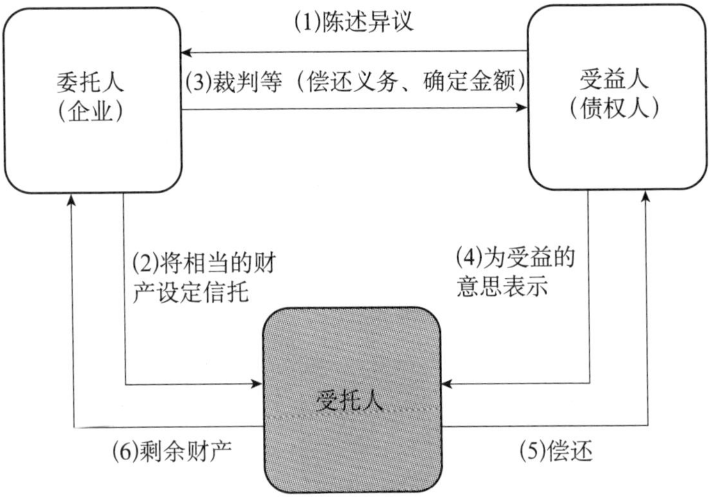

偿还资金保全信托

提出异议的债权人之利益。

其中，第三种使用信托手段的情况中，公司成为委托人，将提出异议的债权人作为附停止条件的受益人，以相当的财产向受托人设定信托。停止条件一般规定为，就债权作出判决及案件和解使得公司的偿还义务及金额得到确定时，债权人为受益的意思表示。此外，在条件成就前，被视为受益人不存在的信托。另外，超过向债权人赎回金额部分的信托财产，将被交付于委托人。

2. 具体情形

在公司法的如下相关法律条文中，对于为保护提出异议的债权人，而将偿还资金保全信托作为选择项的情形作出规定。

公司法	债权人提出异议的对象等
第 449 条	股份有限公司减少注册资本或资本准备金时
第 627 条	合同公司减少注册资本金时
第 635 条	合同公司向职工交付的股份回购金额超过剩余金额时
第 670 条	持份公司（仅限于合名公司、合资公司）解散时的财产处理方式
第 779 条	股份有限公司进行组织变更时
第 789 条	进行吸收合并时（消灭股份有限公司的债权人）
	进行吸收分割时（吸收分割后，无法向吸收分割股份有限公司请求债务履行的吸收分割股份有限公司的债权人）
	股份交换合同新股预约权为附带新股预约权的公司债券上的新股预约权时（该附带新股预约权公司债券的公司债券债权人）
第 799 条	进行吸收合并时（吸收合并的存续股份有限公司的债权人）
	进行吸收分割时（吸收分割的承继股份有限公司的债权人）
	向股份交换全资子公司的股东交付的金钱等，为除股份交换全资母公司的股票及法务省令所规定的其他等效物情形之外的情形，或股份交换合同新股预约权为附带新股预约权的公司债券上的新股预约权时（股份交换全资母公司的债权人）

续前表

公司法	债权人提出异议的对象等
第 810 条	进行新设合并时（新设合并消灭股份有限公司的债权人）
	进行新设分割时（新设分割后，无法向新设分割股份有限公司请求债务履行的新设分割股份有限公司的债权人）
	股份转移计划新股预约权为附带新股预约权的公司债上的新股预约权时（该附带新股预约权公司债券的公司债权人）
第 820 条	注册为外国公司的公司在日本的代表人（仅限于在日本有住址）均退任时

另外，进行信托合并或信托分割时，为保护债权人，信托法也作了同样的规定（信托法第 152 条第 5 款、第 160 条第 5 款）。

第十章

知识产权信托

一、知识产权的特性

知识产权是指：（1）发明、设计创意、植物新品种、外观设计、创作作品等其他人类创造性活动的产物（包括发现或揭示已经存在的自然规律或现象等，具有产业化可能性的情形）；（2）商标、商号等使用于其他商业活动中表示商品或服务的事物；（3）商业秘密以及属于其他业务活动中有用的技术或商业信息（知识产权基本法第 2 条第 1 项）。由法律就这些知识性财产规定的权利或者与法律所保护的利益攸关的权利，被称为知识产权（同条第 2 项）。

具体包括（1）专利权、实用新型权、育成者权、外观设计权、集成电路利用权、著作权及著作邻接权；（2）商标权、商号；（3）商业秘密等。

知识产权大多具有“看不见、非有形物”“非消耗品”的特征，因而不同于不动产、有价证券等传统意义上的信托财产，同时由于如下特性，在设定信托时，也需要注意由此产生的风险。

（1）因为不能“占有”，故能够简单地被复制、被使用，权利易受到侵害。

（2）因为智慧创造物没有制造成本，特征性强、没有交易市场且无特定的评估方法，因此难以就其经济价值作出评价。

（3）是有时限的权利，可能会由于无效或修正的裁决导致权利消灭或权利范围缩小。

二、以知识产权管理为目的的信托

通过 2004 年信托业法的修订，知识产权信托被解禁，广泛地被应用于各种目的。关于知识产权管理目的信托，例如，专利权等分属于旗下多个子公司的集团企业的子公司为委托人，将知识产权向母公司设定信托，母公司为受托人，实现对知识产权集中管理的目的。此外，在中小企业或大学，也为了对专利权等进行有效利用，将专利权等设定信托，与第三人即受托人签订该专利权等使用许可协议，并将收取的使用费分配给受益人（委托人）的信托结构。

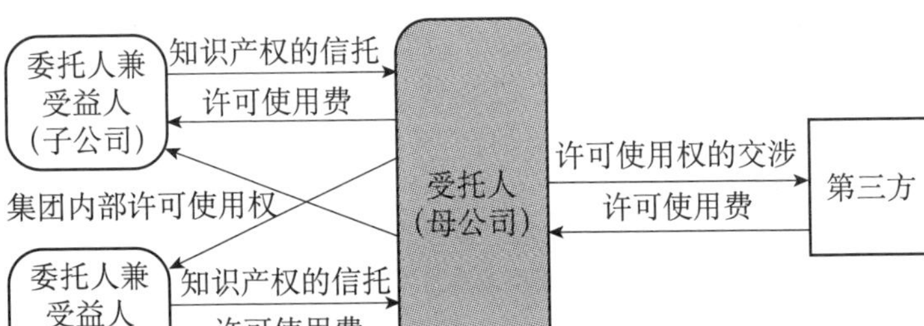

集团内部企业的知识产权集中管理

三、以知识产权流动化为目的的信托

一般来说，资产流动化的情形下，存在资金筹措和表外化的需求，但基本上所有的企业都未将知识产权记在表内，故知识产权的流动化需求，通常表现为利用该知识产权开发新产品时的资金筹措、将许可使用费收入及著作权获得的印花税等未来可预期的收入部分提前资金化等。

知识产权流动化目的信托的案例主要有，为筹措电影摄制费用将著作权设定信托，通过金钱信托，将制作委员会的出资持股部分进行流动化等。

通过资产流动化进行资金筹措时，该资产必须是已有现金流的资产或者不久的将来即会确实产生现金流的资产，在利用信托进行知识产权流动化时有同样的要求。此外，投资人在进行投资时，基于前述知识产权的特征，须注意可能产生的风险。

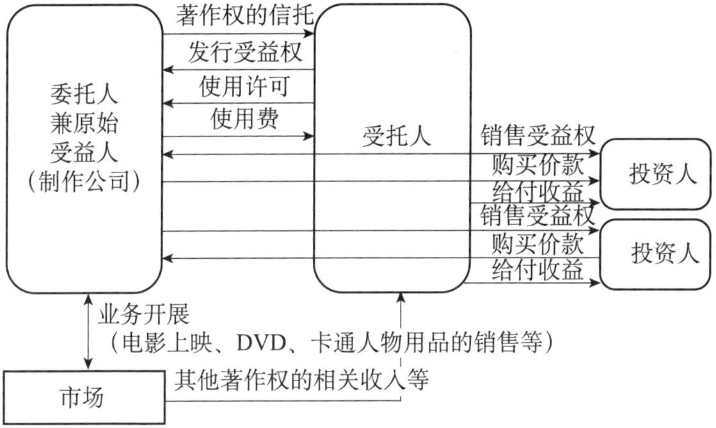

知识产权的流动化

第十一章

业务公司运营相关信托

一、信托型权利计划 (Rights Plan)

信托型权利计划是 20 世纪 80 年代后期参考美国作为防卫收购对策的权利计划而开发的信托产品。

一般来说，权利计划是在收购人买入一定比例的股票后，通过无偿分配收购人无法单独行使权利的新股预约权，来降低收购人持股占比，也被称为“毒丸计划”。权利计划作为收购防范对策而被引进，收购人需要为取消新股预约权而与公司进行交涉。

日本在引进权利计划时，由于新股预约权与股票不相随，无法与其结合起来流通。因此一旦实际开始运作权利计划，在新股预约权分配日之后获得股票的股东，不论是否是收购人，都会因持有股票被稀释而蒙受重大损失，即便实际上未实行权利计划，也可能导致股价不稳定。

因此，在通常状况下，将新股预约权直接或者通过 SPC 间接信托给受托人，在发生紧急状况的时候，以股东为受益人，交付新股预约权，实质上使股票和新股预约权保持了相随性，从而开发出了信托型权利计划的产品构造。

2000 年代初期，因日本相互持股状况的减少以及股东作为企业所有人地位的提高、企业市值总额差距拉大等背景下，企业敌意收购的威胁也随之扩大。另外，考虑到企业对此过度防御的可能性，经济产业省、法务省于 2005 年制定了企业反收购防范对策的指导方针，公布了“关于确保或提升企业价值、股东共同利益的收购防范对策的指导方针”，此后，在该指导方针基础上引进了包括信托型权利计划在内的多种反收购防范对策。

2. 信托型权利计划的类别

（1）直接型。

直接型在实务中较为常见。公司为委托人，以将来收购人出现时的股东为受益人设定金钱信托，平时，无偿向受托人发行附买受人无法行使的差别性条件的新股预约权（行使价格为 1 日元或者低于市价的低价）。在因收购人出现而确定受益人后，受托人将向受益人（全体股东）无偿交付新股预约权。

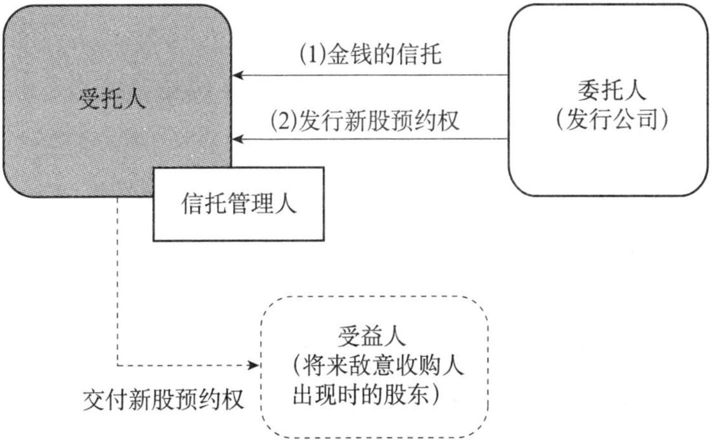

信托型权利计划（直接型）

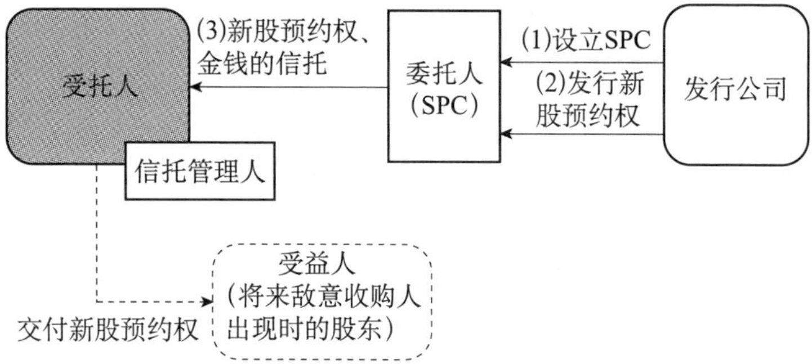

信托型权利计划（SPC型）

（2）SPC型。

公司设立SPC，平时向SPC发行附买受人无法行使的带有差别性条件的新股预约权（行使价格为1日元或者低于市价的低价）。SPC作为委托人，以将来收购人出现时的股东为受益人，以新股预约权及金钱向受托人设定信托，在收购人出现、受益人确定之后，受托人将向受益人（全体股东）无偿交付新股预约权。

3. 信托型权利计划的注意事项

（1）新股预约权的发行。

信托型权利计划的新股预约权，因基本是无偿发行，作为特殊有利的股票发行，需要股东大会特别决议通过。

（2）启动。

启动信托型权利计划时，为避免经营管理层的肆意判断，会设置由外部专业人士及外部董事组成的机构，负责研究探讨收购人的提议是否会有损企业价值和股东权益，并向董事会作出提议。

（3）信托管理人的设置。

信托型权利计划的受益人为将来收购人出现时的股东，而在此之前受益人尚不存在，故而设置信托管理人。

二、自有股份取得指定金外信、自有股份处分指定金外信

1. 概要

自有股份取得指定金外信是指，发行公司为委托人兼受益人，以金钱设立信托，受托人根据自己的裁量、判断对证券公司下单买卖的信托。

发行公司要买卖自有股份时，为不触犯金融产品交易法关于内部交易及操纵证券市场的规定，需进一步加强公司内部体制的治理。但通过信托手段，可以降低法律风险，减轻事务管理的负担。并且，发行公司可以在信托合同中指定期限（不可超过一年）、股份名称、数量等条件，但无权发出买卖指令和要求中途解除合同、变更合同。

过去，发行公司取得自有股份仅限于某些特定情形，1994 年的商法修订扩大了其范围，现在的法律规定是无须规定目的就可取得、持有（金库股）。自有股份取得指定金外信被用于股东利益的返还、确保期权股票等多样化需求。

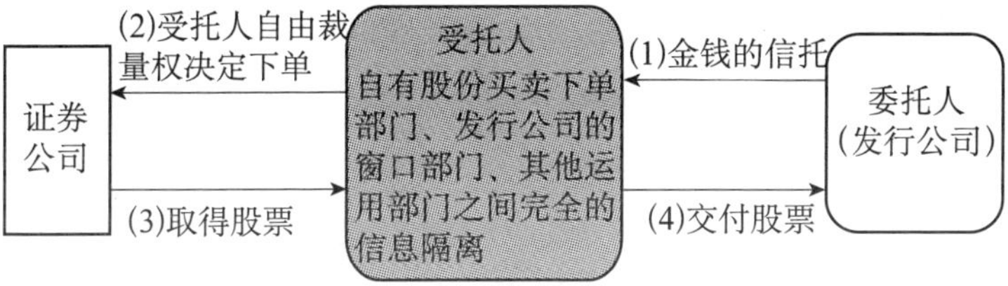

自有股份取得指定金外信

自有股份处分指定金外信与自有股份取得指定金外信有着同样的架构，用以处分股份。较为常见的有，企业经营主及资产管理公司通过卖出自有股份，实现创业者利益资金化等目的。

2. 特征

（1）自有股份取得的决定。

发行公司取得自有股份时，需经股东大会决议或董事会决议（公司章程中有取得自有股份需通过董事会决议的相关规定的情况）。发行公司在信托合同订立时，需向受托人提供此类机构作出决定的证明资料。

（2）确认未有内幕信息。

信托合同订立时，受托人需向发行公司确认其没有内幕信息，并且由发行公司提交宣誓书。

此外，订立信托合同之后，无论发行公司是否有内幕信息，受托人均可继续进行自有公司股份的买卖。

（3）受托人内部的信息隔离。

信托合同订立之后，为防止发行公司的内幕信息被泄露给受托人内部进行自有股份买卖下单的业务人员，受托人必须就发行公司的窗口部门与买卖下单部门之间采取信息隔离措施。此外，也必须采取必要措施，防止自有股份买卖下单部门的业务活动泄露给其他业务人员。

三、ESOP信托

1. 概要

ESOP 信托是为起到激励员工目的而引进的产品结构，旨在充实公司员工在职期间的福利制度及保证其离职后安定的生活，利用信托方式支付、交付金钱和公司自有股份，以发挥保证提高公司员工参与公司运作企划积极性的效果。

ESOP信托包括（1）利用员工持股会结构的员工持股会型ESOP信托；以及（2）参照美国ESOP（Employee Stock Ownership Plan）制度开发而成的股票给付型ESOP信托两种。

2. 员工持股会型ESOP信托

员工持股会型ESOP信托为，利用员工持股会，向加入员工持股会的员工给付公司股价的上升价值，从而起到激励员工目的的信托。

具体来说，首先，公司基于董事会决议成为委托人，以员工持股会的加入成员为受益人而设定信托。该信托由公司提供保证，

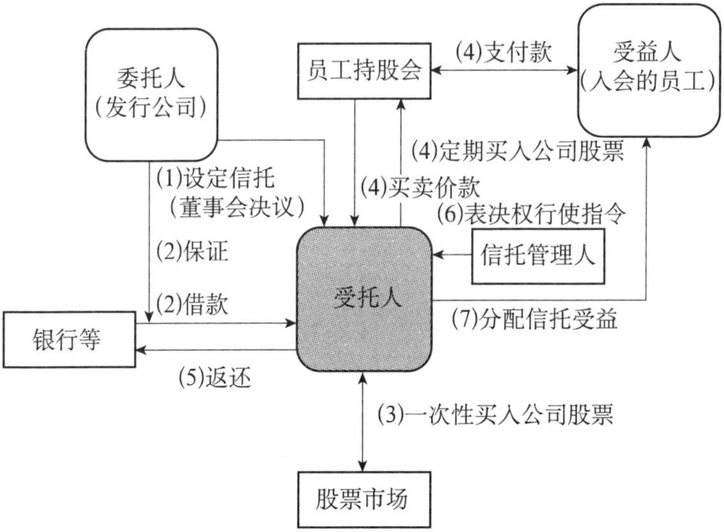

员工持股会型ESOP信托

进行借款。信托以该借款金额从证券市场买入自有股份，将其以市场价定期出售给员工持股会。

公司股价上升的话，偿还欠款之后信托中仍留有余额，可将其支付给员工持股会的成员。反之，如果股价下跌，则无法还款，在此情形下，需要公司提供保证。

同时，在信托期限内自有股份的表决权行使，将由信托管理人根据员工持股会的意思表示作出指令。

3. 股票给付型 ESOP 信托

股票给付型 ESOP 信托是由公司将自有股份交付给公司员工，以充实公司福利制度的信托。

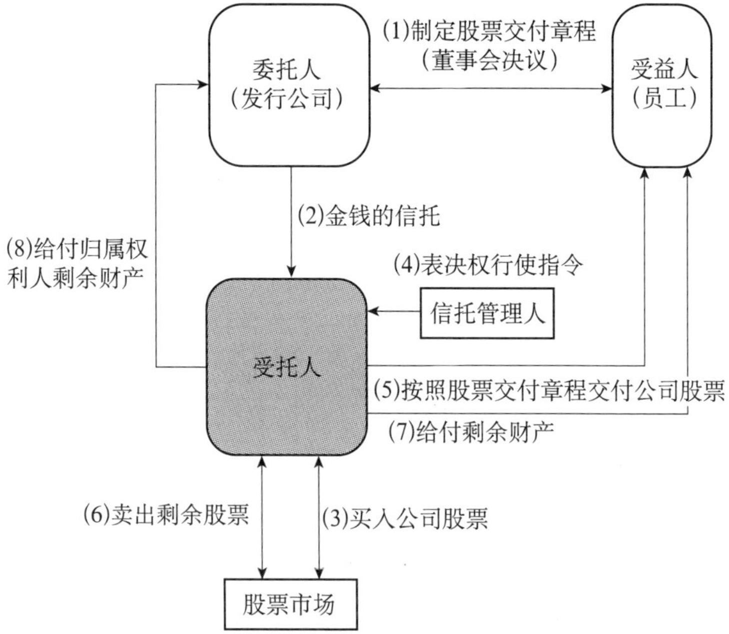

股票给付型 ESOP 信托

具体来说，首先，公司需通过董事会决议制定股票交付规程，对于激励公司员工、交付股份的积分制作出规定。其次，公司以满足股份交付规程规定的公司员工作为未来受益人，设定信托并转移金钱，由该信托买入自有股份。员工根据股份交付规程，将被赋予与其在职年限及职位相应的积分，信托将根据积分，向满足受益人要件的员工交付股份。

同时，信托期限内自有股份的表决权，一般是由信托管理人行使，在此情形下，将依据预先约定的表决权行使基准，并参照作为候补受益人员工的赞成、反对的比例来行使。

四、以业务继承为目的的信托

1. 概要

近年，随着中小企业经营者老龄化趋势的日益严重，出于防止由于继承导致自有股份表决权分散而产生的经营混乱的需求等，利用信托来顺利实现事业继承的做法也较为引人注目。

其中，2008 年中小企业厅设立了《关于利用信托方式以顺利实现中小企业事业继承研究会》，也提出了作为中期措施的使用与现有法制体系不相抵触的信托构造的方法。现在，在各信托银行，以推进事业继承的顺利进行为目的的信托产品开发以及定制型服务正在稳步发展中。

事业继承包括“财产权的继承”和“经营权的继承”两个方面。股份公司继承的情形下，通过信托手段，可将现在的企业所有人所持有股份分割成受益权和表决权行使的指令权，从而灵活地调整继承人。

2. 具体事例

（1）利用遗嘱代用信托。

对企业来说，因遗产分割协议、股份的股东名义变更等而出现经营空白期间，会存在极大的风险。

因此，企业主利用遗嘱代用信托（参照第一篇第十七章八），自己作为委托人将所持有股份设定信托，并预先指定在委托人死亡之后由后继人作为受益人，以保证事业继承的顺利进行。并且，在多数情况下，作为委托人的企业主将保留表决权行使的指令权，在维持经营权的同时，全力培养接班人。

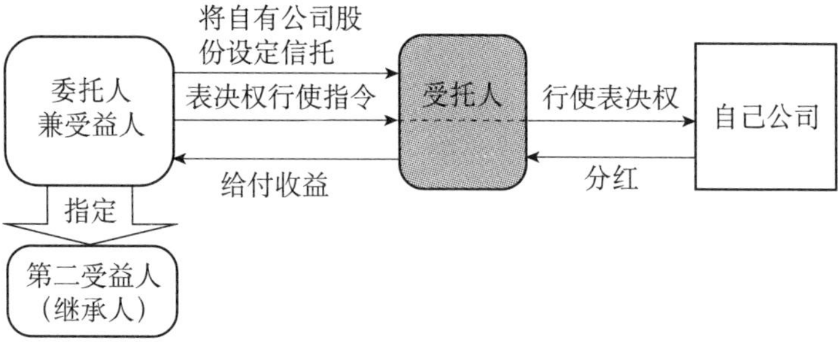

通过遗嘱代用信托的事业继承

（2）利用受益人连续信托。

老龄企业的继承人也是高龄老人的情形下，以及想要指定几代之后的继承人时，利用受益人连续型信托（参照第一篇第十七章第9），可指定下一代之后的数代来作为事业的继承人。

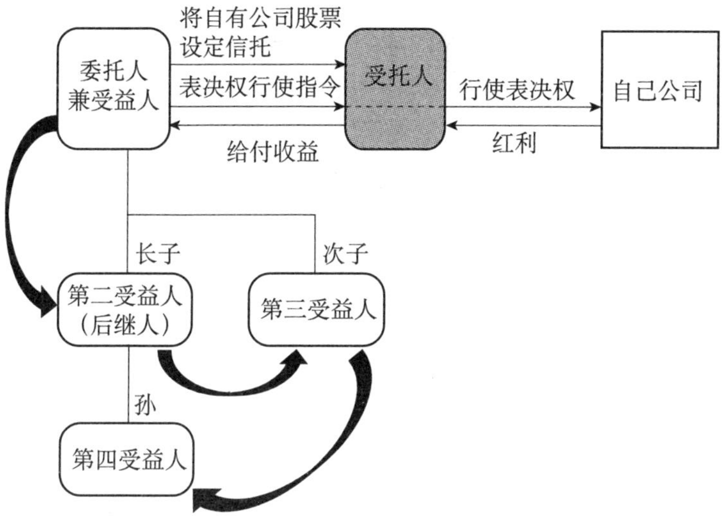
将自有公司股票
设定信托
委托人
兼受益人
受托人
表决权行使指令
行使表决权
自己公司
给付收益
红利
长子
次子
第二受益人
（后继人）
第三受益人
孙
第四受益人

受益人连续信托

第十二章

个人目的信托

一、特定残障人扶养信托

1. 概要

特定残障人抚养信托是指1975年遗产税法修订后，根据该法第21条之4所规定的“对特定残障人赠与税非课税制度”而设立的信托产品，一般被称为“特定赠与信托”。

特定赠与信托是指为保证特定残障人（重度身心残障者、中轻度的智能残障者以及残障等级2级或3级的精神残障者）的稳定生活，个人（亲属或慈善人士等①）作为委托人（可为多人共同委托），以特定残障人为受益人②，将金钱、有价证券等财产信托给信托银行等③，在一定限额内享受赠与税免税待遇，特别残障人限额为6 000万日元，特别残障人以外的特定残障人限额为3 000万日元。

信托银行等对信托财产进行管理运用，并根据信托合同的规定，在委托人死亡之后，也继续定期向特定残障人支付其生活费及医疗费等必需费用。这一信托与单纯的赠与相比，不仅在节税

---

① 赠与方为法人时则不适用，将被列入收入。

② 委托人以外的特定残障人仅为一人时，须被作为全部信托收益的受益人。

③ 受托人仅限于信托公司以及兼营信托业务的金融机构。

方面具有优势，在防止财产的快速消耗、遗失等方面也有很大的优势。

根据信托协会的调查，截至2014年3月末，特定残障人扶养信托的受托总数为1 260件，总金额297亿日元，受益人数为1 176人。

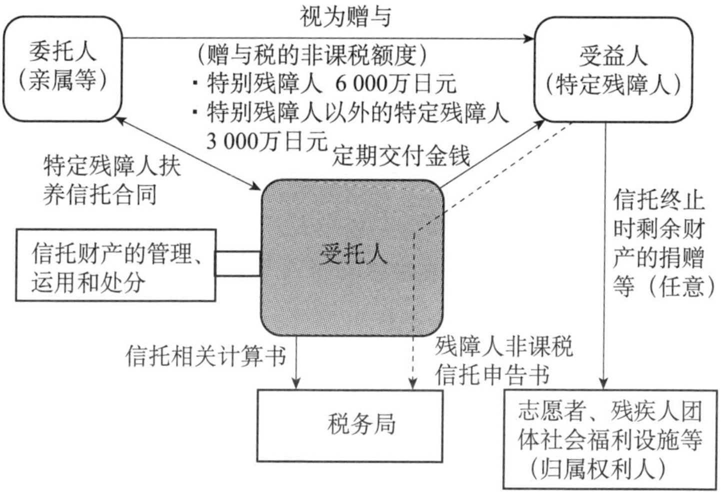

特定赠与信托

2. 作为适用对象的特定残障人的范围

作为免征赠与税对象的特定残障人，按照智障程度分为“特别残障人”和“特别残障人以外的特定残障人”两类，其免税限额不同。

（1）特别残障人。

身心残障者中，精神或身体有着重度残障的特别残障人，在6 000万日元限额内可享受赠与税免税待遇。特别残障人的范围参照如下法律规定：

(1) 因精神障碍而导致在正常情况下缺乏对事物性质的辨别能力者，或经儿童咨询所、智能残疾人更生咨询所、精神保健福利中心或精神保健指定医生认定的重度智能障碍者；
(2) 精神障碍者保健福利手册中载明残障等级为1级的精神残障者；
(3) 1级以及2级的身体残障手册持有者；
(4) 具有从特别项症状到第(3)项症状的战场伤病者手册持有人；
(5) 获厚生劳动大臣认定的原子弹受害者；
(6) 长期卧床且需要复杂护理的患者中，精神或身体的残障程度已达上述(1)或(3)规定，并且获得了市町村长等认定的人士；
(7) 精神或身体有残障且年龄为65岁以上的人，其残障程度已达上述(1)或(3)的规定，并且获得了市町村长等的认定。

(2) 特别残障人以外的特定残障人。

特别残障人以外的特定残障人符合下列情形的，在3 000万日元限额内享受赠与税的免征优惠。

(1) 儿童咨询所、智力残疾人更生咨询所、精神保健福利中心或精神保健指定医生认定的中轻度智能残障者；
(2) 精神障碍者保健福利手册中载明残疾等级为2级或3级的精神障碍人；
(3) 精神或身体有残障且年龄为65岁以上的人，其残障程度已达上述(1)的规定，并且获得了市町村长等的认定。

3. 信托的期限以及剩余财产的归属

特定赠与信托不可预先设定信托的期限，因此，必须在信托合同中规定特定残障人(受益人)死亡之日信托终止。

特定残障人死亡时的剩余财产，虽可交付于其继承人或受遗赠人，但也可在信托合同中指定志愿者、残障人团体或社会福利组织等为归属权利人。

4. 信托财产的范围

特定赠与信托因需要进行金钱的定期交付，故可信托的财产仅限于可产生收益的财产或容易变现、流动性高的财产。

(1) 金钱； (2) 有价证券； (3) 金钱债权； (4) 树木及树木生长的土地（仅限于与树木一同交付信托）； (5) 持续获得相应对价而供他人使用的不动产； (6) 供受益人即特定残障人居住用的不动产［仅限于上述（1）～（5）中的任一财产一起交付信托］。

二、教育资金赠与信托

1. 概要

教育资金赠与信托是指高龄老人将财产转移给下一代年轻人的同时，从支持教育、培养人才的观点出发，2013 年度税制修订后引进，根据“从直系亲属一次性获取教育资金赠与时的免征赠与税”特例而创设的信托产品。

教育资金赠与信托系祖父母等作为委托人，孙辈作为受益人，以支付其教育资金为目的，将金钱[①]信托于信托银行等，在1 500 万日元（为支付学校等以外的教育资金的情况下，额度为 500 万日元）的限额内可免征赠与税。[②]

但可适用免税优惠的，仅限于在 2019 年 3 月 31 日之前设定

① 可信托的财产仅限于金钱或类似金钱的财产。

② 运用信托财产所产生的收益，为受益人的所得，因此，将对受益人课征所得税。此外，对于运用收益将不按赠与税课税。

的信托合同。[1]

此外，教育资金赠与信托的利用，一个受益人仅限于一家信托银行的一个营业点，与一家信托银行订立信托合同后，便不可再与其他信托银行或同一信托银行的其他营业点订立类似信托合同。

据信托协会调查，教育资金赠与信托的合约数及信托财产设定总额，2014 年 4 月之后稳步上升，截至 2015 年 6 月末的合约数达 76 851 件，信托财产设定规模达 5 193 亿日元。

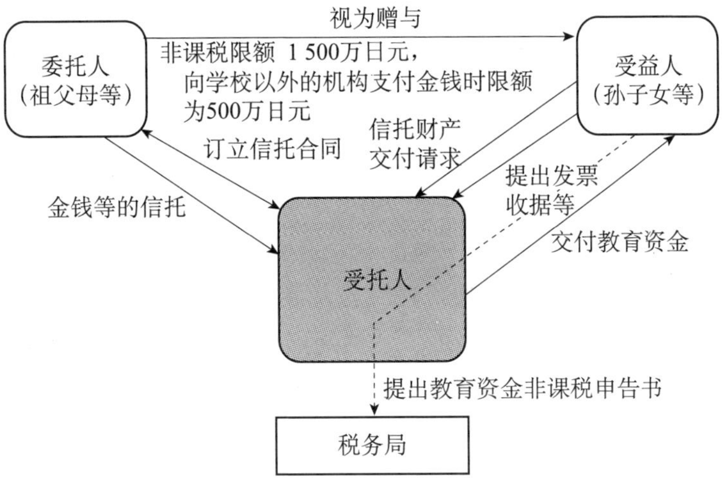

教育资金赠与信托

2. 赠与人及受赠人

教育资金赠与信托的委托人（赠与人），仅限于受益人（受赠

① 与此类似的信托产品，有 2015 年度税制修订时引进、根据“结婚、育儿资金等一次性赠与资金的赠与税免税措施”而创设的“结婚、育儿支援信托”。截至 2019 年 3 月 31 日设定信托的，将不予课税。

人）的祖父母及父母等直系亲属。此外，受益人限为信托合同订立日未满 30 岁的个人。[①]

此外，受益人（未成年人的情况下为监护人）在订立信托合同时，需要填写向税务署提交的“教育资金非课税申告书”，由信托银行办理提交资料等相关手续。

3. 属于赠与税非课税对象的教育资金支付

属于赠与税非课税对象的教育资金范围如下，但（2）中的金钱，非课税金额上限仅为 500 万日元。

（1）直接向如下机构支付的入学金、学费以及购买学习用品的费用等

- 按照学校教育法第 1 条规定的学校（幼儿园、小学、中学、高中、中等教育学校、特别支援学校、大学、大专）、学校教育法第 124 条规定的专修学校以及国外的此类教育机构或类似的教育机构
- 学校教育法第 134 条第 1 款规定的各种学校
- 保育园、认定幼儿园等
- 水产大学、海技教育机构、航空大学等

（2）为接受教育而向学校等以外支付金钱的补习班或学习班所支付的感谢金、月酬，补习班教材费等支出属于对象范围。此外，2015 年税制修订（2015 年度）时，上学的月票、留学的交通费等也被增加进来。

（※）不可与“结婚、育儿资金的一次性赠与资金的赠与税免税措施”重复适用。

请求支付用于教育资金的，需要向信托银行等提交支付教育资金的证明资料（发票收据等），信托银行等需将其记录在案。

4. 信托期限

教育资金赠与信托的信托期限以受益人年满 30 岁之日，或受

---

① 信托合同的订立，须确认受托人为受益人的直系亲属和受益人为不满 30 岁者，因此，需要向信托银行提交户口副本等可证明亲属关系或年龄等的相关资料。

益人死亡之日两者中时间较早的一日为终止之日，不可设定除此以外的信托期限。

5. 信托终止时的信托财产

教育资金赠与信托的信托终止时，从非课税总额（适用特例所设定的信托总金额）中，扣除教育资金的支出金额部分（所支付的教育资金总金额；但向学校以外的机构所支付的金额中超过500万日元的部分除外）后尚有余额时，将被视为信托终止之日的赠与，受益人须就余额部分缴纳赠与税。

此外，因受益人死亡导致信托终止时，信托财产将由受益人的继承人继承，该部分将被课征继承税。

三、监护制度支援信托

1. 概要

监护制度支援信托是指2012年2月开始设立的信托商品。根据家事法院的指示，由信托银行对监护制度下受支援方（被监护人）的财产进行管理，以确保被监护人生活的稳定和保护财产安全。该商品推出之后，受托件数和信托财产规模都在稳步上升。据信托协会调查，2015年3月末受托件数为5 188件，信托财产总规模达1 654亿日元。

监护制度支援信托的架构，是以最高法院事务总局家庭局的建议为契机，由其与信托协会、法务省民事局三方共同开展的研讨会中，根据与会各方的研讨意见总结而成的。随着老龄化等的日益严重，成年监护案件数的增加，便出现了通过信托手段，来避免发生部分亲属监护人等违法案件发生的需求。

【信托合同订立时】

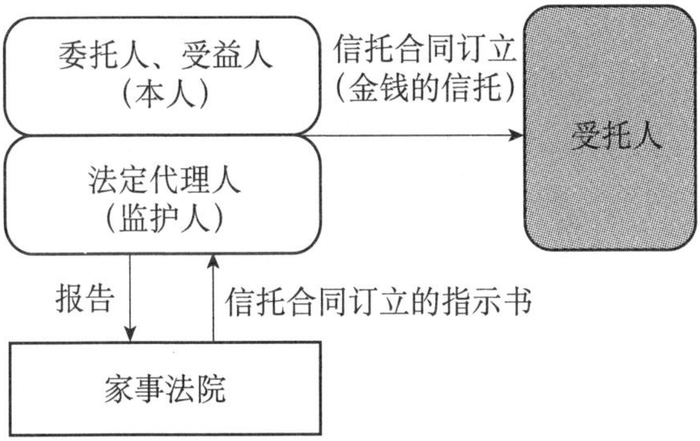

【信托期限内、信托终止时】

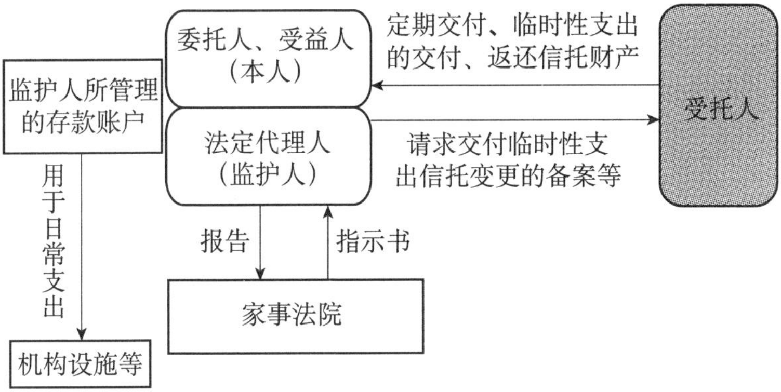

监护制度支援信托

监护制度支援信托是从设定信托的金钱中，从监护人所管理的存款账户定期支付被监护人的生活费用，及支付医疗上需要的临时性支出等。信托合同的订立、向被监护人交付临时性费用，信托的追加、变更和解除，都必须根据家事法院的指示书来执行。因此，在家事法院的参与监督下，得以保证被监护人的财产安全。此外，还可减轻监护人长期管理财产的负担，以及预防因财产管理方法而引发亲属间的争议、纠纷等情况。

2. 利用者

监护制度支援信托系以法定成年监护制度及未成年监护制度的被监护人为利用对象。法定成年监护制度中的被保佐人、被辅助人，任意监护制度中的本人不得利用。

3. 信托财产

可信托的财产限于金钱。受托人利用附本金填补的集合运用指定金钱信托，以保证信托财产的妥善管理。

4. 信托期限

成年监护的情况下，原则上被监护人死亡时信托即终止，信托财产将作为被监护人的继承财产，由其继承人来继承。

未成年监护的情形之下，原则上被监护人成年时信托即终止，信托财产将交付于本人。

5. 合同程序

利用监护制度支援信托的前提是向家事法院提出要求开始监护（或未成年监护人的选任）的申请。①

对于该申请，家事法院审理判断其是否适用监护制度支援信托，然后按照下表程序订立信托合同。

---

① 可成为申请人的为其本人、配偶、四代以内亲属、未成年人监护人、保佐人、辅助人、市町村长等。

● 一般的程序流程（出处：家事法院《利用信托的监护制度概要》）

家事法院	监护开始或者未成年监护人选任的申请	
	审理	家事法院在审理是否开始监护（或选任未成年监护人）的同时，也就是否应让专门人员继续作为监护人（或监护监督人）开展活动，以及应否探讨利用监护制度支援信托等进行审理
	审判	家事法院判断须探讨利用监护制度支援信托时，将选任律师、司法书士等专门人员作为监护人。也有除专门职人员之外，从亲属中选任监护人，并进行职能分工的情形
专职监护人	关于监护制度支援信托的利用可否的探讨	专职监护人基于本人的生活状况、财产状况，就其是否适合利用监护制度支援信托进行探讨
	向家事法院提交关于订立信托合同的报告书	专职监护人在作出适用监护制度支援信托的判断时，需就信托财产的金额、亲属监护人设定日常开支的必要金额，向家事法院提交报告书。专职监护人在作出不适用监护制度支援信托的判断时，家事法院需在听取该意见后再行探讨
	订立信托合同	家事法院在确认报告书的内容后，判断可利用监护制度支援信托时，向专职监护人发布指示书。此后，专职监护人将向利用的信托银行等提交指示书，订立信托合同
	专职监护人辞职需将财产转交给亲属监护人	如无必要，专职监护人将辞任。辞任后，专职监护人将所管理的财产转交于亲属监护人。当初仅选任专职监护人的，此时需要选任亲属监护人

四、特定捐赠信托

1. 概要

特定捐赠信托是从通过信托方式促进捐赠、进一步拓展公益活动的角度出发，于 2011 年税制修订（2011 年度）时新创设的捐赠制度。

在特定捐赠信托中，在信托期间里，每年定期地将被信托的金钱和运用收益（非课税）一起，交给那些与信托银行签订合同的、由委托人指定的公益法人。对于捐赠金可以通过确立申告的方式加以扣除（受赠方为满足一定条件的公益法人等时，可通过捐赠款特别扣除来减免纳税金额）。

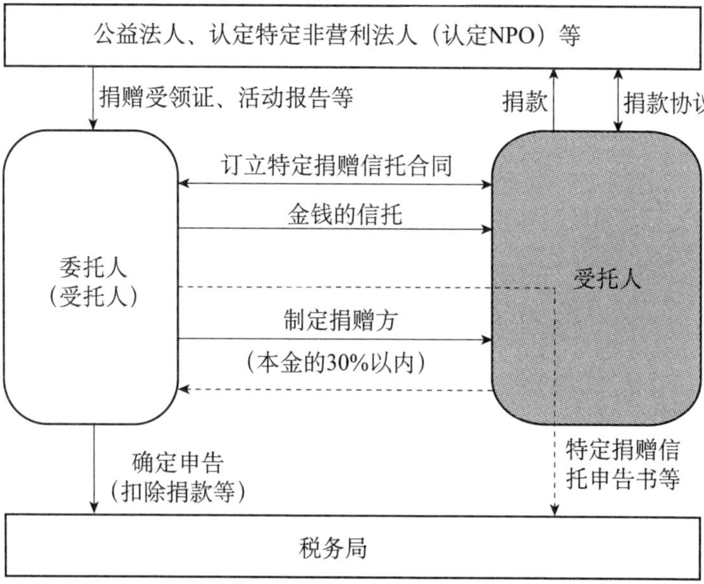

特定捐赠信托

此外，在信托期限里，受赠方的公益法人等将向委托人定期汇报其公益活动状况，并且，因为可以每年指定（变更）受赠方，所以可以采取与以往不同的、从长远发展角度来捐赠。

2. 利用方

特定捐赠信托的委托人仅限于个人。委托人以自己为受益人，信托银行等为委托人，设定向公益法人等捐赠信托财产的特定捐赠信托。

3. 受赠方

特定捐赠信托受赠方的公益法人等，可以按信托合同的约定来指定，但前提必须是受赠方与信托银行等签订了捐赠合同。并且，因为受赠方可每年进行指定（变更），这样，可以及时地反映出委托人的意愿。

可成为受赠方的公益法人范围如下：

- 公益社团法人
- 社会福利法人
- 公益财团法人
- 更生保护法人
- 私立学校法所规定的学校法人、专修学校以及各类学校
- 认定特定公益信托
- 认定特定非营利活动法人（认定 NPO）

4. 信托期限

在 5 年以上 10 年以下范围内，信托期限可以每一年设立。此外，原则上不可解除合同。在委托人死亡时信托即终止，且信托财产将全额捐赠于事先指定的公益法人。

5. 信托财产

特定赠与信托的信托财产仅限为金钱，其运用方法也仅限于存款、国债、地方债及集合运用指定金钱信托等。

6. 税制优惠措施

（1）捐赠款项的扣除等。

信托银行等每年向委托人指定的捐赠人进行捐赠的，可以通过确定申告的方式来进行捐赠款的扣除（受赠方为满足一定条件的公益法人等时，可选择捐赠款特别扣除来减免纳税金额）。

此外，信托银行等可将本金和运用收益同时捐赠，但捐赠款等扣除的对象仅限于本金部分，且公益法人等开出的捐赠款发票上，需记载捐赠款等的扣除对象之金额。

（2）运用收益免税。

特定捐赠信托的信托财产可用于存款、集合运用指定金钱信托等，在受托人向税务署提交特定捐赠信托申告书时，其运用收益可免税。但是，该运用收益必须全额用于捐赠。

7. 部分回收

例如，委托人在信托金钱的三成范围内，可以设定每年定期回收部分资金，用于自己年老后的生活费用。

五、利用遗嘱代用信托的信托

1. 概要

因遗嘱代用信托（参考第一篇第十七章第 8）可在本人生前

预先指定特定财产的承继人（受益人），因此，可用于筹措准备自己死后的丧葬费用以及家庭成员当务之下必要的生活费用等。

遗嘱代用信托的新受托案件数推移

	2010 年	2011 年	2012 年	2013 年	2014 年
新受托案件数	45	67	17 926	45 559	41 048

注：（一般社团法人）信托协会信托的受托概况

例如，在存款人被确认死亡之后，银行将会冻结其银行账户，存款的提取也需要提供死者户口复印件、所有继承人的户口复印件及印章证明，比较费事。另外，利用事先就指定接受人的遗嘱代用信托，则接受人可通过出示去世故人的死亡诊断书、自身的印章、自己的身份确认资料等，迅速地提款。

据信托协会调查，遗嘱代用信托的案件数在 2012 年之后迅速增加。

2. 适用事例

遗嘱代用信托主要用于以下用途，并且，关于信托财产，通常被用于集合运用指定金钱信托。

一次性费用型	委托人死亡之后，由预先指定的接受人（受益人）一次性接受信托财产。此外，在委托人的生存期间，也有委托人作为受益人定期接受给付的类型
年金型	委托人死亡之后，由预先指定的接受人（受益人）定期接受信托财产交付。在委托人的生存期间，也有委托人作为受益人定期接受给付的类型
复合型	一次性费用型与年金型的混合型，在委托人死亡之后，由预先指定的接受人（受益人）一次性接受信托财产中的一定金额，剩余部分则用于定期给付
亲属外给付型	遗嘱代用信托的接受人，通常是从亲属中指定，但也有指定亲属之外的第三人或团体的类型

第十三章

公益信托

1. 概要

公益信托是1922年旧信托法中规定的信托，是个人或企业等（委托人）以自有财产向信托银行（受托人）设定信托，信托银行等基于一定的公益目的，进行信托财产的管理运用，以追求不特定多数人（受赠方）之利益的制度。但该制度在立法后历经五十多年，却未被实际利用。

之后，随着社会贡献意识的逐步提高、信托协会组织的信托实用性研究以及向行政主管机关所作的积极宣传和推动，终于于1977年诞生了日本第一例公益信托受托案件。自此，个人及企业等的慈善资助便开始广泛运用在支付奖学金，赞助自然科学及人文科学研究，促进国际经济、技术合作，对地区再建或自然环境保护活动的捐款等多样化领域。

现在，信托法中并未直接就公益信托进行规定，《公益信托相关法律（公益信托法）》中作出了与旧信托法相同的规定。

据信托协会有关调查，2015年3月末公益信托的受托总件数为484件，信托财产总额达644亿日元。不同信托目的案件数的前三名分别为：奖学金支付159件、232亿日元，自然科学研究资助76件、85亿日元，振兴教育事业63件、25亿日元。此外，对于资助对象的支付状况，1977年第一例公益信托案件之后，资助总数累计已达 18 万件，支付总金额达 765 亿日元。

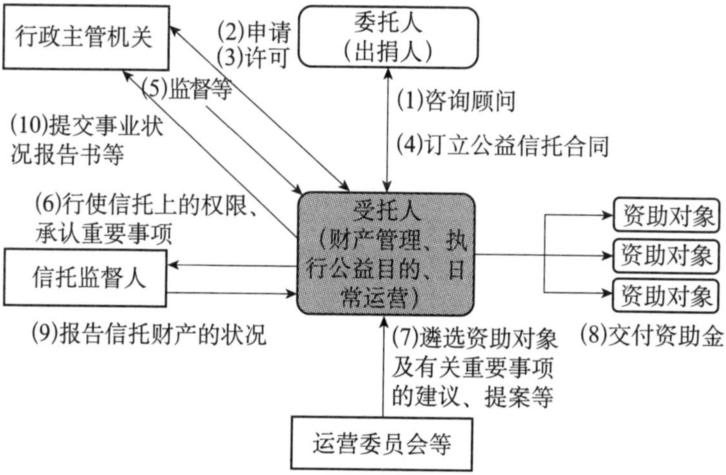

公益信托

2. 公益信托的特征

公益信托具有如下特征：

（1）不同于公益财团法人，无须办理法人登记、设置办公场所。此外，因办理许可申请由受托人向行政主管机关申办，设置程序简单。

（2）公益信托通过利用信托财产开展公益活动。此外，无须配备专职人员，一般来说，与公益财团法人相比，有助于有效开展小规模公益资金的运作。

3. 公益信托的要点

（1）行政主管机关的许可。

公益信托的设定，行政主管机关的许可是其成立的必要条件

（公益信托法第 2 条）。

（2）信托财产。

设定公益信托的信托财产并无限制规定。但后述之特定公益信托仅限于金钱（现金）。

（3）接受对象。

公益信托是无特定受益人的信托，信托财产的接受对象（接受资助方）仅可领取利益，不具有私益信托受益人的职能。

（4）信托管理人的设置。

信托管理人的设置虽非公益信托法上的要件，但实务中，信托管理人的设置成为主管机关批准申请的条件之一。这也是后述特定公益信托的法定条件。

（5）运营委员会的设置。

运营委员会的设置，公益信托法上虽无规定，但在遴选接收对象等时，却是发挥着极为重要作用的职能机构。原则上，要设置运营委员会，这也是后述特定公益信托的法定条件。

（6）名称。

公益信托通常冠以委托人名称、信托目的，被称为“公益信托××基金”。这样的命名方式可以彰显其志高笃远。

4. 公益信托的种类

在公益信托中，除满足公益信托法上要件的一般性公益信托外，还包括可享受税制优惠的如下几类：

（1）特定公益信托。

公益信托中，符合下列要件，且由主管机关出具证明，可以作为特定公益信托，享受税务上的优惠措施：

1）信托终止时，信托财产不归属于委托人；

2）不能通过合意来终止信托合同；

3）捐出的财产，仅限于金钱。

（2）认定特定公益信托。

特定公益信托中，经行政主管机关认定为基于以下信托目的，同时可持续获得与该信托目的相当的业绩的，在主管机关认定日的次日起5年内，可享受认定特定公益信托的税制优惠待遇。

1）对开展有关科学技术（限于与自然科学相关）试验研究的人员支付资助金；

2）对人文科学各领域的优秀研究学者支付资助金；

3）向学校教育法第1条（定义）所规定的学校提供教育资助；

4）向在校学生提供学费资助或贷款；

5）从事艺术普及推广相关业务的（限于提供资助金）；

6）从事文化财产保护法第2条第1项（定义）规定的保存和有效利用文化财产相关业务的（限于提供资助金）；

7）向发展中国家和地区提供用于经济合作（包括技术援助）的资助资金；

8）向为保护自然环境而以从事保护和繁殖野生动植物为主要业务的法人，或受国家或地方公共团体委托而从事该业务的［例如，国家或地方公共团体进行出资，或者财务省令（所得税法施行规则第40条之9第2项）所规定的准适用者］，对其提供资助金；

9）为保护自然环境，而保存、有效利用该自然环境的有关业务（限于提供资助金）；

10）推进国土绿化事业（限于提供资助金）；

11）资助以社会福利为目的的事业；

12）以1）到11）中两个以上为目的的。

5. 公益信托的税制

（1）信托设定时。

对于设定特定公益信托、认定特定公益信托的委托人及该信托的出资人，享受如下图所示的税制优惠待遇。

——		公益信托的种类	
		特定公益信托	认定特定公益信托
委托人（捐赠人）	个人		捐款扣除（支出通过继承或遗赠所取得的金钱的，不征收继承税）
	法人	作为一般捐款计入损失金额	另外计入损失金额

（2）运用收益。

虽然对公益信托财产的运用收益，不予课税，但委托人为法人时，特定公益信托和认定特定公益信托之外的一般性公益信托，则会被课税。

（3）生前设定公益信托的“个人”死亡之后。

对于特定公益信托和认定特定公益信托，其信托相关权利被视为“零”价额，因而不课征继承税。

第十四章

信托的税务和会计

一、信托的税制

1. 概要

委托人向受托人转移信托财产，向受益人交付收益，以及信托终止等各个阶段都需要考虑信托的税务处理。

对信托收益的课税，因为信托是以管理财产为目的的制度，故适用实际所得人纳税原则。具体来说，在产生信托收益时，向受益人课税。适用此类原则的信托，在税法上被定义为“受益人等课税信托”（所得税法第 13 条第 1 款正文，法人税法第 12 条第 1 款正文）。

但是，像集团投资那样，存在多个受益人的情况下，很难在实务操作上对其收益进行课税，因此，在受益人等收取收益的阶段进行课税。此类信托，在税法上包括“集团投资信托”“离职年金等信托”“特定公益信托”。另外，不存在受益人或视为受益人的信托、有避税嫌疑的信托等，从与向特定目的公司等征税相平衡的观点，将其定义为“法人课税信托”，区分受托人的固有所得，在信托设定阶段课征法人税（所得税第 13 条第 1 款但书，法人税法第 12 条第 1 款但书）。

2. 收益课税

（1）受益人等课税信托。

信托财产所产生的收益，虽然法律上归属于信托财产的所有人，即受托人，但信托财产所产生的经济收益，归受益人所享有。因此，属于信托财产的资产及负债以及归属于信托财产的收益及费用，将被视为受益人（仅限于现时享有受益人权利之人）拥有信托财产，在信托财产产生收益时，向受益人课税。在此情形下，无论受益人是否从受托人处实际收取了收益，均在信托收益产生时向受益人予以课税。

另外，受益人以外的，实际享有信托的变更权限、获取信托财产给付者，也被视为受益人，予以课税。

（2）集团投资信托。

集团投资信托是指集合运用信托、国债地方债公司债务投资信托、证券投资信托、国内公募投资信托、特定受益证券发行信托。集合运用信托的收益分配为利息所得，公社债投资信托以外的证券投资信托的收益为红利所得。从与其他金融商品相适应的观点，对分配收益的利息所得、红利所得予以课税。

（3）离职年金等信托。

离职年金等信托是指厚生年金基金信托、确定给付企业年金信托、确定给付企业年金基金信托、确定缴费年金信托、国民年金基金信托、适格离职年金信托。此类信托，课税时点将被延至[①]与每位年金领取人的归属关系得以确定并进行给付之时。根据给付的缘由，对离职所得、其他所得（有公共年金等的扣除适用）等予以课税。

（4）特定公益信托等。

特定公益信托等是指在法人税法中规定的信托，叫作特定公

① 因逾期支付而产生的相当于延滞利息税的，从信托财产的累积金中扣除员工负担金额相当的部分，课征特别法人税，但因运用环境的低迷等，于 1999 年 4 月停止课税。

益信托和加入者保护信托（法人税法第 12 条第 4 款第 2 项）

（5）法人课税信托。

法人课税信托包括如下几类：1）特定受益证券发行信托以外的受益证券发行信托；2）受益人等不存在的信托；3）委托人为法人的信托中，“将法人的重要资产设定信托，以股东为受益人”“类属于自己信托且为长期信托”“类属于自己信托且于红利分配可行使裁量权”；4）国内公募投资信托以外的投资信托；5）特定目的信托。从防止规避纳税行为、向特定目的公司等征税之间保持平衡的观点出发，在信托阶段对受托人征收法人税。

信托税制的概要

<table>
<tr><td>受益人等课税信托（利益发生时向受益人等征税的信托）</td><td colspan="2">不动产、动产管理等一般性信托</td></tr>
<tr><td rowspan="10">（利益分配时向受益人等征税的信托）</td><td rowspan="4">集团投资信托</td><td>集合运用信托</td></tr>
<tr><td>证券投资信托</td></tr>
<tr><td>国内公募投资信托</td></tr>
<tr><td>特定受益证券发行信托</td></tr>
<tr><td rowspan="4">离职年金等信托</td><td>厚生年金基金信托</td></tr>
<tr><td>确定给付企业年金信托</td></tr>
<tr><td>确定缴费年金信托</td></tr>
<tr><td>国民年金基金信托 等</td></tr>
<tr><td rowspan="2">特定公益信托等</td><td>特定公益信托</td></tr>
<tr><td>加入者保护信托</td></tr>
<tr><td rowspan="5">法人课税信托（对受托人课以法人税的信托）</td><td colspan="2">受益证券发行信托</td></tr>
<tr><td colspan="2">不存在受益人等的信托</td></tr>
<tr><td colspan="2">法人为委托人的某些信托</td></tr>
<tr><td colspan="2">国内公募投资信托以外的投资信托</td></tr>
<tr><td colspan="2">特定目的信托</td></tr>
</table>

3. 向他益信托的受益人课税

信托生效时，在委托人以外的人为受益人的情况下，受益人被视为通过委托人赠与信托收益权利（因委托人的死亡而获取权利时为遗赠）而取得收益。

4. 受益人的追加和更换

存在受益人的信托之中，追加或更换受益人时，新成为受益人的，被视为从现受益人处接受赠与（遗赠）。该受益人除了信托法上的受益人，还包括特定委托人。①

比如，受益人连续型信托中，第一受益人暂被视为接受全部信托财产的赠与（遗赠）；因第一受益人死亡或通过行使受益人变更权，第二受益人成为受益人时，视为第二受益人从第一受益人处继承或接受赠与。

5. 信托的终止

信托终止时，受益人以外的人接受信托财产的给付时，其（归属权利人）将被视为通过受益人接受赠与或遗赠而获得信托财产。

二、信托会计

1. 概要

信托法第 13 条规定，信托会计应遵照一般认为是公正、妥当

---

① 特定委托人是指受益人以外的、所得税法中被视为受益人的人，是享有信托的变更权限并可接受信托财产给付的主体。

的会计惯例。此外，根据信托法制定的省令《信托计算规则》中，并未就具体的会计处理方法作出明确规定。

信托会计可分为处理信托事务时受托人为明确可分配财产的“受托人会计”观点，以及保有收益权的受益人必须向股东和债权人开示所持有信托受益权的“受益人会计”两种观点，并据此进行实务处理。

2. 受托人会计

企业会计基准委员会在2007年发表的实务应对报告第23号《信托会计处理实务办法》（实务应对报告）指出，关于受托人会计，除被认为明显不合理的情形之外，允许基于信托行为的规定，遵循一般认为是公正妥当的会计惯例等来处理；信托实务中也有一些会计惯例，比如，集合运用指定金钱信托中，为计算出可分配金额发展而成的信托会计惯例。

另外，对于限定责任信托以及多数受益人信托，考虑到存在债权人、现在的受益人以外的人可能成为受益人的情况，利害关系人应更加重视财务报告的必要性，采用原则上被认为公正、妥当的企业会计基准。

● 信托会计惯例

信托会计是以集合运用指定金钱信托等的集体信托为中心发展而成。具体来说，由于信托是有关财产的管理、处分的法律制度，因而主张须明确可分配财产的观点确立了严格保守主义的基准。

由于集体信托中每天随着受益人频繁的加入和退出，信托财产也发生变动。因此，集体信托的会计一方面对全体受益人须具备健全性、公平性和客观性的基准，另一方面也需要依照一定的规则来进行简单化处理。

集体信托的会计制度形成了如下特点，并且以此为基础，广泛适用于集体信托以外的信托会计制度。

▲ 信托设定时接受的财产为金钱时，将该金额作为信托财产金额。为金钱

以外时，不按照市场价格，而是采用对委托人而言的某种客观价额计算（固定资产税评价额，账面价额等）。
▲ 信托财产的管理运用而获得的财产，原则上按照原价法，不根据市场变动进行价格的修正。
▲ 信托财产的收支将采用严格的保守主义基准。

3. 受益人会计

《信托会计处理相关实务的办法》（实务应对报告）对于委托人和受益人的会计，根据“是金钱的信托还是金钱以外的信托”“委托人兼原始受益人是单数还是复数”两个标准，将其分成四类；此外，还单独规定了事业信托、目的信托、自己信托的会计。

信托财产	委托人兼原始受益人	
	单数（除集合运用之外）	复数（包括集合运用）
金钱信托	Q1	Q2
金钱以外的信托	Q3	Q4

（1）委托人兼原始受益人为单数的金钱信托（Q1）。

信托设定时，将成为信托财产的金钱记入表明金钱信托的适当科目，在信托期结束时，将根据“金融商品会计基准”以及“金融商品会计业务指南”而应附加的评价金额的总和计入资产负债表，其间的差额按照该期间的损益来处理。

（2）委托人兼原始受益人为复数的金钱信托（Q2）。

信托设定时，将成为信托财产的金钱记入表明金钱信托的适当科目。受益权售出时以及期末时，原则上将其视为有价证券或准有价证券完成会计处理。但是，与存款具有同样性质的集合运用金钱信托（包括投资信托），以取得原价为资产负债表价额。

（3）委托人兼原始受益人为单数的金钱以外的信托（Q3）。

信托设定时以及出售受益权时，采取与直接持有信托财产相同的会计处理。

期末时，原则上也采取与直接持有信托财产时相同的会计处理。但是，当受益权被分割成不同性质时，或者受益人为多数时，在受益人的个别财务报表中，将受益权视为对该信托中持有的有价证券加以处理。

（4）委托人兼原始受益人为复数时金钱以外的信托（Q4）。

信托设定时，原则上不认为进行了损益的转移。当委托人兼原始受益人支配信托，但没有重要影响力时，除了能够实际反映出其对信托财产的经济效果外，还将被认为进行了损益转移。

受益权售出时以及期末时，委托人兼受益人即便为复数、各自的经济效果与信托设立前没有实质上差别时，采取以受益人直接持有信托财产时同样的会计处理方式。除此以外的情况下，将受益权视为该信托中持有的有价证券予以处理。

（5）事业信托。

委托人兼原始受益人为单数时，参照 Q3 进行处理；为复数时，参照 Q4 进行处理。

（6）目的信托。

在委托人任何时候均可终止信托等方面，均不同于一般的信托，原则上可作为委托人的财产予以处理。

（7）自己信托。

自己信托作为金钱信托时参照 Q1 处理，为金钱以外的信托时参照 Q3 进行会计处理。此外，作为追加信息，应对宣言信托的信托财产及受益权进行标注。

引用、参考文献（日语原文）

法務省民事局参事官室「信託法改正要綱試案　補足説明」(2005.7.15)

金融審議会金融分科会第二部会「信託業のあり方に関する中間報告書」(2003.7.28)

金融審議会金融分科会第二部会「信託法改正に伴う信託業法の見直しについて」(2006.1.26)

金融審議会第一部会「中間整理（第二次）」(1999.12.21)

金融審議会金融分科会第一部会「中間整理」(2005.7.7)

金融審議会金融分科会第一部会「投資サービス法（仮称）に向けて」(2005.12.22)

金融審議会金融分科会第二部会「中間論点整理～平成16年改正後の信託業法の施行状況

及び福祉型の信託について～」(2008.2.8)

相澤哲編著『一問一答　新・会社法』(商事法務，2005)

新井誠『信託法［第2版］』(有斐閣，2005)

新井誠『信託法［第4版］』(有斐閣，2014)

新井誠編『新信託法の基礎と運用』(日本評論社，2007)

新井誠編『キーワードで読む信託法』(有斐閣，2007)

新井誠監修，鈴木正具・大串淳子編『コンメンタール信託法』(ぎょうせい，2008)

新井誠・神田秀樹・木南敦編『信託法制の展望』(日本評論

社，2011）

新井誠編集代表『信託法実務判例研究』（有斐閣，2015）

伊藤眞『破産法［第4版補訂版］』（有斐閣，2006）

井上聡『信託の仕組み』（日本経済新聞出版社，2007）

井上聡編著『新しい信託30講』（弘文堂，2007）

入江眞太郎『全訂信託法原論』（大同書院，巌松堂書店，1933）

大塚正民・樋口範雄『現代アメリカ信託法』（有信堂高文社，2002）

鴻常夫編『商事信託法制』（有斐閣，1998）

大前恵一朗『平成18年改正　Q&A改正金融商品販売法』（商事法務，2007）

大阪谷公雄『信託法の研究［下］実務編』（信山社出版，1991）

太田達男『信託業務読本』（近代セールス社，1991）

小野傑・深山雅也編『新しい信託法解説』（三省堂，2007）

川村正幸編『金融商品取引法［第5版］』（中央経済社，2014）

川村正幸監修，畠山久志・田中和明編『登録金融機関のための金融商品取引の実務対応

Q&A』（清文社，2008）

河本一郎・関要監修『［新訂版］逐条解説　証券取引法』（商事法務，2002）

神作裕之「コメント⑴信託法と商事信託─実務と理論の架橋─」（信託法研究35号，2010）

神田秀樹「商事信託の法理について」（信託法研究22号，

1998）

神田秀樹「商事信託法講義(3)」（信託 216 号，2003）

神田秀樹「信託法・信託業法改正シンポジウム　新しい信託法と商事信託」（信託 230 号，2007）

神田秀樹監修・著，阿部泰久・小足一寿著『新信託業法のすべて』（金融財政事情研究会，2005）

神田秀樹「平成 18 年信託法と商事信託一理論的観点から」（信託法研究 35 号，2010）

神田秀樹・折原誠『信託法講義』（弘文堂，2014）

神田秀樹『会社法〔第 17 版〕』（弘文堂，2015）

上林敬宗「貸付信託の盛衰と今後の信託銀行」（経済志林 68 巻 2 号，2000）

金融商品取引法研究会編『金融商品取引法制の現代的課題』（日本証券経済研究所，2010）

金融法委員会「委託者報酬支払特約付信託契約の破産法 53 条 1 項の適用の可否に関する。中間論点整理（概要）」（金融法務事情 1806 号，2007）

経済法令研究会編『四訂　信託の基礎』（経済法令研究会，2012）

小出卓哉『逐条解説　信託業法』（清文社，2008）

小出卓哉・及川富美子「改正信託業法の概要（上）（下）」（金融法務事情 1799 ～ 1800 号，2007）

小林秀之編著『資産流動化の仕組みと実務』（新日本法規出版，2002）

小林秀之編『資産流動化・証券化の再構築』（日本評論社，2010）

佐藤哲治編著『よくわかる信託法』（ぎょうせい，2007）

佐藤哲治編著『Q&A 信託法』（ぎょうせい，2007）

佐藤勤『信託法概論』（経済法令研究会，2009）

渋谷陽一郎『証券化のリーガルリスク』（日本評論社，2004）

商事信託研究会『商事信託法の研究』（有斐閣，2001）

商事信託研究会『商事信託法コンメンタール』（信託協会，2005）

四宮和夫『信託法［新版］』（有斐閣，1989）

社団法人信託協会編『信託実務講座第1　総説』（有斐閣，1962）

一般社団法人信託協会「公益信託―その制度のあらまし―」（2015）

一般社団法人信託協会「特定贈与信託―その制度のあらましと手続き―」（2014）

一般社団法人信託協会「特定寄附信託」（2014）

一般社団法人信託協会「後見制度支援信託」（2015）

一般社団法人信託協会「教育資金贈与信託」（2015）

一般社団法人信託協会〈http：//www.shintaku-kyokai.or.jp/〉2015年11月1日アクセス

高橋康文『詳解新しい信託業法』（第一法規，2005）

田中實・山田昭『信託法』（学陽書房，1989）

中央三井トラスト・グループ信託業務研究会編著『Q&A 信託業務ハンドブック［第3版］』（金融財政事情研究会，2008）

寺本昌広『逐条解説　新しい信託法』（商事法務，2007）

寺本昌広・村松秀樹・富澤賢一郎・鈴木秀昭・三木原聡

「新信託法の解説（1）～（5・完）」（金融法務事情 1793 ～ 1797）

寺本昌広・村松秀樹・富澤賢一郎・鈴木秀昭・三木原聡「新信託法の解説（1）～（5・完）」（NBL No. 850 ～ 854）

寺本振透編集代表『解説　新信託法』（弘文堂，2007）

道垣内弘人・大村敦志・滝沢昌彦編『信託取引と民法法理』（有斐閣，2003）

道垣内弘人『信託法理と私法体系』（有斐閣，1996）

道垣内弘人『信託法入門』（日本経済新聞出版社，2007）

西村総合法律事務所編『ファイナンス法大全上・下』（商事法務，2003）

西村ときわ法律事務所編『ファイナンス法大全アップデート』（商事法務，2006）

能見善久『現代信託法』（有斐閣，2004）

能見善久「新しい信託法の理論的課題」（ジュリスト1335号，2007）

能見善久編『信託の実務と理論』（有斐閣，2009）

能見善久・道垣内弘人編『信託法セミナー 1』（有斐閣，2013）

能見善久・道垣内弘人編『信託法セミナー 2』（有斐閣，2014）

能見善久・道垣内弘人編『信託法セミナー 3』（有斐閣，2015）

樋口範雄『フィデュシャリー［信認］の時代』（有斐閣，1999）

樋口範雄『アメリカ信託法ノートⅠ』（弘文堂，2000）

樋口範雄『アメリカ信託法ノートⅡ』（弘文堂，2003）

樋口範雄『入門　信託と信託法［第2版］』（弘文堂，2014）

平下美帆『実務のための金融商品取引法』（民事法研究会，2007）

福田政之・池袋真実・大矢一郎・月岡崇『詳解　新信託法』（清文社，2007）

藤瀬裕司『証券化のための一般社団・財団法人法入門』（商事法務，2008）

藤原勇喜『信託登記の理論と実務』（民事法研究会，1994）

松尾直彦編著『一問一答　金融商品取引法［改訂版］』（商事法務，2008）

松尾直彦『金融商品取引法［第3版］』（商事法務，2014）

松尾直彦監修・池田和世著『逐条解説　新金融商品販売法』（金融財政事情研究会，2008）

松尾直彦・松本圭介編著『実務論点　金融商品取引法』（金融財政事情研究会，2008）

松本圭介・堀弘「金融商品取引法制における信託の位置づけ」（信託233号，2008）

松本崇・西内彬『特別法コンメンタール信託法・信託業法・普通銀行等ノ貯蓄銀行業務又ハ信託業務ノ兼営等ニ関スル法律』（第一法規出版，1972）

水野大「新信託法・改正信託業法が証券化・流動化に及ぼす影響と実務対応（下）」（Lexis 企業法務20号，2007）

三菱UFJ信託銀行編著『信託の法務と実務［6訂版］』（金融財政事情研究会，2015）

村松秀樹「新信託法の解説」（信託230号，2007）

村松秀樹・富澤賢一郎・鈴木秀昭・三木原聡『概説　新信託法』(金融財政事情研究会，2008)

山田昭編著『日本立法資料全集 2 信託法・信託業法』(信山社出版，1991)

山田昭『信託立法過程の研究』(勁草書房，1981)

米倉明編著『信託法の新展開　その第一歩をめざして』(商事法務，2008)

【拙稿：田中和明】

「信託兼営銀行の営業譲渡及び合併に関する一考察」(信託法研究 24 号，1999)

「信託法改正と信託実務」(信託 223 号，2005)

「信託法改正と信託実務」(信託法研究 30 号，2005)

「事業の信託に関する一考察（上)」(NBL829 号，2006)

「信託の併合・分割」(金融・商事判例増刊 1261 号『新しい信託法の理論と実務』2007)

「信託実務の視点から」(ジュリスト1335 号，2007)

「資産流動化型信託の視点から見た新信託法」(信託 231 号，2007)

『新信託法の基礎と運用』（第 4 章「新信託法下における受託者の義務と受益者の権利」）共著（日本評論社，2007)

『新信託法と信託実務』(清文社，2007)

『キーワードで読む信託法』（PART 3「信託の設定」PART 13「雑則・罰則」）共著（有斐閣，2007)

『登録金融機関のための金融商品取引の実務対応 Q&A』(第 5 章「金融商品取引業」）共著（清文社，2008)

「リバースモーゲージの現状と課題」（実践成年後見 26 号，2008）

「新信託法下における日本版チャリタブル・トラスト」（法律時報 81 巻 8 号，2009）

「信託業務と金融商品取引法制」（信託 240 号，2009）

「信託法改正と信託実務」（平成 18 年度春季　弁護士研修講座，2010）

「平成 18 年信託法と商事信託一実務的観点から」（信託法研究 35 号，2010）

『資産流動化・証券化の再構築』（第 2 章「新信託法制の資産流動化型信託への影響と活用」）共著（日本評論社，2010）

『詳解　信託法務』（清文社，2010）

『信託法制の展望』共著（第 3 部　信託の実務「受益者の定めのない信託を利用した日本版チャリタブル・トラスト」）（日本評論社，2011）

「信託業法と兼営法における元本補てん等に関する規律の意義」（ジュリスト1450 号，2013）

『アウトライン会社法』共著（第 1 章「会社法総論」）（清文社，2014）

「取締役の忠実義務に関する一考察一わが国信託法との比較を中心として(1)～(4)一」（民事研修 688 号～ 691 号，2014）

『信託法実務判例研究』共著（第 1 章 08「遺産整理業務の受任者による訴訟の当事者適格性」，第 5 章 33「投資信託を共同相続した相続人の一部からの法定相続分に応じた解約請求」，第 6 章 37「信託財産に対する商事留置権等の行使による貸金債権への弁済充当」）（有斐閣，2015）

引用、参考文献（中文译文）

法务省民事局参事官室．信托法修改纲要建议补充说明．2005

金融审议会金融分科会第二小组会．关于信托业存在方式的中期报告．2003

金融审议会第一小组会．中期报告（第二次）．1999

金融审议会金融分科会第一小组会．中期调整．2005

金融审议会金融分科会第一小组会．投资服务法（暂称）．2005

金融审议会金融分科会第二小组会．中期评论整理——2004年修改后的信托业法实施情况．2008

相泽哲编．一问一答新公司法．商事法务，2005

新井诚．信托法．2版．有斐阁，2005

新井诚．信托法．4版．有斐阁，2014

新井诚编．新信托法的基础与运用．日本评论社，2007

新井诚编．用关键词解读信托法．有斐阁，2007

新井诚主编．铃木正具，大串淳子编．评述信托法．2008

新井诚，神田秀树，木南敦编．信托法制的展望．日本评论社，2011

新井诚代表编集．信托法实务判例研究．有斐阁，2015

伊藤真．破产法．4版修订版．有斐阁，2006

井上聪．信托的结构．日本经济新闻出版社，2007

井上聪编著．新信托法30讲．弘文堂，2007

入江真太郎．全订信托法原论．大同书院，严松堂书店，1933

大塚正民，樋口范雄．现代美国信托法．有信堂高文社，2002

鸿常夫编．商事信托法制．有斐社，1998

大前惠一朗．2006年修正Q&A修正金融商品贩卖法．商事法务，2007

大阪谷公雄．信托法研究（下）实务编．信山出版社，1991

太田达男．信托业务读本．近代销售社，1991

小野杰，深山雅也编．新信托法解说．三省堂，2007

川村正幸编．金融商品交易法．5版．中央经济社，2014

川村正幸监编，畠山久志，田中和明编．为注册金融机构进行金融商品交易的实务应对Q&A. 清文社，2008

河本一郎，关要主编．（新修订）逐条解说 证券交易法．商事法务，2002

神作裕之．解说（1）信托法与商事信托——实务与理论的桥梁．信托法研究35号，2010

神田秀树．商事信托法理．信托法研究22号，1998

神田秀树．商事信托法讲义（3）．信托216号，2003

神田秀树主编、阿部泰久、小足一寿．新信托业法的全部．金融财政情况研究会，2005

神田秀树．2006年信托法与商事信托——从理论的观点出发．信托法研究35号，2010

神田秀树，折原诚．信托法讲义．弘文堂，2014

神田秀树．公司法．17版．弘文堂，2015

上林敬宗．借款信托的兴衰与今后的信托银行．经济志林 68 卷第 2 号，2000

金融法委员会．附带委托人支付报酬特别约定的信托合同是否可以适用破产法第 53 条第 1 款的中期观点整理．金融法务事项 1806 号，2007

金融商品交易法研究会编．第四次修订 信托的基础．经济法令研究会，2012

小出卓哉．逐条解说信托业法．清文社，2008

小出卓哉，及川富美子．信托法修改的概要（上），（下）．金融法务事项 1799—1800 号，2007

小林秀之编．资产流动化、证券化的再构筑．日本评论社，2010

小林秀之编著．资产流动化的结构与实务．新日本法规出版社，2002

佐藤哲治编著．通俗易懂的信托法．Gyosel，2007

佐藤哲治编著．Q&A 信托法．Gyosel，2007

佐藤勤．信托法概论．经济法令研究会，2009

涩谷阳一郎．证券化的合法成本．日本评论社，2004

商事信托研究会．商事信托法的研究．有斐阁，2001

商事信托研究会．商事信托法律评述．信托协会，2005

四宫和夫．信托法（新版）．有斐阁，1989

社团法人信托协会编．信托实务讲座第 1—总说．有斐阁，1962

社团法人信托协会．公益信托——该制度的概说．2015

社团法人信托协会．特定赠与信托——该制度的概说与程序．2014

社团法人信托协会．特定捐款信托．2014

社团法人信托协会．监护制度援助信托．2015

社团法人信托协会．教育资金赠与信托．2015

社团法人信托协会．http：//www.shintaku-kyokai.or.jp/．2015年11月1日访问

高桥康文．详解新信托业法．第一法规，2005

田中实，山田昭．信托法．学阳书房，1989

中央三井信托集团信托业务研究会编著．Q&A信托业务手册（第三版）．金融财政情况研究会，2008

寺本昌广．逐条解说新信托法．商事法务，2007

寺本昌广，村松秀树，富泽贤一郎，铃木秀昭，三木原聪．新信托法解说（1）—（5·完结）．金融法务事项1793～1797

寺本振透代表编集．解说新信托法．弘文堂，2007

道垣内弘人，大村敦志，泷泽昌彦编．信托法理与私法体系．有斐阁，1996

道垣内弘人．信托法理与私法体系．有斐阁，1996

道垣内弘人．信托法入门．日本经济新闻出版社，2007

西村综合律师事务所．金融法大全（上下）．商事法务，2003

西村常磐律师事务所．金融法大全更新．商事法务，2006

能见善久．现代信托法．日本经济新闻出版社，2004

能见善久．新信托法的理论课题．Jurist，第1335号，2007

能见善久编．信托的实务与理论．有斐阁，2009

能见善久，道垣内弘人编．信托法讲座1.有斐阁，2013

能见善久，道垣内弘人编．信托法讲座2.有斐阁，2014

能见善久，道垣内弘人编．信托法讲座3.有斐阁，2015

樋口范雄．信托 Fiduciary 的“信托”时代．有斐阁，1999

樋口范雄．美国信托法笔记 1．弘文堂，2000

樋口范雄．美国信托法笔记 2．弘文堂，2003

樋口范雄．入门信托与信托法．2 版．弘文堂，2014

平下美帆．为了实务金融商品交易法．民事法研究会，2007

福田政之，池袋真实，大矢一郎，月冈崇．详解 新信托法．清文社，2007

藤濑裕司．证券化的一般社团、财团法人法入门．商事法务，2008

藤原勇喜．信托登记的理论与实务．民事法研究会，2007

松尾直彦编著．一问一答 金融商品交易法（修订版）．商事法务，2008

松尾直彦主编，池田和世．逐条解说　新金融商品交易法．金融财政情况研究会，2008

松尾直彦，松本圭介编著．实务论点　金融商品交易法．金融财政情况研究会，2008

松本圭介，堀弘．在金融商品交易法中的信托定位．信托 233 号，2008

松本崇，西内彬．特别法评述 信托法、信托业法、普通银行兼营信托业务相关法．第一法规出版社，1972

水野大．新信托法、信托业法的修改对资产流动化与证券化的影响与对策（下）．Lexis 企业法务 20 号，2007

三菱 UFJ 信托银行编著．信托法务与实务．6 版．金融财政情况研究会，2015

村松秀树，福泽贤一郎，铃木秀昭，三木原聪．概说新信托法．金融财政情况研究会，2008

山田昭编著．日本立法资料全集·2 信托法 信托业法．信山出版社，1991

山田昭．信托立法过程研究．劲草书房，1981

米仓明编著．信托法的新发展，面向其第一步．商事法务，2008

【以下文稿由田中和明撰写】

信托兼营银行的营业转让以及合并的相关考察．信托法研究，24 号，1999

信托法修改与信托实务．信托，第 223 号，2005

信托法修改与信托实务．信托法研究，第 30 号，2005

事业信托考察（上）．NBL829 号，2006

信托的合并与分立．金融·商事判例增刊，第 1261 年号，2007

从信托实务的角度出发．Jurist，第 1335 号，2007

合著．新信托法的基础与运用（第 4 章“新信托法下的受托人义务与受益人权利”），日本评论社，2007

新信托法与信托实务．清文社，2007

合著．用关键词解读信托法（第 3 部分“信托的设定”，第 13 章“杂则、罚则”）．有斐阁，2007

合著．为注册金融机构进行金融商品交易的实务应对 Q&A（第 5 章“金融商品交易业”）．清文社，2008

反抵押贷款的现状与课题．实践监护，第 26 号，2008

新信托法下的日本版慈善信托．法律时报，第 81 卷第 8 号，2009

信托业务与金融商品交易法律制度．信托，第 240 号，2009

信托法修改与信托实务．2006 年度春季律师培训讲座，2010

2006 年的信托法与商事信托——从实务的观点出发．信托法研究，35 号，2010

合著．资产流动化、证券化的再构筑（第 2 章“新信托法制对资产流动化的影响与活用”）．日本评论社，2010

详解信托法务．清文社，2010

合著信托法制的展望（第 3 部 信托的实务“利用为规定受益人的信托的日本版慈善信托”）．日本评论社，2011

信托业法与兼营法中规定的本金补足合同的意义．Jurist，第 1450 期，2013

合著．Outline 公司法（第 1 章“公司法总论”）．清文社，2014

董事忠实义务考察——以日本信托法的比较为中心(1) — (4)．民事研修，第 688 号—691 号，2014

合著．信托法实务判例研究（第 1 章 08“遗产处置业务受托人的诉讼当事人适格性”，第 5 章 33“由共同继承投资信托的部分继承人提出的根据法定继承份额解除投资信托的要求”，第 6 章 37“对信托财产行使商事留置权等充当对贷款债权的偿还”）．有斐阁，2015

图书在版编目（CIP）数据

信托法理论与实务入门 /（日）田中和明，（日）田村直史著；丁相顺等译．—北京：中国人民大学出版社，2018.5

ISBN 978-7-300-24962-9

Ⅰ．①信…　Ⅱ．①田…　②田…　③丁…　Ⅲ．①信托法-基本知识-日本　Ⅳ．①D931.322.8

中国版本图书馆CIP数据核字（2017）第219810号

信托法理论与实务入门

［日］田中和明　田村直史　著

丁相顺　赖宇慧　丁　苏　段磊 译

李　娜　林淑兰　校

出版发行	中国人民大学出版社		
社　　址	北京中关村大街31号	**邮政编码**	100080
电　　话	010－62511242（总编室）		010－62511770（质管部）
	010－82501766（邮购部）		010－62514148（门市部）
	010－62515195（发行公司）		010－62515275（盗版举报）
网　　址	http://www.crup.com.cn		
	http://www.ttrnet.com(人大教研网)		
经　　销	新华书店		
印　　刷	北京宏伟双华印刷有限公司		
规　　格	148 mm×210 mm　32开本	**版　　次**	2018年5月第1版
印　　张	10.875 插页1	**印　　次**	2018年5月第1次印刷
字　　数	241 000	**定　　价**	68.00元
